Lehrplanarbeit im Prozeß

Religionspädagogische Lehrplanreform

Herausgegeben von
Günter Biemer und Doris Knab

Herder Freiburg · Basel · Wien

Alle Rechte vorbehalten – Printed in Germany
© Verlag Herder Freiburg im Breisgau 1982
Herstellung: Freiburger Graphische Betriebe 1982
ISBN 3-451-19478-3

Vorwort

Drei Tage haben sich Wissenschaftler und Praktiker der Frage gestellt, wie Lehrpläne für den Religionsunterricht sachgerecht und personengerecht erstellt werden sollen. Wie lauten die Kriterien für Lehrpläne, die den Erfordernissen der Kirche in der heutigen Gesellschaft, den Erfordernissen der Lehrer in den Schulen der Gegenwart, den Erwartungen der Schüler dieser Generation und den wechselnden bildungspolitischen Anforderungen entsprechen?

Der entscheidende Impuls für das Zustandekommen dieses Forschungsgesprächs war die Einsicht, daß es noch nie eine solche Situation in der Geschichte der Religionspädagogik gegeben hat, in der so viele und erfolgreiche Lehrplanverfasser miteinander ins Gespräch gebracht werden können. Diese Chance ist genutzt worden für einen Erfahrungsaustausch, zu dem die Verfasser von Lehrplänen und deren Benutzer, insbesondere Lehrer des Religionsunterrichts, aber auch für die Theoriereflexion zuständige Vertreter der Religionspädagogik und der allgemeinen Didaktik an einen Tisch gebracht werden konnten. Die Besonderheit dieses Symposions, seiner Intention, seiner Durchführung und seiner Ergebnisse, lag somit in der fruchtbaren Auseinandersetzung von kompetenten Vertretern verschiedener Verantwortungsbereiche, die auf verschiedenen Ebenen und in unterschiedlicher Weise mit Lehrplänen zu tun haben:

1. Nach über einem Jahrzehnt intensiver Arbeit an neuen Lehrplänen gab das Symposion den Lehrplanverfassern erstmals Gelegenheit, sich über ihre Arbeit, über die Praxis sowohl wie über die theoretischen Implikate dieser Praxis in zwangloser und ausführlicher Weise auszutauschen, wie dies für die wissenschaftliche Reflexion notwendig ist. In diesem Sinne legten namhafte Lehrplanverfasser bzw. Leiter von Lehrplan-Kommissionen ihre Verfahrensweisen offen:
- WILHELM ALBRECHT für die Lehrpläne des Religionsunterrichts in Bayern,
- GABRIELE MILLER für den Zielfelderplan der Klassen 5-10 und den Zielfelderplan in der Grundschule,
- FRANZ W. NIEHL für den Lehrplan des Religionsunterrichts in der Sekundarstufe II für Rheinland-Pfalz,
- ALWIN RENKER für den Lehrplan des Religionsunterrichts in der Sekundarstufe II in Baden-Württemberg,

- GÜNTER STACHEL im Referat einer alternativen Verfahrensweise der Lehrplanerstellung nach dem Progetto Uomo der italienischen Salesianer.

2. Die Bedeutung einer elementaren Anthropologie für die Lehr-Lern-Planung des Religionsunterrichts wurde durch EGON SCHÜTZ expliziert. Er entwickelte eine solche anthropologische Grundlegung im Anschluß an die Phänomenologie von E. HUSSERL und E. FINK und in Auseinandersetzung mit dem von J. DERBOLAV und D. BENNER vertretenen praxeologischen Denkansatz.

3. Die Frage nach den unaufgebbaren, für den christlichen Glauben grundlegenden Zielen und Inhalten kann dem Lehrplaner nur durch die Offenbarung, vermittelt durch das Lehramt der Kirche, und durch die (Disziplinen der) Theologie beantwortet werden. Um so wichtiger ist es, die Möglichkeiten der Vermittlung theologischer und didaktischer Kategorien zu verbessern. Darauf zielte in erster Linie GEORG LANGEMEYERS Beitrag aus der Sicht des Dogmatikers. Aber auch die im Zusammenhang mit dem Symposion entstandenen Arbeiten von PETER FIEDLER (Exegese) und KARL-HEINZ MINZ (Systematik) gelten diesem Problemkreis.

4. Als einer der wichtigsten Gesprächspartner bei der Suche nach Elementen einer Lehrplantheorie und der entsprechenden Lehrplanpraxis hat sich für die Religionspädagogik die Curriculumforschung erwiesen. Was sich als bleibendes Anliegen und künftige Aufgabe aus den Impulsen der Curriculumdiskussion für den Religionsunterricht ergibt, arbeitete DORIS KNAB im Rückblick auf curriculumtheoretische Ansprüche und ihre Realisierung in Lehrplänen heraus.

5. Wie die verschiedenen Theorie-Elemente, die für Lehrpläne konstitutiv sind, in der Religionspädagogik konzeptuell verarbeitet werden, wurde immer wieder an dem von G. BIEMER und A. BIESINGER entwickelten Konzept (Theologie im Religionsunterricht, München 1976) exemplifiziert. Aber auch der schon erwähnte Bericht von G. STACHEL gibt ein Beispiel dafür. Von zentraler Bedeutung ist in allen Konzepten das Verfahren der Elementarisierung. Dadurch erhielt der Versuch von KARL-ERNST NIPKOW, diesen Zentralbegriff im Blick auf eine Theorie der Lernplanung für den Religionsunterricht zu entfalten, besonderes Gewicht.

Wie diese Beiträge als Gesprächsanstöße wirkten, wirkte das Gespräch auf sie zurück. Sie könnten in ihrer jetzigen Fassung gar nicht vorgelegt werden ohne den intensiven dreitägigen Gedankenaustausch der Autoren und der anderen Teilnehmer des Symposions in der Dachetage der Freiburger Katholischen Akademie im Januar 1981. So ist für das Zustandekommen dieses Buches zuvorderst der Schulabteilung des Freiburger Erzbischöflichen Ordinariats und dem Pädagogisch-Katechetischen Seminar der Theologischen Fakultät zu danken, deren Kooperation diese Zusammenkunft ermöglicht hat.

Die Mühe der Vorbereitung haben vor allem die Mitarbeiter am Forschungsprojekt "Judentum im katholischen Religionsunterricht" auf sich genommen, insbesondere die Kollegen ALBERT BIESINGER und PETER FIEDLER. URSULA RECK und KARL-HEINZ MINZ, ebenfalls Mitglieder dieser Projektgruppe, sorgten für die Vorversendung von Gesprächsunterlagen und das Kopieren von Tischvorlagen. Den studentischen Mitarbeitern am Pädagogisch-Katechetischen Seminar, GUDRUN RÖDERER, MARTIN MOSER und LOTHAR NESSLER, schulden Veranstalter und Autoren Dank für ihre technischen Dienste während des Symposions. Einige der hier publizierten Beiträge konnten erst aufgrund ihrer Tonbandmitschnitte erstellt, andere nur mit deren Hilfe modifiziert werden. Alle Manuskriptumschriebe und Telefonvermittlungen besorgten JUDITH DINTER und ROSMARIE SCHNEIDER mit vielen zusätzlichen Arbeitsstunden am Pädagogisch-Katechetischen Seminar.

Prälat Dr. FRANZ HUBER, Mitglied des Freiburger Domkapitels und Leiter der Erzbischöflichen Schulabteilung, sprach für viele Teilnehmer aus Ordinariaten und Generalvikariaten des Bundesgebietes, als er zum Schluß betonte, daß die vielschichtige Problematik gründlich, spannungsreich, in der Sache hartnäckig, in der Atmosphäre harmonisch ausgetragen worden sei, ohne äußeren Termindruck, lediglich unter dem Anspruch der Sache. So freuen sich die Herausgeber mit der Projektgruppe "Judentum im katholischen Religionsunterricht", daß es gelungen ist, anknüpfend an die Bemühungen um Lehr-Lern-Planungskriterien für den Themenbereich Christen Juden, einen kleinen Schritt auf dem Wege zu einer Theorie der Lehrplanerstellung zu ermöglichen. Insbesondere sind sie dankbar für den intensiven Gedankenaustausch zwischen Religionspädagogen und Erziehungswissenschaftlern, der dabei - auch durch die Mitwirkung von GUNTHER EIGLER vom Seminar für Erziehungswissenschaft - zustande kam.

Für die Hilfe zur Veröffentlichung dieser Erfahrungsberichte und Gesprächsergebnisse sind die Herausgeber dem Kuratorium der Wissenschaftlichen Gesellschaft der Universität Freiburg zu Dank verpflichtet.

Freiburg und Münster im Januar 1982

Günter Biemer, Doris Knab

Inhalt

Einführung

Die Lehrplanproblematik heute in der historischen Dimension der Katechese-Geschichte und der katechetischen Konstanten (Günter Biemer) 9

Zur anthropologischen Grundlegung

Glaube und Menschsein. Zur elementar-anthropologischen Grundlegung der Religionspädagogik (Egon Schütz) 19

Überlegungen zu einer existential phänomenologisch 'leben-weltlich' orientierten Didaktik und Curriculumarbeit (Egon Schütz) 27

Zur theologischen Grundlegung

Die Bedeutung der christlichen Strukturelemente als theologische Legitimation der Lehr-Lern-Planung (Georg B. Langemeyer) 37

Der Anspruch Jesu in seiner bleibenden Bedeutung (Peter Fiedler) 49

Zur didaktischen Theorie

Ergebnisse aus der Curriculumdiskussion für das Problem der didaktischen Vermittlung auf der Lehrplanebene (Doris Knab) 55

Das Problem der Elementarisierung der Inhalte des Religionsunterrichts (Karl Ernst Nipkow) 73

Zu einer theologischen Reduktivformel für die religionsdidaktische Planung (Karl-Heinz Minz) 97

Erfahrungen aus der reflektierten Praxis der Lehrplanerstellung

Acht Jahre Zielfelderplan.
Theorieansätze und Praxisprobleme (Gabriele Miller) 101

Curriculare Lehrplanentwicklung in Bayern.
Darstellung der Theorieansätze und Praxisprobleme bei der Erstellung der
Bayrischen Lehrpläne für den katholischen Religionsunterricht
(Wilhelm Albrecht) 115

Katholische Religionslehre in der Mainzer Studienstufe.
Theorie- und Praxisprobleme bei der Entstehung des Lehrplans für die
katholische Religionslehre in der Sekundarstufe II der Gymnasien von
Rheinland-Pfalz (Franz W. Niehl) 129

Zur Genese des Lehrplans für das Fach katholische Religionslehre der
Gymnasien im Land Baden-Württemberg (Alwin Renker) 141

Lehrplanentwicklung aus der Praxis aufgrund einer Vortheorie.
Das Modell des Progetto Uomo der Universität der Salesianer in Rom
(Günter Stachel) 163

Ergebnisse

Theorie-Elemente künftiger Lehrplanarbeit (Günter Biemer) 173

Die Autoren 178

Einführung

Die Lehrplanproblematik heute in der historischen Dimension der Katechese-Geschichte und der katechetischen Konstanten

Günter Biemer

Religionsunterricht in der Schule gehört zu den Testfeldern des Verhältnisses von Kirche und Staat, Kirche und Gesellschaft, Kirche und Weltanschauungen usw. Die erstaunliche Angst unter einer bestimmten Schicht von Theologiestudenten vor dem Religionsunterricht[1] und die noch immer unzureichende Verzahnung von Theorie und Praxis in der religionspädagogischen Ausbildung für die Religionslehrer der Sekundarstufe II weisen darauf hin, daß die Schwierigkeiten auf diesem Testfeld noch weitgehend unbewältigt sind.

Es ist jedenfalls verständlich, daß sich die Religionspädagogen, Praktiker wie Theoretiker, seit Beginn der gesellschaftskritischen Offensive mit ihren bildungspolitischen Auswirkungen zu Ende der sechziger Jahre mit großem Elan der Neubestimmung und Neubegründung des Religionsunterrichts als eines Schulfaches überhaupt und seiner Ziele und Inhalte gestellt haben. Künftiger Analyse bleibt es vorbehalten, weshalb solch intensive Arbeit mit solch extensivem Output in den letzten eineinhalb Jahrzehnten - die zweifellos zu den erregendsten Phasen der Katechese-Geschichte gehören - so wenig kirchenoffizielle Anerkennung, so wenig Zustimmung von seiten der Eltern oder anderer Träger und Institutionen gefunden hat. Ob es daran liegt, daß sich die Religionspädagogen genötigt sahen, sozusagen über Nacht und aus dem Stand einen völlig neuen Anfang zu versuchen, nachdem keines der herkömmlichen Schulbücher und Lehrbücher, keine der überkommenen katechetischen Konzeptionen und theologischen Grundlegungen mehr zur Motivation der Schüler ausreiche? Ob es daran lag und liegt, daß sie zunächst keine Zeit hatten, den Zusammenhang des neu beschrittenen Weges mit den bisherigen Wegen der Katechetik zu zeigen? Der alte theologische Imperativ "Non dicas nova, sed nove - Du sollst nichts neues Neues sagen, sondern es auf neue Weise sagen" hat viel Wahrheit, die in der Religionspädagogik der letzten Zeit weithin außer acht blieb. Gleichwohl, die Situation des Religionsunterrichts kann nicht einfach durch das Umsprechen alter Verhaltens- und Wissenschaftsmodelle den neuen Erfordernissen gerecht werden. Religionsunterricht in der Schule einer technisierten Industriegesellschaft mit Säkularisierungstendenz braucht für seine didaktische Planung neue, bisher nicht vorhandene "Elemente", z. B. eine für verschiedene weltanschauliche Wertskalen diskutable anthropologische Fundierung, ein nach erziehungswissenschaftlichen Kriterien ausweisbares Lehr-Lern-Verfahren, ein in "pluraler" Schüler-Adressatenschaft explizierbares Ziel- und Inhaltsspektrum, eine inner-ökumenische (christliche) und groß-ökumenische (Christen - Juden) und religionen-bezogene (Weltreligionen) Offenheit und anderes mehr.

Trotz dieser und anderer Gründe, die für eine ganz auf die Gegenwart und Interdisziplinarität und Zukunft bezogene Religionspädagogik sprechen, soll für den vorliegenden Bereich der Lehrplanarbeit zunächst - wenigstens thesenhaft - der Bezug zur Herkunft, zur Historie, zum Bereich der katechetischen Konstanten hergestellt werden.

1. These:

Die Geschichte der Katechese zeigt, daß die Fragen nach der Begründung der Inhalte der christlichen Unterweisung und nach einer plausiblen Auswahl und Verteilung dieser Inhalte in der Gegenwart immer nur im Anschluß an die Urformeln aus der Tauf-Tradition bzw. aus der mittelalterlichen Katechese-Tradition beantwortet wurden.

Immer wieder ist schon bei der Abfassung der "Kleinen" Katechismen vom M. LUTHER und P. CANISIUS im 16. Jahrhundert und ausdrücklich in der Argumentation von ROBERT BELLARMIN[2] sowie faktisch in der Stoffaufteilung der Saganischen Katechismen des BENEDIKT STRAUCH[3], besonders aber im badischen Schulbuchstreit des 19. Jahrhunderts[4] und in der Katechismusdiskussion unseres Jahrhunderts[5] der Versuch unternommen worden, die Grundbotschaft des Christentums in gestufter Weise im Anschluß an die Urformeln des Christentums zu vermitteln. Die Urformulare enthalten nach der Annahme der Katecheten das Totum des christlichen Glaubens, weshalb ihre Vermittlung für die Glaubensunterweisung des Christentums über Jahrhunderte seit Beginn der Väterkirche immer wieder eingeschärft worden war. Diese Urformulare, die den Grundbestand des Catechismus Romanus und der Bellarminschen Glaubenslehre ausmachen, sind das Taufsymbol (Apostolisches Glaubensbekenntnis) und das Grundgebet (Vaterunser, dazu das Ave-Maria) sowie das Hauptgebot der Gottes- und Nächstenliebe (expliziert durch die Zehn Gebote) sowie die sieben Sakramente. -

Bereits der Katechismus des PETRUS CANISIUS fügt ein Kapitel über die christliche Gerechtigkeit (Sünden- und Tugendlehre) hinzu; aber über die mindestens vier Jahrhunderte seiner mehr oder weniger prävalenten Geltung bleibt es trotz aller Modifikationen noch bei der Orientierung an diesen Urformularen, die ihrerseits aus der Lehr-Lern-Tätigkeit der Kirche entstanden sind (im Zusammenhang mit dem Katechumenat bzw. dessen Vorformen und Substituten).

Unter diesem Blickwinkel ist die Diskussion der Kurzformeln des Glaubens, wie sie zu Beginn der siebziger Jahre geführt wurde, und ist der Versuch, ein neues "Credo des Gottesvolkes" (PAUL VI.) zu entwerfen, von erheblicher Relevanz für die Frage nach den verbindlichen Inhalten des christlichen Glaubens, nach der Formulierung dieser Inhalte in einer für Lernprozesse auf verschiedenen Ebenen geeigneten Form.

2. These:

Zumindest seit dem 18. Jahrhundert beginnt in der katechetischen Tradition eine Ausweitung des Lehrkanons der zu vermittelnden Inhalte auf die Welt als Lebensbereich des Menschen und auf die "Glückseligkeit", als die dem Menschen eigene anthropologische Konstante der Sinnsuche.

Eine Vielzahl von katechetischen Handbüchern und auch einige der Katechismen aus der zweiten Hälfte des 18. und den ersten Jahrzehnten des 19. Jahrhunderts tragen der durch die Grundgedanken der Aufklärung entstandenen Anthropozentrierung des menschlichen Selbst- und Weltverständnisses dadurch Rechnung, daß sie sie in den Zusammenhang mit der Offenbarung zu stellen und darin zu integrieren versuchen[6]. Natur und Mensch werden in einer neuen Weise erfahren, und es wird deshalb eine Verbindung hergestellt von der Ebene einer natürlich-theologischen Weltbetrachtung, "aus dem Werk des Schöpfers", zur Deutung der Welt aus der Offenbarung Gottes. Eine ausführliche Behandlung des Gewissens, eine explizite Vermittlung der Ethik, eine rational-argumentative Hinführung zur theologischen Dimension der Natur, aber auch die Einführung der "Biblischen Geschichte" als Pflichtstoff zur religiösen Unterweisung (in der Schule)[7]: dies sind zumindest die positiven Resultate der Rezeption aufklärerischer Impulse in der Geschichte der Katechetik.

Diese positiven Anliegen der Aufklärung sind über ein Jahrhundert in der Katechetik (entsprechend der theologiegeschichtlichen und kirchenpolitischen Favorisierung der Neuscholastik) bekämpft und verdrängt worden, bis sie über den Umweg der profan-historischen und wissenschafts-historischen Postulate der Religionspädagogik neuerdings aufgegeben wurden. Nicht ohne Grund entsteht Ende der siebziger Jahre der Bedarf nach einer Moralpädagogik[8]. Nicht ohne Grund wird durch eine Verhältnisbestimmung von Kirche und Welt im Anschluß an das Zweite Vatikanische Konzil[9] sowohl der Entwicklungsgedanke der Glaubenslehre (J. H. NEWMAN) als auch der Evolutionsgedanke (TEILHARD DE CHARDIN) als wesentliches inhaltliches Element christlicher Unterweisung in neuen Religionsbüchern aufgenommen. Nicht umsonst hat sich das Zielspektrum des Religionsunterrichts auf den Bereich menschlicher Grunderfahrungen und insbesondere der Sinnerfahrung hin erweitert[10]. Die positiven Imperative der Aufklärungskatechetik vergessen zu haben rächt sich.

3. These:

Die Geschichte der Katechetik zeigt, daß Glauben lernen nur möglich ist, wenn sich die Vielzahl der zu vermittelnden Einzelinhalte in der Mehrzahl der dabei notwendigen Stufen, Klassen bzw. Jahrgänge in ein gemeinsames konzentrierendes Prinzip integrieren läßt.

Es kann dahingestellt bleiben, ob sich das Postulat heutigen Lernverfahrens als ein advanced organizer (D. Ausubel) im Sinne eines katechetischen Konzentrationsprinzips verwenden läßt. Tatsache ist jedoch, daß schon von der Botschaft Israels her die Erfüllung der Verheißung als Kommen des Reiches Gottes bezeichnet wird. In der Verkündigung Jesu ist das Himmelreich bzw. Gottesreich in einer spezifischen Phase des Nahegekommenseins der entscheidende Inhalt der Verkündigung des irdischen Jesus (Lk 11, 28; Mk 1, 15). - So ist es nicht verwunderlich, daß der Freiburger Katechetiker BERNHARD GALURA um die Jahrhundertwende zum 19. Jahrhundert in seinen verschiedenen Katechesen den Reich-Gottes-Gedanken zum Konzentrationsprinzip der Katechese macht und dabei übrigens in besonders freundlicher Weise von den jüdischen Glaubensbrüdern zu sprechen vermag[11]. Wie dasselbe Konzentrationsprinzip bei J. B. HIRSCHER in seiner Katechetik wiederauftaucht, hat T. FILTHAUT aufgewiesen, der es auch in seiner Auswirkung auf den "Katholischen Katechismus für die Bistümer Deutschlands" (1955-1969) erläutert hat[12].

Daß andere Praktische Theologen und Religionspädagogen auf den "Historischen Jesus" bzw. das Christusereignis als Konzentrationsprinzip einer Theorie kirchlicher Praxis bzw. des Glaubenlernens verweisen, darf im Zusammenhang mit der Tradition gesehen werden, wonach es ein christozentrisches Konzentrationsprinzip in der Geschichte der Katechetik gegeben hat[13].

Für eine künftige Theorie der Lehrplanung kann jedenfalls aus dieser kurzen historischen Skizze festgehalten werden, daß eine solche Konzentrationsformel im Sinne einer Reduktivformel der vielfältigen Glaubensinhalte sowohl für die sachlogische Ebene des Unterrichts als auch für die Lehrplanung von unersetzbarer Bedeutung ist[14].

4. These:

Obgleich Kerygma von anderer Struktur ist als die es reflektierende Theologie, zeigt sich wenigstens seit dem 19. Jahrhundert (J. B. HIRSCHER, J. DEHARBE), welches Gewicht eine bestimmte Theologie für das Glauben-Lehren und Glauben-Lernen hat.

Eine heftige Kontroverse schloß sich an das Postulat von J. A. JUNGMANN an, eine Theologie der Verkündigung zu schaffen, die den spezifischen Postulaten des Lehrens und Lernens des Glaubens besser gerecht würde als die bestehenden wissenschaftlichen Konzepte der Theologie[15]. Tatsächlich zeigen sich in verschiedenen theologischen Ansätzen wie einer inkarnatorisch akzentuierten Theologie (J. H. NEWMAN)[16], einer transzendental verfaßten Theologie (K. RAHNER), einer eschatologisch orientierten Theologie (J. B. METZ, J. MOLTMANN) u.a., daß die für eine Lehrplanung zu eruierenden Inhalte keineswegs jeweils in der gleichen Ausgewogenheit zur Darstellung kommen. - Im Unterschied oder zumindest in Ergänzung zum Vorschlag Jungmanns, dem es um die bildhaft anschauliche, für den Hörenden und Lernenden entsprechende faßliche Darstellung der elementaren Inhalte des Glaubens ging, also um eine material-kerygmatische Strukturfrage (F. X. ARNOLD), steht für die Lehrplanung daher die Frage an, wie sich eine Hierarchie der Glaubenswahrheiten erstellen und begründen lasse und wie die Rangfolge der Glaubenswahrheiten und ihr innerer Zusammenhang zu dem Ausgangspunkt bzw. zentralen Prinzip einer solch hierarchisch-strukturierten Sequenz ausschaut[17].

5. These:

Von besonderer Bedeutung wurde seit den siebziger Jahren des 20. Jahrhunderts die schon am Ende des 19. Jahrhunderts geforderte Adressatenorientierung des Religionsunterrichts.

Was die Vertreter der Münchener Katechetischen Methode mit ihrer Unterrichtsstufe der "Anschauung" anzielten, nämlich die adressatengemäßere Darbietung der im Deharbeschen Katechismus im Frage-Antwort-Stil enthaltenen Glaubensaussagen, das erwies sich zumindest seit der Mitte der sechziger Jahre als unzureichend. Die Schüler sahen sich von dem einseitig aus der Stoffperspektive entworfenen Veranschaulichungsversuch her nicht hinreichend in ihrer Lebenswelt angesprochen. In der Darstellung des problemorientierten Konzepts von Religionsunterricht[18] und in der Forderung der Curriculum-Reform-Vertreter, die Adressaten zu einer der Planungsdeterminanten des Unterrichts zu machen, wurde ein Postulat formuliert, das für die Lehrplanung von grundlegender Bedeutung ist. Aber bisher blieb umstritten, wie zwischen der Mitbestimmung des Lernprozesses, den Lernvoraussetzungen (im Sinne von J. PIAGET und H. ROTH) einerseits und den im Lehrplan vorgeschriebenen Lerninhalten und Lernzielen andererseits zu vermitteln ist.

6. These:

Pragmatische Verfahrensweisen der Lehrplankonstruktion bringen insofern wichtige Erkenntnisse für die Lehrplantheorie ein, als sie vollzugsimmanente Erfahrung über den Zusammenhang der Theorieelemente in der Praxis zur Verfügung stellen können.

Zwar wurden im Verlauf der letzten 250 Jahre in der Religionspädagogik bzw. Katechetik immer wieder besondere Phasen der Lehrplanung fällig, wie etwa in der Zeit, die der endgültigen Erstellung des Österreichischen Normalkatechismus von 1777 vorausging[19] oder im badischen Schulstreit, der zur Festlegung der Religionsbücher der ersten Hälfte des 19. Jahrhunderts führte[20]. Eine so intensive und kommunikativ gestaltete Lehrplanrevision, wie sie im letzten Jahrzehnt auf religionspädagogischem Gebiet in der Bundesrepublik stattgefunden hat, dürfte es jedoch bisher nicht gegeben haben. So gesehen, ist es wünschenswert, daß die an dieser Verfahrensweise Beteiligten die Elemente bzw. Kriterien für eine allgemein einsichtige und anwendbare Auswahl von Zielen und Inhalten für eine künftige Theorie der Lehrplanerstellung und Lehrplanverwendung eruieren. Die Gelungenheit der pragmatischen Verfahrensweise ersetzt nicht das Postulat nach einer begründeten Theorie: So wie man zwar nachweisen kann, daß die Bibel didaktische Strukturen enthält, diesen Nachweis aber nicht mit bibelimmanenten Mitteln führen kann, sondern sich bestimmter Theoriekriterien bedienen muß, um den Nachweis zu führen[21].

Zwar haben einige der Lehrplanverfasser im Bereich des katholischen Religionsunterrichts sich nach dem Vorschlag von K. FREY gerichtet und vorhandene Lehr-Lern-Materialien auf ihre weiterhin verwendbaren Inhalte und implizierten Ziele hin durchgesehen, ausgewählt und damit einen neuen Lehrplan mit neuen Lernmitteln vermessen. Es bleibt jedoch die Frage, inwieweit die für die Neuzuordnung zugrunde gelegten Strukturen einer Überprüfung auf den dazu einschlägigen Ebenen der Theologie, Pädagogik, Curriculumtheorie usw. standhalten.

7. These:

Eine Lehrplanung und Lernplanung, die die Dimension der Bildung und Erziehung nicht explizit einschließt, ist für die Religionspädagogik unzureichend.

Ein struktural gemeinsamer Zug der verschiedenen Bildungsbegriffsdefinitionen ist die Spannung zwischen dem im Lernprozeß erfaßten Inhalt und dem Gesamtzusammenhang, in dem und für den dieser Inhalt steht. So verstanden, soll auch ein didaktisches Strukturgitter als ein Verfahrenselement zur Vermittlung von Bildung verstanden werden[22]; denn der im Schnittpunkt von Lebensrelevanz und Fachrepräsentanz gefundene Inhalt des Lernens steht in der Spannung der Zugeordnetheit zu beiden Dimensionen. So kann beispielsweise die Berufung Abrahams (theologische Dimension) in ihrer anthropologischen Bedeutung (als Konflikt) im Blick auf die (psychologischen und theologischen) Voraussetzungen der Adressaten didaktisch vermittelt werden.

Umgekehrt besteht überall dort, wo eine lineare Elementarisierung der Theologie
(J. DEHARBE) oder der Bibel (I. BALDERMANN) oder der Liturgie (J. DREISSEN) usw.
versucht wird, die Gefahr, daß zwar eine Pragmatik der Lehrplanung geleistet wird,
aber eine theoriefähige Begründung im didaktischen bzw. curricularen Sinne des Postulats ausbleiben muß. Eine <u>Bildung</u> im Sinne des Glaubens und der Religiosität
kann nur dort entstehen, wo die Bedeutung des Gelernten für den einzelnen und in
der Gesellschaft beim Lernprozeß selbst zugleich mitgelernt wird, andernfalls ginge am Lerninhalt vielleicht auf, in welchem größeren Zusammenhang (biblischer, liturgischer, theologischer Art) das so erworbene Wissen stünde, aber es fehlte eben
gerade jene Spannung, die den "Lebensgehalt des Dogmas", jene Lebensrelevanz der
Bibel, die das Freiheitspotential des Glaubens miterschließt, nach dem die Schüler
der sechziger Jahre ihre Religionslehrer in kritischem Ton gefragt haben, und dies
nicht nur damals.

An diesem Beispiel wird der Zusammenhang der Theorie- bzw. Konstruktebene für die
Lehrplanung und der Unterrichts- bzw. Praxisebene deutlich.

<u>8. These:</u>

Ein wichtiges Anliegen verfolgte die Umsetzung von Frage-Antwort-Katechismen in
Lehrstück-Katechismen (CH.-A. QUINET; H. A. BOYER; F. M. WILLAM; K. TILMANN; F.
SCHREIBMAYR). Dabei ist für die weitere Lehrplanung im religionspädagogischen Bereich von Bedeutung, daß es den Autoren nicht nur um die Veranschaulichung im Sinne eines lernpsychologischen Postulats ging, sondern auch um die Verlebendigung,
um die Kerygmatisierung der theologischen Begriffe, die auf solche Weise vermittelt und erschlossen werden sollen.

Den Zusammenhang zwischen begrifflicher und wirklichkeitshaltiger Sprache in der
Glaubensunterweisung und in der Theologie hat niemand deutlicher herausgearbeitet
als JOHN HENRY NEWMAN in seinem "Entwurf einer Zustimmungslehre"[23]. Wenn er darin
nachzuweisen vermag, daß Begriffe nur logische Denkoperationen auslösen und wirklichkeitshaltige Aussagen auch existentielle Stellungnahmen, so hat dies für die
Lehr-Lern-Planung mindestens dreierlei Konsequenzen. Zum einen muß für die Vermittlung von Glaubensinhalten gesichert sein, daß die Ebene <u>wirklichkeitshaltiger</u>
Vermittlung erreicht wird, was überall dort ausgeschlossen ist, wo nicht die entwicklungspsychologischen, noetischen und emotionalen Voraussetzungen gegeben sind.
Zum andern ist zu differenzieren zwischen solchen Schülern, für die bestimmte Aussagen wirklichkeitshaltig gefüllt sind, weil sie ihnen aus dem Zusammenhang lebendigen Lernens erschlossen wurden, und anderen Schülern, für die dieselben Aussagen
Leerformeln darstellen. So folgt schließlich, daß Ziel und Inhalt der Lehrplanung

von Religionsunterricht niemals den Bereich des existentiellen Engagements von Lehrern wie Schülern ausblenden dürfen, wenn eine den Inhalten adäquate Weise der Vermittlung stattfinden können soll.[24]

Zusammenfassend kann aus dieser Retrospektive in die Herkunft der Katechese für die Suche nach gültigen Elementen zu einer Theorie der Lehrplanung ein differenziertes, aber nach der Art der Herkunft noch heterogenes Instrumentar angeboten werden.

Anmerkungen:

1) G. BIEMER, Die Angst, Religion zu unterrichten, in: Diakonia 11 (1980) 289-292.

2) R. BELLARMIN, Compendio della Dottrina Cristiana; Avvertimenti; zit. K. RAAB, Das Katechismusproblem in der Katholischen Kirche, Freiburg 1934, 36,A.55. Bellarmin unterscheidet zwischen dem, was von der christlichen Lehre her notwendig, und dem, wozu der Adressat des Lernprozesses fähig ist. Als notwendig erachtet er die vier Urformeln: Glaubensbekenntnis, Vaterunser und Ave-Maria, Zehn Gebote und sieben Sakramente. - Vgl. zum Ganzen G. BIEMER, Verkündigung in der Geschichte der Kirche, in: B. DREHER - N. GREINACHER - F. KLOSTERMANN, Handbuch der Verkündigung I, Freiburg - Basel - Wien 1970, 296-334.

3) Vgl. J. HOFINGER, Geschichte des Katechismus in Österreich von Canisius bis zur Gegenwart, Innsbruck 1937, 113-128.

4) Vgl. H. GEDEMER, Religionsunterricht als Unterrichtsfach der höheren Schulen, Freiburger Diözesanarchiv 1974, 288f. (Diss. theol.).

5) Vgl. zum Ganzen K. RAAB, a.a.O. - Zur Lehrplanproblematik, Freiburg - Basel - Wien ^{3}1965, 106-123.

6) Vgl. G. BIEMER, Edilbert Menne und sein Beitrag zur Pastoraltheologie, Freiburg - Basel - Wien 1969; U. KRÖMER, Johann Ignaz von Felbiger, Freiburg - Basel - Wien 1966; J. RABAS, Katechetisches Erbe der Aufklärungszeit, Freiburg - Basel - Wien 1963.

7) K. RAAB, a.a.O. 41f.

8) A. BIESINGER, Die Begründung sittlicher Werte und Normen im Religionsunterricht, Düsseldorf 1979; A. AUER - A. BIESINGER - H. GUTSCHERA (Hrsg.), Moralerziehung im Religionsunterricht, Freiburg - Basel - Wien 1975.

9) Vgl. dazu die Grundstruktur der Pastoralkonstitution "Gaudium et spes" des II. Vatikanischen Konzils und insbesondere Kapitel IV (Nr.40-45).

10) Zum Zielspektrum des Religionsunterrichts vgl. den Beschluß der Gemeinsamen Synode "Religionsunterricht in der Schule" 2.5.1; vgl. dazu G. BIEMER, Menschliche Grunderfahrungen und ihre religionspädagogische Verarbeitung, in: E. FEIFEL (Hrsg.), Welterfahrung und christliche Hoffnung, Donauwörth 1977, 44-74.

11) G. BIEMER, BERNHARD GALURA (1764-1856), in: H. FRIES - G. SCHWAIGER (Hrsg.), Katholische Theologen Deutschlands im 19. Jahrhundert I, München 1975, 227-252; hier 238ff.

12) Vgl. T. FILTHAUT, Das Reich Gottes in der katechetischen Unterweisung, Freiburg 1958; ders., Das Reich Gottes in der Glaubensunterweisung, Freiburg 1964.

13) Vgl. G. BIEMER - P. SILLER, Grundfragen der Praktischen Theologie, Mainz 1971, 137ff.; H. SCHUSTER, Die Praktische Theologie unter dem Anspruch des Sache Jesu, in: F. KLOSTERMANN - R. ZERFASS, Praktische Theologie heute, Mainz - München 1974, 150-163; G. BIEMER - A. BIESINGER, Theologie im Religionsunterricht, München 1976, 120ff.

14) J. A. JUNGMANN, Katechetik, a.a.O. 121.

15) Vgl. J. A. JUNGMANN, Die Frohbotschaft und unsere Glaubensverkündigung, Regensburg 1936; ders., Glaubensverkündigung im Lichte der Frohbotschaft, Innsbruck 1963.

16) J. H. NEWMAN, Entwurf einer Zustimmungslehre (Ausgewählte Werke VII), Mainz 1961, 325f.

17) Zur Bedeutung der Hierarchie der Wahrheiten für den Zusammenhang der Lehrplanung vgl. den Beitrag von K.-H. MINZ in diesem Band (Lit.); ebenso den Beitrag von G. LANGEMEYER.

18) Vgl. dazu H. B. KAUFMANN, Streit um den problemorientierten Unterricht in Schule und Kirche, Frankfurt - Berlin - München 1973.

19) Vgl. J. HOFINGER, a.a.O. 99-112.

20) Vgl. H. GEDEMER, a.a.O.

21) Vgl. I. BALDERMANN, Bibel - ein Buch des Lernens. Grundzüge biblischer Didaktik, Göttingen 1980.

22) Vgl. H. BLANKERTZ, Analyse von Lebenssituationen unter besonderer Betonung erziehungswissenschaftlich begründeter Modelle: Didaktische Strukturgitter, in: K. FREY, Curriculum-Handbuch II, München - Zürich 1975, 202-214; hierzu 108: "Die Rekonstruktion der europäischen Bildungstradition und ihre Auslegung auf die politischen Bedingungen der technischen Zivilisation (...) ist im Strukturgitteransatz substantiell; nur dadurch ist er als erziehungswissenschaftlicher ausgewiesen."

23) J. H. NEWMAN, Entwurf einer Zustimmungslehre, a.a.O. 26-68.

24) Vgl. dazu als meinen Vorschlag: Was deinem Leben Tiefe gibt. Eine Schule des Glaubens, Freiburg - Basel - Wien 1980, ²1981. - Zur Vermittlungsstruktur des Buches vgl. die Beiträge von E. SCHÜTZ in diesem Band.

Zur anthropologischen Grundlegung

Glaube und Menschsein.
Zur elementar-anthropologischen Grundlegung der Religionspädagogik

Egon Schütz

Als mich G. Biemer aufforderte, mich am Gespräch seiner Arbeitsgruppe zum Thema "Lernprozeß Christen/Juden - Vorschlag einer Lehr-Lern-Planung" zu beteiligen, hatte ich zunächst einige Zweifel und Bedenken, ob ich dem Anspruch wohl genügen könnte, der sich mit Ziel und Thema der Arbeitsgruppe verband[1]. Die Zweifel und Bedenken hatten (und haben) ihren Grund in einem, nach akademischen Maßstäben gemessen, deutlichen Mangel an fachwissenschaftlicher Kompetenz. Andererseits wurde meine Meinung nicht als Theologe gesucht, sondern als Pädagoge, der durch Herkunft und Forschungsschwerpunkt zumindest für einen bestimmten Problembereich der Arbeitsgruppe, nämlich für den Bereich der anthropologisch orientierten Vermittlung von religionspädagogischen Inhalten, eine gewisse Problem-Erfahrung einbringen kann. Daß diese Problemerfahrung im Umkreis von Eugen Fink gewonnen wurde, gab dann den Ausschlag für das faktische Engagement. Denn G. Biemer und seine Arbeitsgruppe hatten, in der Überzeugung, daß Religionsunterricht in der Tat keine lineare Vermittlung wissenschaftlicher Einsichten vom Grundphänomen des Glaubens sein könne, als anthropologischen Bezugs- und Fragerahmen ihrer curricularen Arbeit die existentiale Strukturanthropologie Eugen Finks gewählt[2]. Es waren also einerseits das grundsätzlich erziehungsphilosophische Interesse und die Thematik einer existentialphilosophischen Anthropologie andererseits, die mich am Ende bewegten, Zweifel und Bedenken zurückzustellen - wie gesagt: zurückzustellen und nicht etwa als unbegründet zu betrachten - und mich am Gespräch der Arbeitsgruppe zu beteiligen.

1. Das Verhältnis von Glauben und Wissenschaft

Im übrigen glaubte ich, die Risiken in der Folge theologisch-fachlicher Inkompetenz eingehen zu können in der Überzeugung, daß das Thema Religion, Glaube und ihre "Vermittlung" keineswegs nur ein Thema im strengen Sinne wissenschaftlicher Disziplin sei, sondern auch und darüber hinaus ein elementares Anliegen menschlicher Existenz, das, anders als etwa Fragestellungen theoretischer Physik, zu seinem Verständnis Wissenschaft nicht notwendig voraussetze. Es geschieht immer schon eine Selbstverständigung des Lebens im Medium des Glaubens, auch dann, wenn man die Möglichkeiten radikalen Zweifels existentiell "durchspielt" Glaube ist also nicht nur das Kulturphänomen einer <u>bestimmten</u> Kultur (wie theoretische Physik ein Kulturphänomen abendländisch-europäischer Kultur ist), sondern Glaube ist - so jedenfalls stellt es sich mir dar - eine Grunddimension wesentlicher Selbstanfrage, die unter anderem in der Zeithaftigkeit menschlicher Existenz eröffnet wird. Deshalb ist der Status eines "theologischen Laien" ein anderer als derjenige eines Laien in Fragen der Physik oder eines Laien auf bestimmten technologischen Gebieten. Vielleicht kann man es auch so zutreffend ausdrücken: die elementare Gemeinschaft der Laien und der Priester liegt jeder Wissenschaft <u>von</u> Glaubensphänomenen voraus, die Gemeinde derjenigen aber, die sich der technischen Effekte wissenschaftlicher Erkenntnisse "bedienen", konstituiert sich erst unter der Voraussetzung eben der Wissenschaften, auf die sie sich beziehen. Die Wissenschaft von der Natur produziert gleichsam die "Kommunikationsgemeinschaft der Wissenschaftler" und die "Interessengemeinschaft der Techniker und Nutznießer". Die Wissenschaft vom Glauben jedoch "produziert" nicht die Gemeinde der Glaubenden, so wenig wie sie das Glaubensphänomen selbst hervorbringt. Wenn das aber zutrifft, dann ist die Glaubenspraxis etwas grundsätzlich anderes als eine nach wissenschaftlichen Gesichtspunkten organisierte Handlungs- und Verhaltenstechnik. Und das würde für die Pädagogik bedeuten: Religiöse Sachverhalte, wenn man sie nicht nur auf dem Status von Informationen "behandeln" will, können nicht in gleicher Weise lernend angeeignet werden wie etwa Kulturtechniken oder motorische Qualifikationen. Jedenfalls, mehr als in anderen Erziehungs- und Qualifikationsbereichen müßten sich die Grenzen wissenschaftlicher Objektivierbarkeit und Disponierbarkeit im Bereich glaubender Selbstverständigung des Daseins zeigen - immer vorausgesetzt, man versteht unter "Objektivierung" die Rekonstruktion von Gegenständen und Prozessen gemäß dem Prinzip formaler Überprüfbarkeit. Zwar kann man in Programmen religiöser Sozialisationsforschung etwa Abhängigkeiten zwischen dem religiösen Klima der Herkunftsfamilie und der späteren Einstellung zu Glaubensinhalten ermitteln und in Form von prognostischen Gesetzeshypothesen formulieren, aber es ist fraglich, ob der Einsatz dieses Wissens in irgendeiner Weise Aufschlüsse zu vermitteln vermag über die gelebte Substanz des Glaubens in der Biographie des einzelnen und in der Geschichte der Sozietät. Oder anders gesagt: Die Kenntnis der Bedingungen, unter denen sich Glaubenseinstellungen in der einen oder anderen Weise entwickeln, ist nicht identisch mit der Frage nach der lebensweltlichen Evidenz didaktisierter Glaubensinhalte.

2. Die lebensweltliche Bedeutung des Glaubens als Problem der Pädagogik

Lebensweltliche Evidenz von Glaubensinhalten ist also etwas anderes als deren Relevanz im Rahmen eines wissenschaftlichen Bezugssystems. Im Beispiel: Man kann Inhalte des Glaubens kulturhistorisch und religionssoziologisch _wissen_, kann die Bedeutung von Konzilien für die Dogmen- und Kirchengeschichte _kennen_, kann imstande sein, Glaubensinhalte als Wissensgegenstände zu repräsentieren und zu _diskutieren_. Und das alles, ohne den Glauben als existentielles Problem der eigenen und gemeinschaftlichen Lebensführung und Lebensorientierung angenommen und erfahren zu haben. Oder man kann die angeführten "Qualifikationen" zeigen, ohne zu verraten, welche Bedeutung etwa ein Satz wie das Gebot der Nächstenliebe im konkreten Handeln der "Betroffenen" hat. Gleichwohl ist gerade diese Bedeutung - die Bedeutung des Gebots der Nächstenliebe in lebensweltlich-praktischer Evidenz - für die _lebendige_ Substanz des Glaubens von höchstem Rang und von höchstem pädagogischem Interesse. Doch was heißt "pädagogisches Interesse" im Hinblick auf die lebensweltlich-praktische Evidenz von Glaubensinhalten? Können Lehrer und Erzieher diese Evidenz in der Weise sichtbar machen, wie sie theologisches (inhaltliches oder methodologisches) Wissen und dessen theoretische Evidenz für die philologisch zutreffende Bibelexegese verdeutlichen können? Bleibt vielleicht dem religiösen Erzieher gar nichts anderes übrig, als die "Praxis des Glaubens" wissensmäßig vorzubereiten und ihre lebensweltliche Bedeutung zufälligen "Anlässen" in Biographie und Geschichte zu überlassen? Gibt es für den Religionsunterricht nur die Alternative, entweder Glaubens_wissen_ zu vermitteln oder Glaubens_verhalten_ zu prägen, also die Alternative zwischen _religiösem Szientismus_ (auf der Basis theoretischer Evidenz) und _religiöser Konditionierung_ im Sinne einer technologischen Formung von "wünschbarem" Glaubensverhalten, das die praktische Relevanz des Glaubens zu einer Frage der geschickten Gesinnungsprägung macht?

3. Vermittlungsfunktion und Struktur einer elementaren Anthropologie

Zwischen rein szientistischer Vermittlung von Glaubenswissen sowie rein pragmatischer Konditionierung von Glaubensverhalten auf der einen und einer die existentielle Bedeutung von Glauben dem bloßen Zufall überlassenden Einstellung auf der anderen Seite versucht die elementaranthropologische Orientierung der Religionspädagogik eine strukturierende situative Begründung religionspädagogischen Handelns zu erreichen, und zwar in der Eröffnung eines Dialogs zwischen Theologie, elementarer Anthropologie und biographisch und gesellschaftlich bestimmter Lebenswelt. Doch was heißt "elementare" Anthropologie?

Elementare Anthropologie bezeichnet das Problem und den Versuch, Grundphänomene menschlicher Selbstverständigung aufzudecken, die das menschliche Lebensfeld als "Aufgaben" konstituieren. Die elementare Anthropologie steht also in der Tradition philosophischer Selbstbesinnung, die in der Selbsterkundung der Existenz nicht nur ein Problem positiv-wissenschaftlicher Fragestellungen, sondern auch ein Problem des Vollzugs von Selbst-Auslegungen sieht, die in bestimmten Bahnen verlaufen, bei EUGEN FINK in den Bahnen von "Arbeit", "Herrschaft", "Liebe", "Spiel" und "Tod". Die Bahnen der Selbstauslegung sind insofern keine materialen anthropologischen Konstanten, als sie Grundbefindlichkeiten markieren, in denen Dasein seine jeweilige historische Gestalt allererst auslegend finden muß. Allerdings ist diese elementare Feldanthropologie nicht ohne jede "Aussage", wie auch eine Aufgabe nicht ohne jeden Hinweis auf Sinn und Bedeutung und Form ihrer Lösung ist, nur fügen sich die Hinweise aus den elementaren Erfahrungen, etwa von Arbeit und Liebe, nicht zu einem festen Menschenbild zusammen, dem man den Status eines "ontologischen Vorbilds" geben könnte. Der _normative_ Sinn einer elementaren Anthropologie (wenn das Wort "normativ" hier nicht mißverständlich ist) liegt im Aufweis der Mehrdimensionalität von Existenz als Feld von Lebensaufgaben und damit in der Abweisung aller Reduktionen, die sich ergeben, wenn man ein Elementarphänomen - zum Beispiel das Phänomen der Herrschaft - zum ausschließlichen Erklärungsgrund der Gesamtheit menschlichen Lebens erheben möchte.

Stellt sich nun die elementare Anthropologie als ein fundamentales Feld von Selbst-Aufgegebenheiten, Selbst-Erfahrungen und Selbst-Anfragen vor allem in der Perspektive der Mitmenschlichkeit dar und teilt man die Überzeugung, daß dieses Feld in der Tat menschliches Dasein in seinem Grunde strukturiert, dann kann curriculare Lehrplanarbeit sich mit den Betroffenen oder im Sinne der Betroffenen aus dem Horizont dieser Grundstrukturen verständigen. Solche Verständigung hat den Charakter der Aktivierung - oder aktivierenden Einführung - in die "Erlebniszeugenschaft". In ihr kann die Grundverfassung von Dasein als Befindlichkeit in elementaren mitmenschlichen Situationen dialogisch verdeutlicht werden. Hier käme es _nicht_ darauf an, das Aufgabenfeld menschlicher Existenz und Koexistenz als philosophisches Wissen vorzutragen; es käme vielmehr darauf an, im Rahmen entwicklungsmäßiger Bedingungen und Möglichkeiten, die Aufgegebenheit des Lebens in den verschiedenen Dimensionen erfahrbar zu machen - etwa in einem Prozeß der Selbstbesinnung auf die fundamentale Notwendigkeit ideeller und materieller Produktion oder auf die fundamentale Not der Endlichkeit von Dasein. Hier geht es um die Übersetzung des Selbsterlebens von Arbeit und Zeitlichkeit in die Verfassung von Existenz und umgekehrt, es geht um die wechselseitige Durchdringung von subjektivem Erfahren und seiner elementaren Evidenz. Der Heranwachsende erfährt sich als

Erlebniszeuge der Existenzverfassung, die ihn mit allen anderen Menschen verbindet im Sinne grundsätzlicher Aufgegebenheit. Selbstzeugenschaft in bezug auf die mitmenschliche Grundverfassung des Daseins wäre also mehr als eine empirische Bedingungs- und Situationsanalyse. Sie hätte eine gewisse Ähnlichkeit mit ROBINSOHNS curricularem Prinzip des Ausgangs von Lebenssituationen, allerdings läge ein wesentliches Merkmal darin, daß sie sich auf ein kategoriales Geflecht von Lebenssituationen bezöge, deren nothafter Sinn grundlegend Praxis und Erlebniszeugenschaft in der Praxis und aus der Praxis "provozierte".

Die Arbeitspraxis wäre Antwort auf die Not der Lebensfristung; die Herrschaftspraxis wäre Antwort auf die Not ursprünglicher Verfassungslosigkeit menschlicher Gemeinschaft im politischen Sinne; die Spielpraxis wäre Antwort auf die Not der Gefangenschaft in den Gesetzen des Wirklichen und Antwort auf die Not einer Lebensartikulation im unendlichen Zeitstrom durch den Rhythmus von Fest und Feier; die Praxis der Liebe wäre Antwort auf die Not der Vereinzelung und der Angewiesenheit auf den anderen; die kultische Praxis schließlich wäre Antwort auf die Not des Endlichseins in der Augenblicklichkeit menschlichen Lebens.

Mögen im Einzelleben oder in den historischen Gemeinschaften auch die Formen und Inhalte der Antworten so stark variieren, wie es in die Natur zurückgebundener Menschengeist vermag - der elementare Sinn der Antworten hält sich durch: als Sinn der nothaften Offenheit des Lebens für sich selbst, als Notwendigkeit, sich in Besinnung und Handeln im weitesten Verständnis des Wortes "auslegend" einzurichten.

4. Die besondere "Praxis des Glaubens"

Die Praxis des Glaubens liegt nun insofern nicht auf einer Ebene mit den genannten menschlichen Aufgaben der endlich-unendlichen "Sinngebung", als der Glaube in dem Anspruch der Sinn-Totalität, also als "umfassende Sinnpraxis" alle endlich-nothafte Praxis fragend übersteigt. Der gläubige Mensch, aber auch der Zweifelnde, erkennt sich hier nicht im Hinblick auf sich selbst, sondern im Angesicht des Weltganzen, des Schöpfers und seiner Offenbarung, jedenfalls im christlichen Selbstverständnis. Dieses Ansichtigwerden seiner selbst im Horizont von Schöpfung und Geschöpflichkeit ist gleichsam der Sprung über die Grenze hinaus, in die uns der Blick auf uns selbst in unserer nothaft-endlichen Verfassung zwingt und deren Überstieg dieser Blick zugleich vorbereitet. Die "Selbst-Transzendenz des Lebens" als anfragende Übersteigung der Grenzen endlicher Sinnauslegung aber kann ihr "existentielles Motiv" in jeder elementaren Praxis haben, in welcher der Mensch grundsätzlich Erlebniszeuge, beteiligter Zeuge seiner nothaften Offenheit und Endlichkeit ist, wenn auch ohne Zweifel die Konfrontation mit der Todesthematik die stärkste Fragemächtigkeit besitzt.

Der Rekurs jedenfalls auf eine elementare Anthropologie hätte, auch und vor allem für die religionspädagogische Praxis, eine doppelte und doch wieder zusammenhängende Bedeutung: er wäre einerseits Selbsterkenntnis aus der dialogisch aufgehellten Erfahrung elementarer mitmenschlicher Sinnphänomene und er wäre andererseits insofern existentielle - und eben nicht nur szientifische oder konditionierende - Glaubenspropädeutik, als er aus der eingesehenen Erfahrung der Nothaftigkeit endlich-menschlicher Praxis die Glaubensfrage nach der Sinntotalität hervorriefe. Und hier eröffnet sich in der Tat der Weg in die personale Evidenz der Glaubenspraxis und der Weg zur Rückfrage an die Theologie und an andere Wissenschaften.

Im Falle der besonderen Thematik der Freiburger Arbeitsgruppe, die sich dem Verhältnis Judentum/Christentum zuwendet, erweist sich die Fruchtbarkeit der elementaranthropologischen Orientierung der Lehrplanung vor allem dadurch, daß die unterschiedlichen Gehalte des theologischen Selbstverständnisses von Judentum und Christentum vor dem Hintergrund der Gemeinsamkeit mitmenschlicher Verfassung erfragt werden können. Es werden also nicht theologische Begriffe abstrakt gegeneinandergesetzt oder in reiner Texthermeneutik, die von einem theologischen Vorverständnis ausgeht, miteinander verglichen, sondern es wird im Horizont lebensweltlicher Grunderfahrungen - eben vor dem Hintergrund der elementaren Praxen, in denen Dasein sich auslegend und endlich in seiner Nothaftigkeit "bewerkstelligt" - die theologische Sinndeutung erfragt. Konkreter gesagt, insofern Juden und Christen das Schicksal handelnder und denkender Selbstauslegung in den elementaren Dimensionen teilen, gibt es eine Gemeinsamkeit von Grundproblemen, auf welche die theologischen Begriffe bezogen werden können, und zwar so, daß ihre Lebensdeutung "unmittelbar" evident wird.

5. Ein Beispiel

Um abschließend ein Beispiel für die elementaranthropologische Erschließung religiöser Inhalte zu skizzieren: Der Liebesbund als elementare Praxis von Mitmenschlichkeit in ihren mannigfaltigen Brechungen ist Antwort auf die Not der Vereinzelung und Eingeständnis der letztlich nicht realisierbaren solipsistischen Autarkie. Die Formen der Erlebniszeugenschaft, in denen dieses Grundphänomen auftaucht, reichen von der ursprünglichen Angewiesenheit des Kindes auf mütterliche und väterliche Zuneigung über die Gestalten der Nächstenliebe in den verschiedenen sozialen Bezügen - nicht zuletzt ist hier auch gedacht an den sozialen Bezug des "pädagogischen Verhältnisses" - bis hin zu leiblich-generativer Geschlechtereinung. Es gibt wohl keine Lebensstufe, auf der nicht das Grundphänomen der Liebe in "intimer" Erlebniszeugenschaft als Element in sich entwickelnden oder vollendenden Biographien gegenwärtig wäre - immer als gelingende oder leidhaft vermißte Antwort auf die substantielle Not der Individuation, der emotionalen Angewiesenheit auf das Du, dessen das Ich bedarf, um ein Selbst sein zu können. Dieses Du kann die flüchtige Gestalt des Spielkameraden haben, es kann das Du des Lebenspartners sein, des Kollegen, des Freundes, des Fremden, der der Hilfe bedarf oder der selbst hilft; es kann auch das Du des Gegners im politischen Überzeugungskampf sein oder das Du des Mitspielers oder des Mit-Feiernden, ja auch des Verstorbenen, dessen Weiterleben die Erinnerung für uns beschwört. Immer wird in solchen Du-Bezügen Liebe in Abschattungen "angefragt", immer gelingt oder mißlingt der Bund mit dem Nächsten, immer sind Widerstände und Trägheiten des Herzens zu überwinden. Niemals aber können wir uns durch die Praxis der Nächstenliebe so vor uns selbst in Schutz nehmen, daß die Not des Einzelnseins und die Angewiesenheit auf den anderen endgültig beseitigt und aufgehoben wären. Wir sind auch und besonders im Bund mitmenschlicher Liebe _imperfekt_. In leidvoller Wahrnehmung dieser Imperfektheit eröffnet sich zumindest die Verstehensfrage nach einer Liebe, die den Tod auf sich nimmt, so nach der Liebe Christi, der im Angebot seines Bundes alle menschlichen Liebesbünde übertrifft und auf einen unerschöpflichen Bund vorweist, man könnte sagen aus der Erlebniszeugenschaft Gottes selbst, der in Christus seinen Bund mit den Menschen erneuert und bekräftigt. So wird das religiöse Bundesverständnis einsichtig aus elementarer Erlebniszeugenschaft der Not, der Chancen und Grenzen endlich-menschlicher Nächstenliebe. Die Leidensgeschichte Christi, die seine Freundschaftsgeschichte mit den Menschen ist, kann jetzt den Status einer legendenhaften Erzählung verlieren und die Theologie des Christus-Ereignisses kann ihre Begriffe "lebensweltlich evident" machen im Kontext wesenhaft aufgelichteter Lebenserfahrung. Gewiß, das Gelingen der Überzeugung ist nicht garantiert, aber die entscheidenden Probleme und das Problem der Entscheidung werden kenntlich, und zwar jenseits von Glaubenskonditionierung und positivistischem Glaubenswissen.

6. Ein Wort zum Beitrag positiver Wissenschaft

Wissenschaft kann in diesem Prozeß doppelter Verständigung - Verständigung über die elementaren Aufgaben endlicher Sinngebung und Verständigung über die daraus erwachsende Frage nach der Sinntotalität des Glaubens - _Hilfestellung_ leisten. Sie kann die Erfahrungsfelder zeigen, in denen sich biographisch das Verständnis für die menschlichen Bundesschlüsse im Zeichen der Liebe aufbaut; sie kann auf die Voraussetzungen verweisen, die in der Genealogie kognitiver Strukturen erfüllt sein müssen, damit das Du als anderes Ich verstanden werden kann; sie kann ihr eigenes Wissen von der Genese menschlicher Erfahrungen strukturieren, disponieren und Lehrenden zugängig machen; sie kann - sozialkritisch - die Profile der konkreten Lebenswelt einer bestimmten Gesellschaft etwa daraufhin prüfen, was in ihnen objektiv und subjektiv der Praxis der Nächstenliebe entgegensteht; sie kann die geschichtlichen und gegenwärtigen Bedingungen von Urteils- und Vorurteilsbildungen über das Verhältnis von Judentum und Christentum aufzeigen; sie kann untersuchen, mit welchen "sozialisationsbedingten" Einflüssen der Religionspädagoge rechnen muß, wenn er theologische Aussagen in die konkrete Lebenswelt übersetzen oder wenn er die elementare und nothafte Aufgegebenheit von Existenz deutlich machen will.

Das alles wären Hilfestellungen. Doch sie können die Praxis des Unterrichts, wenn sie mehr sein soll als eine Vermittlung von Glaubenswissen oder eine Einstudierung von Glaubenshaltungen, nicht erfolgsgewiß absichern. Am Ende kommt es ganz entscheidend darauf an, daß es dem Lehrer gelingt, einen Dialog zu eröffnen, in den er sich selbst als Erlebniszeuge von Leben und Glauben einbringt. Um Mißverständnissen vorzubeugen: Das ist kein Plädoyer für den geborenen Erzieher, sondern für den guten Lehrer, der es wagt, Beispiel zu geben und nicht Beispiele - allerdings ohne aufdringlich zu sein.

Anmerkungen:

1 Vgl. dazu G. BIEMER u.a., Freiburger Leitlinien zum Lernprozeß Christen Juden, Düsseldorf 1981.

2 Vgl. E. FINK, Grundphänomene des menschlichen Daseins, hrsg. von E. Schütz und F.-A. Schwarz, Freiburg - München 1979; E. FINK, Grundfragen der systematischen Pädagogik, hrsg. von E. Schütz und F.-A. Schwarz, Freiburg 1978; E. FINK, Nähe und Distanz. Phänomenologische Vorträge und Aufsätze, hrsg. von F.-A. Schwarz, Freiburg - München 1976.

Überlegungen zu einer existential phänomenologisch ‚lebenweltlich' orientierten Didaktik und Curriculumarbeit

Egon Schütz

Die Freiburger Projektgruppe[1] geht davon aus, daß religionsunterrichtliche Themen, Inhalte und Ziele grundsätzlich nicht auf dem Wege einer <u>linearen Elementarisierung</u> der Theologie als wissenschaftlicher Befassung mit dem Christentum - und im Rahmen des Projekts mit dem Judentum - gewonnen oder bestimmt werden können. Religionsunterricht ist, gemäß dieser Auffassung, nicht die Vermittlung von Religionswissenschaft auf <u>propädeutischer</u> Stufe. Das bedeutet jedoch nicht eine einfache Absage an genuin theologische Aussagen und Inhalte im Unterricht, sondern meint zunächst die Anmeldung eines <u>Vorbehalts</u>, nämlich des Vorbehalts einer notwendigen <u>Übersetzung</u> von Theologie in Unterricht. Übersetzung, sofern dieser Begriff oder dieses "Bild" zutrifft, ist immer ein Vermittlungsvorgang zwischen zwei (zumeist sprachlichen) Deutungswelten oder Dimensionen, von denen jede ihre eigene Legitimität besitzt. Übersetzung kann also nicht bedeuten: die Aufhebung einer Deutungswelt durch eine andere, sondern sie hat wesentlich den Charakter eines <u>Dialogs</u> über die Grenzlinien von Kompetenzen und Spezialsprachen hinweg - dann jedenfalls, wenn es sich beim Übersetzen nicht um den schematischen Ersatz eines Codierungssystems durch ein anderes handelt. Stimmt man dem Begriff der Übersetzung als dialogischer Überschreitung von lebensweltlichen und wissenschaftlichen Grenzen im hier vermeinten Sinne zu, so wird auch die These nicht auf Widerstand stoßen, Übersetzung zwischen Lehrern und Schülern sowie Schülern und Lehrern kennzeichne den elementaren Sinn didaktischen Handelns, wenn dieses sich nicht instrumentalistisch auf Methodik reduzieren lassen möchte. Unterricht wäre ein strukturiertes Geschehen wechselseitiger Übersetzung von subjektiven und objektiven Erfahrungen mit der Grundintention, die Biographie von Heranwachsenden (aber auch, wenn auch weniger prononciert, die Berufsbiographien von Lehrern) so anzureichern, daß persönliche und historische Lebenswelt zu einer gewissen "Stimmigkeit" gelangen - wie gesagt: zu einer Stimmigkeit und nicht zu einer funktionalen Passung.

Stimmigkeit wäre die Leistung der Fähigkeit, übersetzen und sich übersetzen zu können, sei es in den Konsens, in den Konflikt oder in das Problem.

Ein Kernproblem der Didaktik im hier umrissenen Verständnis des Begriffs ist nun die brisante Frage der Übersetzung von Wissenschaft in handlungsfähige Lebenspraxis. Die Bearbeitung dieses Problems in Lehrplan- und Curriculumkommissionen gestaltet sich um so schwieriger, je mehr man am Prinzip dialogischer Übersetzung im Gegensatz zum Prinzip linearer Elementarisierung festhält. Das Prinzip der Dialogik in didaktischer Übersetzung reklamiert dann nämlich die <u>Eigenbedeutung</u> der vor- oder besser: außerwissenschaftlichen Lebens- und Erfahrungswelt der Heranwachsenden (und auch der Erwachsenen). Im Falle der Religion wären die Aussagen der Theologie als Wissenschaft vom Glauben nicht identisch mit dem Glauben als gelebtem Vollzug und mit den Erfahrungen, die diesem entspringen. Gleichwohl wäre aber eine Beziehung herzustellen - im Sinne "dialogischer Übersetzung" -, wenn es sich um Religionsunterricht handelt, der sich nicht auf objektive Informationen zum Gegenstand Religion im Rahmen eines isolierten Faches beschränken soll. Die theologisch formulierten Inhalte des Glaubens müßten sich der Lebenswelt "aussetzen", nicht aber in trickreicher Anknüpfung, die nur Scheindialoge erzeugt, sondern im Aufweis ihrer daseinsmäßigen und historischen Relevanz unter Bedingungen des wahren Dialogs.

Nun hat jedoch der dialogische Relevanz- und Bedeutungsausweis von Wissenschaften mit dem Vorsatz des Anknüpfens an Erfahrungen <u>aller</u> Betroffenen, wie schon angedeutet, die Tendenz, die Sache, um die es geht, vor den Erwartungen zu verniedlichen oder zu simplifizieren - oder aber: Der erhoffte Dialog wird zu monologischen Positionsbehauptungen, in denen die Selbstgefälligkeit der "je eigenen" Erfahrungen mit der Selbstgefälligkeit gesicherter wissenschaftlicher Erkenntnis im Zwiespalt einträchtig konkurriert. Das wäre die Konstellation: Laienborniertheit contra Fachborniertheit, am Ende eine Konstellation redseligen Schweigens ohne eine Spur der Übersetzung ins Problem, in die Sache oder die <u>Betroffenheit</u>. Damit ist gemeint: Das Relevanzproblem einer Wissenschaft - auch der Theologie - läßt sich weder lösen im Sinne des Szientismus (Wissenschaft erklärt sich selbst zur Relevanzinstitution), noch läßt sich dieses Problem aussichtsreich angehen durch die Deklaration schierer Erfahrung zum autonomen Relevanzfilter. Noch einmal anders gewendet: weder reflexionsfremde Erfahrung noch erfahrungsfremde wissenschaftliche Reflexion führen in den Dialog der Übersetzung. Will man der Gefahr solcher doppelten Borniertheit entgehen, bleibt nur der Versuch eines denkerischen (philosophischen) "Rekurses" auf fundamentale Themen und Strukturen der Lebenswelt, durch die Wissenschaft und konkrete Erfahrung je schon vermittelt sind, ohne daß damit das historische Problem der dialogischen Übersetzung von Wissenschaft und unmittelbarer Erfahrungswelt bereits gelöst wäre. Gewonnen werden hier nur präzisere Fragen an den faktischen Lebenszusammenhang und an Wissenschaft.

Den Versuch einer fundamentalen philosophischen Analyse der Lebenswelt hat EUGEN
FINK mit seiner koexistentialen Anthropologie unternommen. Insistierend fragt er
nach der Grundverfassung des Daseins - aber nicht aus der gegenständlichen Perspektive einer positiven Anthropologie, sondern aus radikaler Selbstbetroffenheit. Die
Differenz zwischen der philosophischen Selbstanfrage und positiver Selbstvergewisserung als "Gegenstand" wissenschaftlicher Anthropologie läßt sich markieren als
Differenz zwischen Intersubjektivität und Erlebniszeugenschaft. Knapp skizziert:
Intersubjektivität geht auf Nachprüfbarkeit von Aussagen über Sachen und Sachverhalte; Erlebniszeugenschaft fordert zum mitdenkenden Vollzug heraus. In der Erlebniszeugenschaft ist die je eigene und zugleich allgemeine Erfahrung aufgerufen;
Intersubjektivität ruft das formalisierte Beobachtungssubjekt in den Zeugenstand.
Oder anders formuliert: Intersubjektivität kann auf die erlebnismäßige Sicherung
eines Satzes verzichten, Erlebniszeugenschaft nicht. Damit läßt sich eine erste
Strukturierung und Profilierung des dialogisch-didaktischen Übersetzungsproblems
gleichsam auf "methodischer" Ebene gewinnen. Der Didaktiker steht gewissermaßen
zwischen den Polen der Erlebniszeugenschaft und der wissenschaftsgründenden
Intersubjektivität. Er wird selbst zum Erlebniszeugen der Daseinsanalyse <u>und</u> zum
prüfenden Betrachter wissenschaftlicher Aussagesysteme.

EUGEN FINK selbst hat nur wenig zur Systematik des Verhältnisses von Erlebniszeugenschaft und Intersubjektivität formuliert. Auch war es kein Interesse an didaktischen Fragen, das ihn beim Entwurf seiner Anthropologie führte. Gleichwohl läßt
sich in der Blickbahn seines Ansatzes die Aufgabe des Didaktikers genauer fassen.
Er hätte, so läßt sich auf der Ebene der Methodologie sagen, philosophisch orientierte Selbsterkenntnis und wissenschaftliche Kenntnis als "Verfahren" in Beziehung zu setzen, indem er einerseits die <u>Hermeneutik des Daseins</u> nachvollzieht und
andererseits wissenschaftliche Aussagen und Begriffe dieser Hermeneutik aussetzte.
Er stellte sich also unter einen <u>doppelten</u> Anspruch: unter den Anspruch der Erlebniszeugenschaft des Denkens und unter den Anspruch formaler Rationalität des Wissens. Dabei könnte und müßte sich herausstellen, daß sich Erlebniszeugenschaft und
Intersubjektivität nicht decken, auch nicht, wenn es sich um dasselbe Thema handelt.

Hat sich nun die Lebensweltanalyse in der Erlebniszeugenschaft ihrer von aller positiven Wissenschaft abweichenden methodischen Grundstellung versichert und den
interessierten Didaktiker zu einer bestimmten Form eines sich einbringenden Mit-Denkens aufgefordert, so wäre der nächste Schritt die Analyse selbst. Es wäre der
Schritt zur Entfaltung von fundamentalen anthropologischen Strukturen des menschlichen Lebens im Aufweis vergemeinschaftender Grundphänomene. Wenn die Ausweisung

solcher Grundphänomene gelingt - am methodischen Leitfaden exemplarischer Erlebniszeugenschaft -, dann wäre eine Grundorientierung für pädagogisches Handeln erreicht, und zwar unterhalb des Zufalls einer historischen Situation und ihrer besonderen Konstellationen, denn ihrem Anspruch nach sind die Koexistentialien elementare Strukturen der Lebenswelt, Grundverfassungen des Daseins, die menschliches Leben und Zusammenleben bestimmen, "bevor" es sich in konkreten historischen Ausprägungen gestaltet. Die koexistentiale Analytik ist also nicht etwa nur eine Abschilderung oder Erklärung von vorgegebenen zwischenmenschlichen Sachverhalten, sondern sie zielt auf die Analyse der Zwischenmenschlichkeit überhaupt, und das im Sinne einer Sozialphilosophie und nicht einer Soziologie wissenschaftlichen Zuschnitts.

Die ko-existentiale Struktur nun, die Eugen Fink - zunächst gleichsam in eigener Selbstzeugenschaft - in der Form des Aufweises vergemeinschaftender Grundphänomene freilegt, ist ein Zusammenhang von Herrschaft, Arbeit, Liebe, Spiel und Tod. Das bedeutet: Wo immer Menschen in ihrer menschlichen Welt sich aufeinander beziehen, geschieht das in der Weise gemeinsamer Bewerkstelligung materieller Lebenssicherung als Arbeit, in der Weise politischer Ordnung und herrschaftsmäßiger Interpretation von Abhängigkeitsverhältnissen, in der Weise des Vollzugs elementarer Geschlechtereinung mit ihren mannigfaltigen Brechungen und Erscheinungsformen, in der Weise des gemeinsamen Umgangs mit Wirklichkeiten im Horizont von Spielwelten und mit spezifischer Symbolik schließlich in der Weise des kultisch interpretierten Verhaltens zu den Abgeschiedenen. Diese mitmenschlichen Grundphänomene haben für denjenigen, der ihre Explikation nachvollzieht, eine mehrfache Bedeutung. Sie zeigen als Konsequenz, daß es elementare Züge der Vergemeinschaftung gibt, die ihre Herkunft keiner theoretischen Vorformulierung (etwa in wissenschaftlichen Basisentscheidungen) verdanken, daß also das wissenschaftliche Konzept der Intersubjektivität der "Forschungsgemeinschaft" eine lediglich rational begründete und im Vergleich zu elementarer Ko-Existenz abgeleitete Form der Gemeinschaftlichkeit darstellt. Menschen sind "immer schon" als Arbeitende, Herrschende, Spielende, Liebende, im Totenkult Andacht praktizierende Mitmenschen aufeinander bezogen, bevor sie diese Beziehungen zum Gegenstand spezifischer wissenschaftlicher Reflexion erheben. Oder anders: Leben wird immer schon in der Fünffalt der Grundbezüge "praktiziert", ehe es sich in wissenschaftlicher Selbstzuwendung partiell durchdringt. Für den Didaktiker, der an der Lebenswelt als dem umfassenden, auch die erzieherischen Bezüge je schon vermittelnden Horizont interessiert ist, ist nun die Ko-Existenz-Analytik insofern von hohem Wert, als sie ihm Anhalt gibt für die Frage, in welche Sinn-Dimensionen Wissen, Wissenschaft und Erfahrungen übersetzt werden müssen, wenn sie dem grundsätzlichen Erfahrungshorizont menschlichen Lebens adäquat sein sollen. Er kennt, mit J. HABERMAS gesprochen, die quasi transzendentalen Bedingungen des Lebens und seiner Übersteigungen, weiß um die "lebensleitenden" Interessen und ist gefeit gegen monistische Zielauflagen seines Handelns. Zum letzteren hat EUGEN FINK immer wieder betont, die Grundphänomene seien nicht auseinander ableitbar, seien nicht ineinander überführbar und sie seien auch nicht endgültig hierarchisierbar. Zwar gebe es immer wieder den Versuch, ein Modell zwischenmenschlicher Beziehungen - etwa das Modell der Arbeit oder das Modell der Herrschaft - zum absoluten Sinn-Modell zu steigern, doch schon der historisch nachweisbare Wechsel der bevorzugten Internalisationsmodelle von elementarer Lebensvergemeinschaftung könne als Indiz für die Unangemessenheit dieser Versuche gelten.

Formuliert man als Aufgabe des Pädagogen und insbesondere des Didaktikers die Erschließung der konkreten Lebenswelt auf dem Boden der elementaren Lebenswelt und stimmt man ferner der Kennzeichnung dieser Eröffnung als eines dialogischen Übersetzungsprozesses zu, dann lassen sich auf der Basis der ko-existentialen Anthropologie verschiedene Dialogformen ausmachen. Denn das Verstehen der Lebenswelt ist anders im zögernden Wort der Neigung als in der Kooperation der Arbeit. Wiederum anders "spricht" der kultische Gestus und wiederum anders die politische Auseinandersetzung in Argument und Überredung. Das sei aber nur am Rande bemerkt und im Hinblick auf beobachtbare Tendenzen zu vor-wissenschaftlichen und wissenschaftlichen Einheitssprachen.

EUGEN FINK hat die Daseinsanalytik als Aufgabe einer existentialphänomenologischen Deskription angenommen und durchgeführt. Das Problem, das er nicht umfänglich abgehandelt hat, ist die Frage nach dem Verhältnis der positiven Wissenschaften (die hermeneutischen eingeschlossen) und der konkreten Lebenswelt zu den Ko-existentialien der elementaren Lebenswelt. Die Bescheidung auf die Analyse bringt die "normativen" Konsequenzen noch nicht in den Blick, auf die der Didaktiker abheben muß, wenn ihm die lebensweltliche Übermittlung von Wissenschaft Anliegen ist. Diese normativen Konsequenzen zeigen sich indes, wenn man - wie die Freiburger Projektgruppe - die aufgewiesenen Grundphänomene mit den tragenden Begriffen einer Wissenschaft rückfragend konfrontiert. Was geschieht in solcher Konfrontation? Worin bestehen die "normativen" - oder vielleicht besser: die "orientierenden" - Konsequenzen? Sie bestehen sicherlich nicht in einer rigide wertenden und apriorischen Festlegung von nicht weiter bedenkbaren, ihrem Status nach "absoluten" oder "schlechthin objektiven" Lern- oder Erziehungszielen. Vielmehr, ein orientierender normativer Grundzug liegt in der Herausforderung eines mehrstufigen und mehrdimensionalen Interpretationsprozesses, und zwar im Rückzug der wissenschaftlichen Aussagen einmal auf die elementare Lebenswelt und sodann auf die historisch-konkrete Lebenswelt. Mehrstufig ist dieser Interpretationsprozeß, sofern eine Dreifalt von Erfahrungsebenen ins Spiel kommt, nämlich die Ebene elementarer Selbstvergewisserung (die Ebene der philosophischen Basisreflexion, der existentialen Anthropologie); die Ebene konkreter biographischer und historischer Lebenspraxis (die Ebene empirischer Betroffenheit, des faktischen Handelns und der unmittelbaren, vor-wissenschaftlichen Erfahrung); schließlich die Ebene wissenschaftlicher Analyse (die Ebene der Vergegenständlichung und Selbst-Vergegenständlichung nach in Basisentscheidungen festgelegten Verfahren). Mehrdimensional ist der Interpretationsprozeß, sofern das Insgesamt der elementaren Lebensphänomene einen in sich differenzierten Interpretationsrahmen abgibt, der im Sinne eines "Relevanzfilters" wirkt. Das Christus-Ereignis ist eben nicht nur entscheidend im Bedeutungshorizont von Liebe und Tod, sondern es ist auch bedeutsam für das Selbstverständnis von Herrschaft, ihrer Legitimation und Ausübung, wie für die Einstellung gegenüber dem Sinn materieller Lebensproduktion, wie auch für die Lebensartikulation in Spiel und Feier.

Die Mehrdimensionalität des interpretativen Selbstverständigungsprozesses - wie auch seine Mehrstufigkeit - könnten nun jedoch lediglich als formale Normen der Differenzierung, als addierte Perspektivenbündel angesehen werden, die dem Didaktiker, der exemplarisch Selbstverständigung zu leisten bemüht ist, nur analytische Hilfestellung geben. Tatsächlich aber enthält die daseinsanalytisch entfaltete Mehrdimensionalität von Existenz und Ko-Existenz - zumindest als mitgedachten Anspruch - einen Vorblick auf die mögliche "Ganzheit von Dasein" im Sinne einer geschichtlich zu erwirkenden dynamischen "Universalität". Weniger abstrakt formuliert: Der Mensch ist nur da "ganz Mensch", die Gemeinschaft nur da "ganz Gemeinschaft", wo sich alle fundamentalen Strukturen der Lebenswelt unter je spezifischen individuellen und historischen Bedingungen auch erfüllen können. Das existentialanalytische Anliegen wendet sich ins Kritische, wenn es Reduzierungen der Mehrdimensionalität von Existenz - sei es durch wissenschaftliche Universalitätsansprüche oder durch Formen machtmäßiger Unterdrückung und Verfremdung - aufdeckt. Es gibt also nicht nur eine formale (analytische) Norm der Differenzierung des komplexen Selbstverständigungsprozesses durch die je-eigene Sinnthematik der Koexistenzphänomene, sondern es gibt auch eine Orientierung am Gedanken der "Erfüllung" von Existenz und Koexistenz in der Entfaltung der Ganzheit Leben konstituierender Grundphänomene. Daß diese Ganzheit nicht als statisches Ideal im Sinne klassischer Vollendungslehren verstanden werden kann, sondern als geschichtlich bewegte "relative" Ganzheit von individuellen und gemeinschaftlichen Bedeutungen zu sehen ist, ist deutlich und im übrigen Voraussetzung für den Prozeß der Selbstverständigung in der Übersetzung von Wissenschaft und Denken in die Pragmatik konkreten Lebens und umgekehrt.

Der entscheidende Gewinn der koexistentialen Analytik, wie sie EUGEN FINK in seinen "Grundphänomenen" vorstellt, liegt in einer tiefgreifenden Grundlegung und Strukturierung von Praxis. Sie, die Praxis, steht nicht mehr - rational abgeschattet - der wissenschaftlichen Theorie "vor-theoretisch" gegenüber. Sie wird auch nicht aus der Vielfalt entfalteter Wissenschaften "rekonstruiert". Vielmehr gewinnt sie eine eigene Standfestigkeit im Vertrauen auf die Relevanz der "Intersubjektivität der Erlebniszeugenschaft", die, das Beispiel des Glaubens macht das vielleicht deutlich, auch da im Recht ist, wo Wissenschaft sie nur äußerlich oder gar nicht begründen oder legitimieren kann. Die existentiale Legitimität des Glaubens wird nicht ad absurdum geführt, wenn die Gottesbeweise versagen. Man kann sagen: Intersubjektivität hat Erlebniszeugenschaft zur Voraussetzung - aber nicht als rohes Material, sondern als lebensmäßige Einlösung von Sinnphänomenen, die gleichursprünglich mit menschlicher Existenz gesetzt sind. Wer wirklich glaubt und nicht nur im Sinne ansozialisierter Gewohnheit religiös empfindet, der "lernt" seinen Glauben nicht aus der Vermittlung einer Wissenschaft, sondern aus der erfahrenen Gnadenbedürftigkeit im Angesicht von Endlichkeit und Tod. Solche Erfahrung kann ihren Ursprung haben ebenso in der Praxis der Arbeit wie in leidvoll und entwürdigend erfahrener Praxis der Herrschaft, wie im Hintergründigen künstlerischer und feierlicher Spielpraxis oder in der scheiternden Praxis einer menschlichen Liebe. Daß diese "Praxen" das Leben nicht zufällig, sondern elementar bestimmen, erweist die denkende Erlebniszeugenschaft des Daseins mit sich selbst, und sie ist es auch, die aus dem erfahrenen Leid des Wirklichen die Wirklichkeit handelnd und glaubend transzendiert. Und hier ist der Didaktiker ebenso angesprochen wie sein Adressat.

Und wie ließe sich nun die Aufgabe des Religionsdidaktikers abschließend und im Umriß formulieren? Seine Aufgabe wäre die dialogische Übersetzung von Wissenschaft und der elementaren Sinnstrukturen von Existenz und Ko-Existenz in den Vollzug konkreter Lebenspraxis. Das eine - die Übersetzung von Wissenschaft - zielt auf die argumentative Repräsentanz des Glaubens und seiner Dokumente, seiner Traditionen und Institutionen, kurz, seiner wißbaren und diskutierbaren Gehalte und deren Exegese; das andere - die Übersetzung von elementaren Sinnstrukturen - ist Aufruf in die Erlebniszeugenschaft des Daseins, genauer: in die Glaubensgemeinschaft auf dem Grunde eröffneter Erfahrung von Endlichkeit in allen Bereichen menschlichen Lebens anfänglich konstituierender Praxis. Zu einer religiösen Lebenspraxis kann Unterricht - jedenfalls im Sinne der hier im Anschluß an die existentialphilosophische Anthropologie entwickelten Überlegungen - nur führen, wenn sich die Intersubjektivität des Wissens der Theologie mit der elementaren Erlebniszeugenschaft der die Frage nach Sinn aufwerfenden Strukturen in konkreter Existenz verbindet. Sonst gilt in Abwandlung ein bekannter Satz Kants: Glaubenserfahrung ohne Wissen ist blind, Wissen ohne Glaubenserfahrung ist leer. Erst die Vereinigung des einen mit dem anderen in den Herausforderungen von Arbeit, Herrschaft, Liebe, Spiel, Tod, und zwar in einem fortlaufenden Prozeß dialogischer Selbstverständigung, ergibt eine tragfähige religiöse Identität. Die Glaubwürdigkeit des Didaktikers und die Überzeugungskraft seiner Arbeit hängen letztlich davon ab, daß diese Identität für ihn selbst Aufgabe und Problem ist.

Einige Folgerungen für die didaktische Arbeit
---

1. Lehrplan-Kommissionen sind grundsätzlich "Übersetzungsinstanzen" in einem Übersetzungsprozeß, an dem - zumindest mittelbar - auch diejenigen beteiligt sind, "für die" übersetzt wird. Die Übersetzung hat wesentlich den Charakter einer "Selbstverständigung" und nicht denjenigen einer einseitig gesteuerten Informationsübermittlung.

2. Lehrplanarbeit ist gekennzeichnet von drei "Ressourcen":
   a) von den positiven Wissenschaften,
   b) von der elementaren Analytik einer philosophischen Anthropologie,
   c) von der konkreten Lebenspraxis der Lehrplaner und der "Betroffenen".

3. Lehrplanarbeit in diesem Sinne bedeutet eine Relativierung des Prinzips wissenschaftlicher Intersubjektivität
   a) aus der Optik elementarer Daseins- oder Lebensweltanalyse (Spannung zwischen "Intersubjektivität" und "Erlebniszeugenschaft"),
   b) aus der Optik der konkreten Lebens- und Erfahrungswelt (Spannung zwischen dem gelebten Problem und dem objektivierten Problem).

4. Lehrplanarbeit - auch in "rein fachlicher" Perspektive und unter "bestimmten" Problemstellungen - muß die Mehrdimensionalität der elementaren Lebenswelt als "transzendierende Perspektive" und in diesem Sinne als Korrektiv möglicher Einseitigkeiten berücksichtigen (die "normative" oder "orientierende" Funktion der elementaren Lebensweltanalyse).

5. Lehrplanarbeit kann Unterricht nicht auf hochdifferenzierte und verbindliche Lernzielraster "teacher-proof" festlegen, weil der didaktische Übersetzungsprozeß als personale und soziale Selbstverständigung durch individual- und sozialbiographisch wechselnde Bedingungen bestimmt ist. Es geht darum, Selbstverständigung (auch durch Handlungserfahrungen) auf der Ebene konkreter Lebenswelt

durch beteiligte Interpretation sowohl in Richtung Wissenschaft wie auch in Richtung elementarer Daseinserschließung zu ermöglichen und nicht durch Disposition stillzulegen (Kontinuität und Permanenz des Übersetzungsdialogs im Horizont elementarer Lebensphänomene).

6. Lehrplan-Kommissionen können daher nur ein orientierendes Rahmen-Curriculum entwickeln, das spezifische Problemprofile zeigt, in denen sich Lehrende und Lernende "wiedererkennen" können. Es wäre ein Curriculum problemhaltiger <u>Aufgaben</u>. Diese sind zu elementarisieren und nicht der reine Inhalt der Fachwissenschaften.

7. Existentialphänomenologisch orientierte und orientierende Lehrplanarbeit darf sich ihrerseits nicht positivistisch verhärten, indem sie die elementaren Strukturen der Lebenswelt inhaltlich festschreibt und den Dialog abbricht zwischen ihr und der konkreten personalen und sozialen Lebenswelt. Ein solcher Abbruch würde den Vorwurf der "Verdinglichung" rechtfertigen, der gelegentlich gegen die "Ursprungsphilosophie" des Daseins erhoben wird.

8. Konsequenzen auf <u>methodischer</u> Ebene sind unschwer zu ziehen: Erlebniszeugenschaft erfordert das Prinzip der Partizipation, der Bereitschaft zur Identifikation, für welche die Lehrenden selbst beispielhaft sein müßten, indem sie die Maßgabe der wechselseitigen Übersetzung und Durchdringung von konkreter und elementarer Lebenswelt und ihrer wissenschaftlichen sowie philosophischen Deutung für sich selbst und an sich selbst praktizieren. Das bedeutet: Auch die Person des Didaktikers ist eingefordert.

Anmerkungen:

1) Vgl. dazu G. BIEMER unter Mitarbeit von A. BIESINGER, P. FIEDLER, K.-H. MINZ, U. RECK, Freiburger Leitlinien zum Lernprozeß Christen Juden. Theologische und didaktische Grundlegung. Forschungsprojekt "Judentum im katholischen Religionsunterricht" am Seminar für Pädagogik und Katechetik der Universität Freiburg, Düsseldorf 1981.
Diesem Band wurde folgender Beitrag mit freundlicher Genehmigung des Patmos-Verlages entnommen.

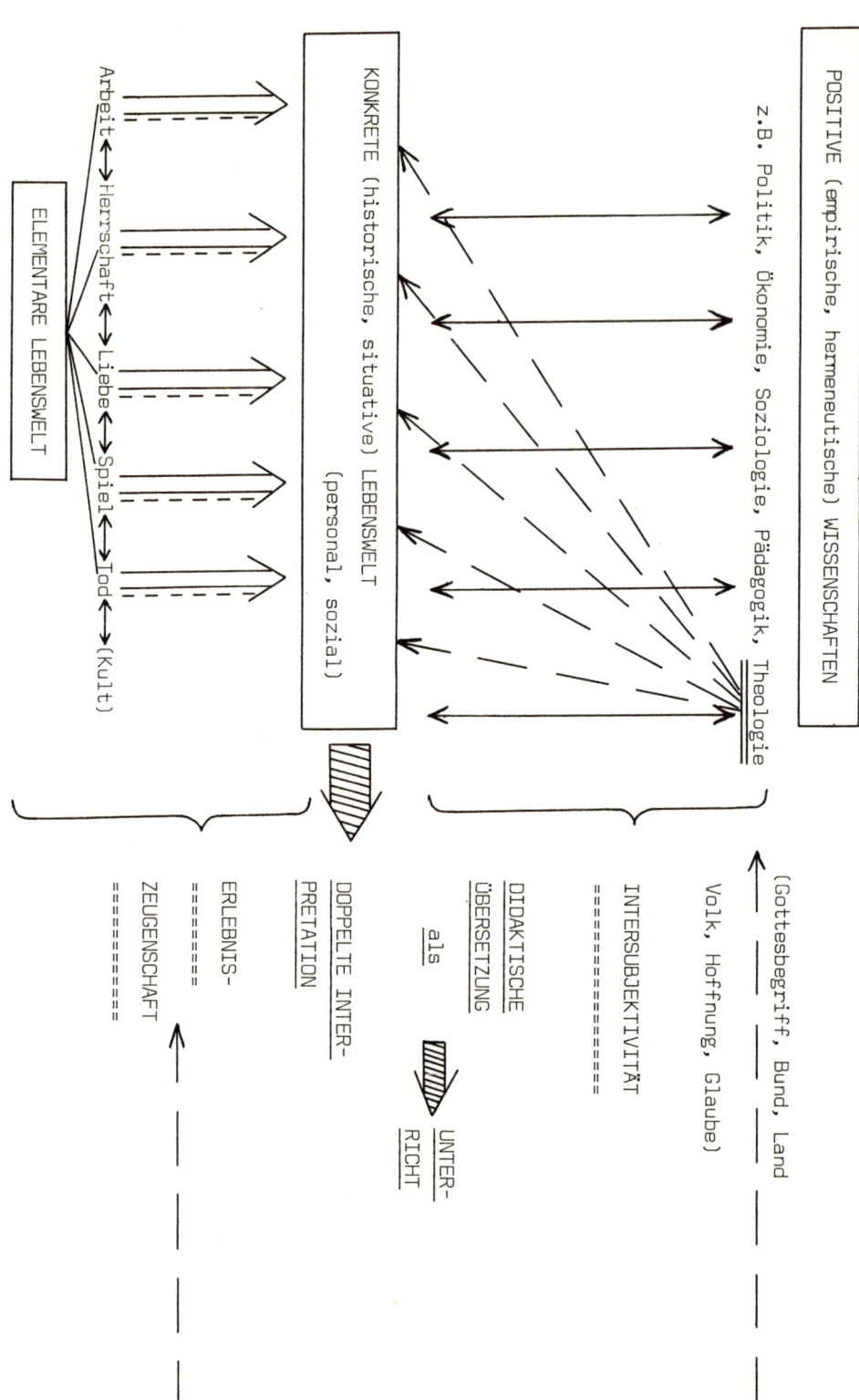

Zur theologischen Grundlegung
Die Bedeutung der christlichen Strukturelemente als theologische Legitimation der Lehr-Lern-Planung

Georg B. Langemeyer

Lehr- und Lernplanung erfolgen heute aufgrund eines fast allgemeinen Konsenses unter den Religionspädagogen nach dem Korrelationsprinzip[1]. Korrelation meint das "Miteinander, Zueinander und Ineinander ... von Glaubensüberlieferung und gemachten Erfahrungen"[2]. Soll dieses Zusammenkommen von Glaubensüberlieferung und Erfahrung nicht dem Zufall oder dem Belieben von Lehrenden und Lernenden überlassen bleiben, sondern als begründetes und verantwortetes Zusammenführen geplant werden, wie es für den schulischen Religionsunterricht erforderlich ist, so müssen die beiden Korrelate strukturiert werden. Die Strukturierung muß eine Zuordnung und Verknüpfung ermöglichen, die rational erfaßbar und überprüfbar ist. In diesem Zusammenhang soll hier nach einer plausiblen Strukturierung der Glaubensüberlieferung gefragt werden. Und zwar soll dies geschehen mit Bezugnahme auf den Entwurf, den GÜNTER BIEMER und ALBERT BIESINGER vorgelegt haben[3]. Bezugnahme auf diesen Entwurf bedeutet hier weniger als eine kritische Auseinandersetzung mit dem Entwurf. Es sollen in systematisch-theologischer Sicht auf die Glaubensüberlieferung als Korrelat der Lehr- und Lernplanung einige Thesen formuliert werden, von denen aus sich z.T. Anfragen an den Entwurf und speziell seine theolog. Legitimität ergeben.

<u>1. These:</u> Das eigentlich theologische Korrelat in der Korrelation, in der jede Lehr-Lern-Planung bzw. Lehrplanentwicklung sich bewegt, ist und bleibt die überlieferte Glaubenssprache selbst.

Diese These erscheint vom Korrelationsprinzip her, wie es oben formuliert wurde, selbstverständlich. Da aber für eine begründete Strukturierung der Glaubensüberlieferung die Theologie zuständig ist, wird sie im Planungsprozeß leicht zum eigentlichen Bezugspunkt, der mit der Erfahrung zur Korrelation gebracht wird. Es korrelieren dann fachwissenschaftliche Repräsentanz und Lebensrelevanz für Schüler und Gesellschaft[4]. Wird die Glaubensüberlieferung repräsentiert durch die Fachwissenschaft? Die Glaubensüberlieferung ist ja nicht ein Arsenal von Texten, sondern in Liturgie, Gebet, Mahnung, Ermunterung und Beispiel vollzogene Praxis, ein Ensemble von Sprech- und Zeichenhandlungen. Die Fachwissenschaft kann diese lebendige Glaubensüberlieferung nicht repräsentieren, sie steht selbst innerhalb der Korrelation von Glaubensüberlieferung und Erfahrung, und zwar vornehmlich der wissenschaftlich reflektierten Welt- und Daseinserfahrung, die nicht ohne weiteres die der Schüler sein oder werden muß[5].

Allerdings kann man dagegen mit Recht einwenden, daß Schule überhaupt die Begegnung mit der gelebten Wirklichkeit nur reduziert vermitteln kann. Deshalb ist in der These nicht von der Glaubensüberlieferung, sondern von der überlieferten Glaubenssprache die Rede. Lehrplanentwicklung kann nicht vom lebendigen Zeugnis der Glaubensüberlieferung ausgehen, weil dieses nur in der konkreten Begegnung vernommen werden kann. Verkündigung und Gemeindekatechese stehen dieser Begegnung näher, lassen sich daher von diesem anderen Ausgangspunkt her einigermaßen deutlich vom schulischen Religionsunterricht unterscheiden. Aber der Hinweis auf die gelebte Überlieferung hat doch auch für die überlieferte Glaubenssprache als Bezugspunkt des schulischen Curriculum ein besonderes Gewicht. Darauf zielt die zweite These.

2. These: Die Sprache der Glaubensüberlieferung hat primär doxologischen Charakter.

Der Begriff 'Doxologie' ist zunächst gewonnen worden aus der sprachlich formalen Eigenart der Hymnen und Bekenntnisse, wie sie sich bereits im Alten und Neuen Testament, aber auch im Prozeß der weiteren Überlieferung immer wieder an zentraler Stelle finden[6]. Lobpreisende und bekennende Sprache haben nicht den Sinn, Auskünfte zu erteilen über das, was sie preisen und bekennen. Sie haben die Intention, den Hörenden und Sprechenden in Beziehung zu setzen zu dem, was sie preisen und bekennen. Die Worte weisen hier über sich hinaus; sie wollen primär nicht gehört und verstanden werden auf das hin, was in ihnen ausgesagt wird, sondern wollen vollzogen werden auf das hin, was in ihnen nicht ausgesagt, sondern durch Namen und Metaphern angesprochen wird[7]. In diesem Sinne hat aber jede Theo-logie, jede Rede von und über Gott, doxologischen Charakter. Wegen der je größeren Unähnlichkeit Gottes gegenüber allem, was von ihm ausgesagt werden kann[8], muß jedes Sprechen von Gott über sich hinaus auf das prinzipiell Unaussprechliche verweisen. Es hat also zumindest auch bekennenden oder preisenden Charakter.

Die These geht aber über das bisher Gesagte noch hinaus, wenn sie behauptet, daß die überlieferte Glaubenssprache insgesamt primär doxologischen Charakter habe. Denn das betrifft auch solche Texte, die nach Form und Inhalt ursprünglich zweifellos Lehre, sittliche Weisung, disziplinäre Anordnung oder Bericht von Ereignissen sein wollten. Es soll also gesagt werden: Weil und indem sie in die Sprache der lebendigen Überlieferung eingehen, wird ihre primäre Intention verändert. Diese Behauptung läßt sich jedoch leichter erklären und begründen, wenn ein anderes Charakteristikum christlicher Glaubenssprache einbezogen wird, auf das die nächste These hindeutet.

3. These: Die Sprache der Glaubensüberlieferung hat zugleich hermeneutischen Charakter.

Ganz allgemein meint 'hermeneutisch', daß die Sprache unser menschliches Dasein und unsere Welt deutet. Sie ist das ursprüngliche Medium, durch das wir unser Dasein und unsere Welt haben, durch das wir uns orientieren, wählen, handeln. Daß christliche Glaubenssprache das Dasein des Menschen und seine Welt deuten will, ist durch die mannigfachen Kategorien des Heils, durch das pro nobis und propter nostram salutem unüberhörbar. Zu dieser Deutung gehört, daß die Glaubenssprache Veränderung bewirken will: Umkehr, Nachfolge, Befreiung.

Da aber Dasein und Welt geschichtlich sind, bedarf die deutende Intention und Wirkung der Glaubenssprache der Hermeneutik, der jeweils neuen Auslegung in den konkreten Lebenskontext. Die Bedeutung der Glaubensüberlieferung für den Menschen muß je neu gedeutet werden, um verstanden werden zu können, um befreiend und handlungsorientierend wirksam werden zu können. Insofern die Glaubensüberlieferung der Auslegung bedarf, ist der hermeneutische Charakter der überlieferten Glaubenssprache gegenüber ihrem doxologischen Charakter sekundär.

Daß jede geschichtlich-konkrete Gotteserfahrung, wenn sie überliefert wird, primär doxologischen Charakter annimmt, läßt sich in den biblischen Schriften selbst durchgehend nachweisen, im Alten wie im Neuen Testament. So hat man etwa von der "Wiederkunft des Mythischen in der heilsgeschichtlichen Erzählung" gesprochen[9]. "Gerade weil in der Geschichte Jahwes Handeln erfahren wurde, mußte die Erzählung von diesem Handeln zur Mythisierung der Geschichte führen."[10] Denn die Erfahrung der eingreifenden Präsenz des Unsichtbaren, Namenlosen, Unaussprechlichen im geschichtlichen Ereignis kann nur bezeugt und weitererzählt werden, indem das Eingreifende benannt wird und der Eingriff selbst gestalthafte Züge erhält. Name und Gestalt dürfen deshalb nicht als Personbeschreibung und historischer Bericht gelesen werden; sie verweisen ins Unsagbare eines allerdings bestimmten geschichtlichen Ereignisses. Das gilt auch für das Reden und Handeln Jesu, wie es in den Evangelien überliefert wird, und zwar in zunehmendem Maße, wie besonders das Johannesevangelium zeigt, je weiter das geschichtliche Ereignis: der Mensch Jesus von Nazaret, zurückliegt. Bereits bei Paulus wird der Christus-Titel, der ursprünglich zumindest auch eine Heilsbedeutung im zeitgeschichtlichen Kontext enthielt, zum Eigennamen und dem Kyrios-Titel zugeordnet, der doxologisch in den übergeschichtlich-eschatologischen Wirkbereich des Gottesgeistes verweist (1 Kor 12, 3; vgl. Röm 1, 3.4). Selbst die Bergpredigt Jesu und die Paränese der neutestamentlichen Briefe haben ihren - wie die Moraltheologen sagen - Paradigma- oder Modellcharakter für das christliche Handeln aufgrund ihrer Transparenz auf das Hereinbrechen der Gottesherrschaft und nicht etwa aufgrund der unüberbietbaren Idealität ihres humanen Ethos.

Spezifisch für die christliche Glaubenssprache scheint jedoch zu sein, daß sie immer beides zugleich bleibt: doxologisch und hermeneutisch. Beides läßt sich nicht in zwei verschiedene Sprachspiele auseinanderdividieren, obschon sprachlich-formal das eine oder das andere dominieren kann. Weil hier der Name eines Menschen der Geschichte als Name Gottes angesprochen wird: als Name des Sohnes, des freien Zugangs zum Vater (Eph 2, 18;vgl. Joh 14, 9), "der in unzugänglichem Lichte wohnt" (1 Tim 6, 16); weil hier seine Lebensgeschichte in Raum und Zeit als das Hereinbrechen der vollendenden Machttat Gottes erzählt und bezeugt wird, hat diese Sprache, indem sie doxologisch auf Gott verweist, zugleich Bedeutung für die ganze Geschichte, für jede konkrete einzelne Geschichte.

Dieses Zugleich kommt sehr deutlich in der Sprachform der Lehre zum Ausdruck. Lehre ist weder Lobpreis, Bekenntnis auf der einen Seite, noch Auslegung, Verkündigung, Weisung auf der anderen. Sie spricht aber in beide Richtungen. Sie hält fest und legt fest den Kodex der Namen und Symbole der Lob- und Bekenntnissprache; sie legt diesen Kodex aus als Richtschnur für die jeweils konkretisierende Verkündigung und Weisung[11]. Sie erklärt sozusagen die doxologischen Namen und Symbolgestalten zu den obersten Deutekategorien, von denen die jeweils neue Auslegung in den Kontext der geltenden Deute- und Handlungsmuster einer Zeit und Gesellschaft auszugehen hat bzw. auf die sie sich zurückzubeziehen hat. Auf diese Weise bewahrt sie im Kontinuum der einen Glaubenssprache die Einheit von Liturgie und Diakonie, Anbetung und Nachfolge. Auch die Theologie als wissenschaftlich begründende und verantwortende Darlegung und Auslegung der Glaubenslehre partizipiert - solange sie wirklich Theo-logie ist - noch an dem Zugleich des Doxologischen und Hermeneutischen. Sie ist, wie BERNHARD CASPER formuliert, "bekennende vernünftige Rede von der Sache des Glaubens"[12]. Deshalb wird auch "die Theologie ... in Wirklichkeit der Sprache des 'Mythos' mit ihrer transzendierenden Metaphorik nie entraten können"[13].

Von dem Gesagten her ergibt sich an den Entwurf von BIEMER-BIESINGER die Anfrage, ob die historisch-kritische Rekonstruktion des Anspruchs Jesu aus seinem Handeln und seinen Worten als Kriterium für das spezifisch Christliche gelten kann, auch wenn man "seine Bedeutung im Lichte des Auferstehungsglaubens" (und?) "die nach-österliche Deutung seines Lebens und Todes" hinzunimmt[14]. Nichts gegen die theologische Bedeutung einer solchen von den Möglichkeiten und Grenzen unserer historischen Methoden mitbestimmten Rekonstruktion, aber ist nicht die Gotteserfahrung der Jünger an diesem Jesus - vor seinem Tode und nach seinem Tode - konstitutiv für die christliche Glaubensüberlieferung?[15] Kann das doxologische Moment von dem

Ansatz des Entwurfes aus durchgehend - nicht nur als gelegentlicher 'Lerninhalt' - in die Lehr-Lern-Planung eingehen?

4. These: Doxologische und hermeneutische Sprache sind - abgesehen von der sprachlich-formalen Sicht - präzise nur von der Weise her zu unterscheiden, wie sie gesprochen, gehört oder gelesen werden.

Die These beruht auf der Einsicht, daß das wesentliche Zugleich des Doxologischen und Hermeneutischen in der Glaubensüberlieferung vom Menschen nicht zugleich, sondern nur nacheinander, im Wechsel vom einen zum anderen vollzogen werden kann. Ein und dieselbe Glaubenssprache kann doxologisch oder hermeneutisch vollzogen werden, aber nicht doxologisch und hermeneutisch zugleich. Also liegt es an der Vollzugsweise des Sprechenden oder Hörenden, ob sie doxologische oder hermeneutische Sprache ist.

EDMUND SCHLINK hat auf die unterschiedliche personale Struktur in der Aussageform des Lobpreises und des auslegenden Zeugnisses hingewiesen[16]. "Die doxologische Grundform ist nicht: Gott, ich verherrliche dich, sondern: Gott ist herrlich. Wenngleich die Doxologie Antwort des Menschen ist auf Gottes Tat an ihm, schweigt hier der Mensch von sich: Gott selbst ist in der Doxologie ein und alles."[17] Im auslegenden Zeugnis sei dagegen das Du nicht Gott, sondern der Mitmensch. "Dieselbe Heilstat, die Gott am Glaubenden getan hat, ist dem Mitmenschen in seinen konkreten Sünden und Nöten, in seiner konkreten Gebundenheit durch politische, weltanschauliche und religiöse Mächte, in seiner konkreten Vorstellungswelt und Sprache zu bezeugen." Dabei komme "im Unterschied zur Doxologie das Ich des Glaubenden weithin auch explizit zu Worte"[18]. Entsprechend haben im doxologischen Vollzug die Worte verschwimmende Konturen, die ins Grenzenlose, Ungegenständliche und Unverfügbare verweisen. Im hermeneutischen Vollzug erhalten die Worte, reflexiv auf den Vollziehenden, seine Daseins- und Welterfahrung bezogen, abgrenzende und bestimmende Gestalt. Im Auslegungsprozeß werden sie in Abgrenzung und Zuordnung zu den übrigen Erfahrungskategorien zu 'definierten' Begriffen.

Nach dem Gesagten dürfte klar sein, daß es psychisch unmöglich ist, beide Vollzugsweisen zugleich und in eins zu realisieren. Deshalb war für die christliche Glaubenspraxis von jeher der Rhythmus von Gebet und Arbeit, Liturgie und Diakonie, spirituell gesehen: von Selbstvergessenheit und Selbstbesinnung, kennzeichnend. Deshalb bleibt es auch trotz aller Zusammengehörigkeit notwendig, zwischen doxologischem und hermeneutischem Charakter der Glaubenssprache zu unterscheiden. Diese Unterscheidung hat für das rechte Reden über die 'Sache des Glaubens' eine ähnlich grundlegende Bedeutung als Kriterium wie in der evangelischen Theologie die Unterscheidung von Gesetz und Evangelium[19].

Wenn man diesen Rhythmus der Glaubenspraxis, in dem der 'Anspruch' der überlieferten Glaubenssprache realisiert wird, auf die paulinische Trias Glaube-Hoffnung-Liebe bezieht, wird man sich zunächst davor hüten müssen, die Trias disjunktiv auf die Glaubenspraxis zu verteilen. Denn alle drei meinen, wie sich von Paulus her unschwer belegen ließe, sowohl das selbstvergessene Gott-Gott-sein-lassen als auch das Engagement auf Sinn, Zukunft und mitmenschliche Solidarität, das der Entwurf von BIEMER-BIESINGER herausstellt. Zudem zeigt die unterschiedliche Interpretation des Verhältnisses der drei zueinander in der scholastischen Tradition und bei LUTHER[20], daß zumindest die hermeneutische Bedeutung für die Selbstverwirklichung des Menschen nicht eindeutig ist. Es ist z.B. nicht einzusehen, weshalb 'Sinn', den BIEMER-BIESINGER dem Glauben zuordnen[21], nicht eher der Hoffnung zuzuordnen wäre. Denn die Sinnkategorie scheint doch immer eine Handlungsorientierung und damit eine Zukunftsperspektive einzuschließen. So ist es etwa wohl nicht der Sinn des Menschen, daß er von Gott geschaffen ist, sondern schon eher, Geschöpf Gottes zu sein. Wenn also Glaube, Hoffnung und Liebe als "gemeinsame Aussagen auf höchster Abstraktionsebene dienen" sollen, die "Repräsentanz sowohl auf der Praxisebene des Glaubens wie auf der Wissenschaftsebene der Theologie" zum Ausdruck bringen[22], könnte man in einer gewissen Übereinstimmung mit dem Sprachgebrauch der Schrift, der katholischen Tradition und auch mit LUTHER dem Glauben primär die doxologische Grundhaltung (Bekenntnis, Lobpreis) zuweisen, der Hoffnung die hermeneutische Sinnorientierung und praktische Sinngebung. Der Liebe müßte man dann wohl den Rhythmus selbst zuweisen, der die beiden anderen Haltungen trägt und durchwaltet, jenes Gespür für das je Nächstliegende, das zwar das ganze Engagement erfordert (Gebot), letztlich aber von der Liebe Gottes 'engagiert' wird (Röm 5, 1-5; vgl. Hebr 10, 22-24; 1 Kor 13, 7.8a.13).

Ob die Trias in dieser Auslegung Reduktivformel der Realisierung des Christlichen für eine Lehr-Lern-Planung sein könnte, bleibe dahingestellt. Im Hinblick auf die Lebensrelevanz darf jedoch darauf hingewiesen werden, daß für die psychische Entwicklung und 'Lebenstüchtigkeit' nicht nur Erfahrungen wichtig sind, die einen Sinn erschließen, für den man sich einsetzen kann, sondern auch tragende Erlebnisse, denen man sich überlassen kann. Die Rauschsucht in ihren mannigfachen Formen ist in dieser Hinsicht ein deutliches Indiz für eine Mangelerscheinung im Bildungsprozeß. Das Doxologische ist also nicht ganz und gar die der Lebensrelevanz für den Schüler abgekehrte Seite des spezifisch Christlichen, die der Katechese allein überlassen werden müßte.

<u>5. These:</u> Die Erfahrungswelt, in die hinein die Glaubenssprache jeweils ausgelegt wird, ist nicht systematisierbar. Folglich ist auch die Theologie, die diese Auslegung wissenschaftlich betreibt und verantwortet, notwendig ein Diskussionsforum verschiedener theologischer Ansätze.

Diese These wurde soeben am Beispiel verschiedener Interpretationsmöglichkeiten von Glaube, Hoffnung und Liebe bereits ein wenig demonstriert. Hier geht es aber um die wesentliche Pluralität theologischer Systematik. Sie hat ihren Grund darin, daß die Fülle der Erfahrungen in den verschiedenen Dimensionen des Menschseins nicht in einem System erfaßt werden können, das wissenschaftlich plausibel und somit konsensfähig ist. Dies gilt zumindest für den heutigen Erkenntnisstand der Humanwissenschaften und auch der Philosophie. "Das Wissen des Menschen um sich selbst, das durch die Mannigfaltigkeit der Wissenschaften gebrochen wird, erhält einen grundsätzlich hypothetischen Charakter, welcher kein Menschenbild mehr zu entwerfen, sondern höchstens noch Modelle zur Erklärung von partikularen Erfahrungsbereichen zu konstruieren erlaubt."[23] Aber im Grunde gewinnt jede theologische Systematik ihre tragenden Kategorien von einzelnen Basiserfahrungen her. Je mehr diese tragenden Kategorien ausgeweitet werden auf das, was immer und für alles zutrifft, um so mehr verlieren sie an Auslegungsrelevanz für die Erfahrungswelt[24]. Umgekehrt: Je näher die theologische Auslegung auf die partikularen Erfahrungsbereiche eingeht, um so stärker differenziert sich die Theologie zu einem Forum vieler Theologien, die nur durch ihren Rückbezug auf die doxologische Glaubenssprache zur Einheit vermittelt werden. Der gelegentliche Sehnsuchtsruf nach der verlorenen Einheit der scholastischen Theologie übersieht, daß im Rückblick auf eine vergangene Epoche die einheitlichen Merkmale stärker hervortreten, als sie von den Zeitgenossen gesehen wurden. Die verschiedenen theologischen Schulen in der Scholastik haben sich in systematischer Hinsicht wahrscheinlich für ebenso unaufhebbar plural gehalten wie die systematisch-theologischen Ansätze heute. Auf dem Konzil von Trient war der Dissens der theologischen Richtungen so offenkundig, daß man hier schlechterdings nicht mehr von <u>einer</u> Theologie im Sinne des wissenschaftlichen Systems reden kann.

Es ist aber zweifellos so, daß heute aufgrund der verschiedenen Erfahrungswissenschaften mit ihren je eigenen Methoden die Nichtsystematisierbarkeit der Erfahrungswelt im Ganzen und folglich auch die Notwendigkeit der Pluralität theologischer Interpretationsansätze zwingender erkennbar wird. Daraus ergibt sich die nächste These.

6. These: Lehr-Lern-Planung, vor allem die Entwicklung eines Lehrplans, kann
nicht nur auf eine Theologie zurückgreifen, wenn sie die überlieferte
Glaubenssprache auf pädagogisch zu identifizierende Erfahrungsfelder
oder umgekehrt diese auf die Glaubenssprache hin erschließen will.

Positiv ausgedrückt, besagt diese These, daß die jeweils für die Erfahrungsfelder vorrangig relevanten theologisch-kategorialen Ansätze ins Spiel gebracht werden müssen. Dabei ist zu beachten, daß wissenschaftlich-methodisch ausgegrenzte Gegenstandsbereiche sich nicht mit den Erfahrungsfeldern des konkreten Lebens decken. Es müssen also jeweils mehrere Theologien herangezogen werden.

Daß diese Forderung die einheitliche Strukturierung eines Lehrplans nicht gerade erleichtert, liegt auf der Hand. Theologische Pluralität gehört aber nicht nur zur Repräsentanz der Fachwissenschaft, sondern auch der Glaubenspraxis in ihrer heutigen Mannigfaltigkeit. Sie ist daher auch religionspädagogisch von Belang, insofern diese Situation Erziehung zur Toleranz verlangt: Einübung in die Unterscheidung der notwendigen Einheit im Glauben von der legitimen Vielfalt der Theologien und Glaubenspraktiken.

Mit Rücksicht auf die legitime Pluralität in der Theologie darf man das Ergebnis der Expertenbefragung im Entwurf BIEMER-BIESINGER nicht zu hoch veranschlagen. Denn was ein Experte für die zentralen Inhalte seiner theologischen Disziplin hält, hängt auch von seinem theologischen Ansatz ab. Es wird wahrscheinlich in jeder Fachdisziplin ein gewisser Konsens über zentrale Inhalte und Fragen feststellbar sein, aber das ist zunächst ein Verbal-Konsens, wie er für jeden wissenschaftlichen Diskurs verschiedener Standpunkte und Lösungsstrategien erforderlich ist. Der Dissens der Standpunkte und Fragestellungen zeigt gerade an, daß die 'gemeinsamen' Inhalte und Fragen innerhalb der Fachdisziplin sehr verschiedenen Stellenwert und systematischen Zusammenhang erhalten können. Man denke z.B. an 'Hoffnung' im Konzept einer politischen Theologie und im Konzept einer transzendentalen Theologie. Eben dieser Interpretationszusammenhang ist aber für die Lehrplankonstruktion in Korrelation mit der Lebenswelt der Schüler entscheidend wichtig. Vielleicht ist die Expertenbefragung im Entwurf BIEMER-BIESINGER zu früh angesetzt. Vielleicht können die einzelnen Disziplinen ihren Beitrag in der Lehrplanentwicklung erst leisten, wenn sie auf bestimmte pädagogisch ermittelte Erfahrungsfelder hin befragt werden, weil dann die vermittelnde Auslegung bereits in ihre fachliche Bestimmung zentraler Inhalte einfließen muß.

Alle bisherigen Thesen und die dazu angestellten Überlegungen laufen darauf hinaus, daß christliche Strukturelemente für die Lehr-Lern-Planung rein sach-theologisch, d.h. ohne Orientierung an bestimmten Erfahrungsfeldern, nur von der doxolo-

gischen Ebene her legitimiert werden können. Die beiden letzten Thesen beziehen
sich deshalb auf die Struktur der doxologisch genommenen Glaubenssprache. Sie sind
aber kaum mehr als Vorstöße in diese Richtung. Denn die Alternative zu dem Vorstoß
in diese Richtung könnte ja nach den bisherigen Thesen nur sein, sich für einen
systematisch-kategorialen theologischen Ansatz zu entscheiden, um ihn als einheitliche Struktur der Sache des Glaubens in die Lehrplanentwicklung einzubringen, was
eine gelegentliche 'Kommemoration' anderer Ansätze nicht ausschlösse. Aber zu dieser dezisionistischen Lösung sollte man nur schreiten, wenn alle Möglichkeiten einer konsensfähigen theologischen Legitimation erschöpft sind.

7. These: Gewichtung und Strukturierung der Namen, Gestalten und Erzählungen auf
doxologischer Ebene unterliegen weitgehend kategorial-theologischen Ansätzen, die dabei - bewußt oder unbewußt - wirksam werden.

Die für das Doxologische typische Verknüpfung ist das 'und'. Sie ist eine rein ad-
ditive. Das läßt sich etwa an den Lobpsalmen beobachten, aber auch am Apostolischen Glaubensbekenntnis. Die Addition kann beliebig begonnen und beendet werden.
Es gibt keine feste Reihenfolge. Man kann das Credo z.B. mit dem "allmächtigen Vater", mit "Jesus Christus" oder mit dem "Heiligen Geist" beginnen. Das gilt weitgehend sogar für die erzählenden Elemente. Eine Reihenfolge, z.B. von Himmelfahrt,
Menschwerdung, Wiederkunft und Kreuzigung, wird erst von einem bestimmten Ansatz
her zwingend. So kann man ja eine Inkarnations-Christologie (KARL RAHNER), eine
Kreuzestheologie (HANS URS VON BALTHASAR) usw. unterscheiden. Es gibt zwar das
theologische Bemühen, in reiner Schau der Gestalt eine innere Stimmigkeit, einen
nexus mysteriorum zu erfassen. Gegen die Intention ist nichts zu sagen, solange
sie sich nicht zum letztgültigen Maßstab erhebt, indem sie ihre implizite Hermeneutik verdrängt.

Die Frage nach doxologischen Strukturelementen zielt also ganz und gar nicht auf
einen dogmatischen Objektivismus. Denn der stände im direkten Widerspruch zum Ver-
weis des Doxologischen ins Unaussprechliche, zu seiner "transzendierenden Metaphorik". Dogmatismus entsteht ja gerade dann, wenn die Lehrsprache des Glaubens ihren
doxologischen Charakter verkennt und die absolute Wahrheit, auf die doxologisches
Sprechen transzendiert, ihren hermeneutischen Aussagen zuschreibt, d. h. ihre deutende Aussage absolut setzt.

Was bleibt nun an Struktur des Doxologischen übrig? Eine schier endlose und beliebige Folge von Namen, Symbolen und Erzählungen, deren letztes Wort 'und' ist?

8. These: Die Wahl und Gewichtung der doxologischen Sequenzen ist nicht völlig beliebig, weil sie ihren Ursprung in geschichtlich-konkreten Namen und Ereignissen haben, zentral in Jesus Christus.

Christliche Doxologie ist keine beliebige Addition von Chiffren für das Namenlos-Unsagbare. Sie hat einen zentralen Namen und mit diesem verbundene Erzählelemente, durch die alle doxologischen Sequenzen gleichsam hindurchlaufen. Dieses Zentrum ist Jesus Christus als das concretum universale (NIKOLAUS VON CUES). In ihm fallen konkrete Geschichte und Transzendenz zusammen. Seine Struktur kann, wie bereits gesagt, nicht nach dem Schema 'historisches Faktum und theologische Deutung' beschrieben werden. Denn es gibt nur erfahrene Geschichte. Die historische Rekonstruktion der Fakten ist der stets hypothetische Versuch, erfahrene Ereignisse so zu beschreiben, als wenn sie von einem historisch-kritisch beobachtenden Wissenschaftler erfahren worden wären. Dieser Versuch ist für die Erkenntnis der Struktur der christlichen Doxologie nicht ohne Bedeutung, da er die Faktizität der konkret-geschichtlichen Basis christlicher Doxologie erhärtet. Daneben wäre es Aufgabe der vergleichenden Religionswissenschaft, das Spezifische christlicher Transzendenzerfahrung von anderen Phänomenen religiöser Erfahrung am Geschichtlich-Konkreten abzuheben.

Als Elemente der Grundstruktur christlicher Doxologie lassen sich nun formal bestimmen: 1. die Faktizität der Basis und 2. die unbeliebige Zentrierung des Zusammenfalls auf das eine concretum universale. Unter diesen beiden Gesichtspunkten läßt sich um den Namen Jesus Christus ein Kranz von Namen, gestalthaften und ereignishaften Symbolen legen, der vielleicht so etwas wie eine doxologische 'Reduktiv-Sequenz' für die inhaltliche Strukturierung der Lehrplanung abgeben könnte:

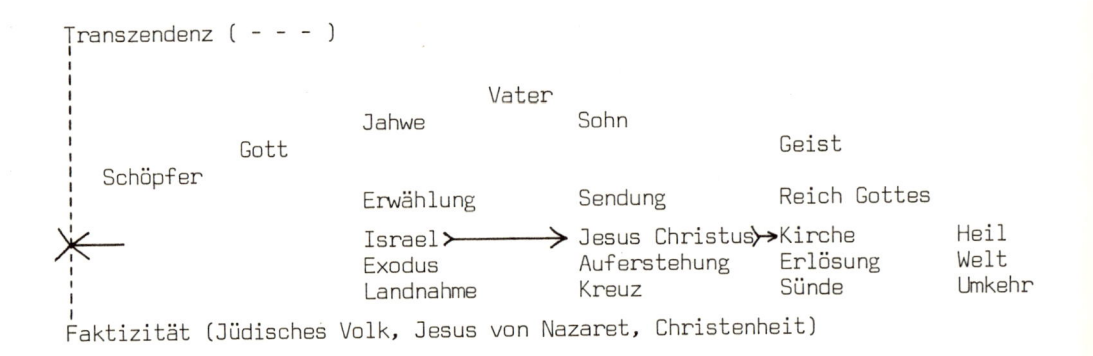

```
Transzendenz ( - - - )
|
|                          Vater
|                  Jahwe           Sohn
|         Gott                                Geist
|  Schöpfer
|                  Erwählung       Sendung        Reich Gottes
|                  Israel———————→ Jesus Christus→Kirche      Heil
*─────────────────                                            
|                  Exodus          Auferstehung   Erlösung    Welt
|                  Landnahme       Kreuz          Sünde       Umkehr
|
Faktizität (Jüdisches Volk, Jesus von Nazaret, Christenheit)
```

Noch reduktiver könnte die Sequenz so aussehen:

```
        Gott           Vater                    Reich Gottes
                              Geist
        Jahwe          Sohn
        Israel – – – –→ Jesus Christus – – – – –→Kirche
        Exodus/Bund    Kreuz/Auferstehung       Sünde/Heil
```

<u>Anmerkungen:</u>

1) Katechetische Blätter 105 (1980), bes. 83.
2) G. LANGE, Zwischenbilanz zum Korrelationsprinzip, in: ebd. 15.
3) G. BIEMER - A. BIESINGER, Theologie im Religionsunterricht. Zur Begründung der Inhalte des Religionsunterrichts aus der Theologie, München 1976.
4) Ebd. 20.
5) Comenius-Institut, Deutsches Institut für wissenschaftliche Pädagogik (Hrsg.), Lebenspraktische gegen wissenschaftliche Bildung? Erziehungswissenschaftliche Arbeitsgespräche, Münster o.J.
6) E. SCHLINK, Der kommende Christus und die kirchlichen Traditionen. Beiträge zum Gespräch zwischen den getrennten Kirchen, Göttingen 1961, 24-47, vgl. 80-87.
7) P. RICOEUR - E. JÜNGEL, Metapher. Zur Hermeneutik religiöser Sprache, München 1974 (Sonderheft Evangelische Theologie).
8) Vgl. IV. Laterankonzil (1215): DS 806.
9) H.-P. MÜLLER, Jenseits der Entmythologisierung. Orientierungen am Alten Testament, Neukirchen-Vluyn 1979, 57, siehe 42-75.
10) Ebd. 59.
11) E. SCHLINK, a.a.O. 30-33.
12) B. CASPER, Sprache und Theologie. Eine philosophische Hinführung, Freiburg - Basel - Wien 1975, 192.
13) M. HENGEL, Der Sohn Gottes, Tübingen ^{2}1977, 142.
14) G. BIEMER - A. BIESINGER, a.a.O. 24.
15) G. LANGEMEYER, Zur Erfahrbarkeit der Gnade. Die theologische Bedeutung der Differenz von Erleben und Erfahren, in: Theologie und Glaube 70 (1980) 20-22.
16) E. SCHLINK, a.a.O. 25-30.
17) Ebd. 28f.
18) Ebd. 29f.
19) Ob und wie beide Unterscheidungen auch in sachlicher Hinsicht zusammenhängen, ist meines Wissens noch nicht untersucht worden.
20) Vgl. B. LANGEMEYER, Fides quae per Caritatem operatur. Zum theologischen Verhältnis von Glaube und Liebe, in: Theologie und Glaube 60 (1970) 14-27.
21) G. BIEMER - A. BIESINGER, a.a.O. 27.
22) Ebd. 28.
23) P. EICHER, Möglichkeiten und Grenzen theologischer Anthropologie heute, in: G. BITTER - G. MILLER (Hrsg.), Konturen heutiger Theologie, München 1976, 29f.

24) Vgl. G. LANGEMEYER, Religionsunterricht im Fächerkanon der Schule. Versuch einer gegenstandstheoretischen Grundlegung, in: Katechetische Blätter 101 (1976) 554-557.

25) H.U. VON BALTHASAR, Wort und Schweigen, in: ders. (Hrsg.), Verbum Caro (Skizzen zur Theologie I), Einsiedeln 1960, 145-151.

Der Anspruch Jesu in seiner bleibenden Bedeutung

Peter Fiedler

1. Elemente zur Konkretisierung des Anspruchs Jesu

Die neutestamentliche Verkündigung ist sich bei aller Unterschiedlichkeit der Aussageinhalte und -formen darin einig, daß der durch Gott aus dem Tod errettete Jesus von Nazaret der Heilbringer schlechthin ist. Diese christliche Grundüberzeugung entfalten dann selbstverständlich auch die frühkirchlichen Glaubensbekenntnisse. Freilich fällt auf, daß sowohl das Apostolische als auch das Nizäno-Konstantinopolitanische Credo vom Bekenntnis der Geburt Jesu Christi "aus der Jungfrau Maria" zur Passion "springen". Sie überspringen also das Wirken Jesu in der jüdischen Öffentlichkeit. Dieses sein Auftreten und Verkündigen gehört aber zweifellos zu den unverzichtbaren Inhalten christlichen Glaubens und Erziehens. Darauf liegt zwar in unserer gegenwärtigen Situation der Sinn- und Orientierungssuche besonderes Gewicht. Doch bleibt der Rückgriff auf Jesu Botschaft jeder christlichen Generation aufgegeben, wenn das Bekenntnis zu Jesus Christus nicht der Mythologisierung und Ideologisierung anheimfallen soll. Solchen Gefahren suchen ja bereits unsere Evangelien zu begegnen: jünger als urchristliche Bekenntnisaussagen zum Auferweckten und Erhöhten, binden sie solches Bekennen an die geschichtliche Identität des Jesus von Nazaret - man vergleiche etwa nur die programmatischen Aussagen Lk 1, 1-4 oder Joh 20, 30f. Dabei lassen die Evangelien - von ihrem Charakter als kirchliche Verkündigungsschriften aus gesehen, geradezu notwendig, aber ebenso berechtigt - Jesu Heilsbedeutung bereits in seinem irdischen Leben und Wirken, in seinen Worten und Handlungen offenbar werden. Die auf dieser grundsätzlich gemeinsamen Basis bestehenden Unterschiede zwischen den vier Darstellungen sind wesentlich durch die christologischen Konzepte der einzelnen Evangelisten, diese wiederum durch den jeweiligen Sitz im Leben der betreffenden Adressatengemeinde(n) bedingt.

2. Das Recht der historischen Rückfrage

Ein derartiges Verfahren, das sich an der österlichen (Verkündigungs-)Perspektive ausrichtet, wird von unserem neuzeitlichen Welt- und Geschichtsverständnis aus auf seine historische Berechtigung befragt. Extrempositionen befriedigen hier nicht[1].

Wollte man nämlich den nachösterlich erhobenen Anspruch bereits ganz vom irdischen Jesus vertreten sein lassen[2], so bliebe nicht nur umstritten, in welcher der verschiedenen Formen Jesus seine Würde ausgesprochen habe und worin dann noch das Recht der übrigen Ausdrucksweisen liege, die das Neue Testament bezeugt. Vielmehr wären damit auch das Osterereignis selbst und der dadurch bewirkte Fortschritt der Christusoffenbarung, die ja zu unserer <u>Geschichte</u> gehört, nicht mehr ernst genommen[3]. Bestritte man dagegen alle Anhaltspunkte bei Jesus, so läge der Vorwurf der Ideologisierung in der Tat gefährlich nahe. Darum bleibt der Versuch unerläßlich, über den Anspruch des irdischen Jesus historisch Klarheit zu gewinnen. Gelingt dies einigermaßen zuverlässig, so können wir nachvollziehen, wie die Evangelisten - und bereits ihnen vorausliegende Traditionen - die heilbringende, d.h. gültig Sinn stiftende Bedeutung Jesu Christi auf die verschiedenen Lebenssituationen ihrer Gemeinden hin "übersetzt" haben. Dies wiederum gibt auch uns Recht und Maßstab für heute geforderte Aktualisierungen des nach unserem Glauben unüberholbar verbindlichen Sinnentwurfs Jesu Christi[4].

3. Der Freudenbote der anbrechenden Gottesherrschaft

Beim zentralen Thema der Botschaft Jesu müssen wir auf den von ihm gemeinten <u>Inhalt</u> achten. Denn im damaligen Judentum war nicht die "Sache" der Gottesherrschaft an sich umstritten, wohl aber ihre erwartete Gestalt und die zu diesem Ziel führenden Wege. Wir brauchen dabei bloß an die jüdischen Widerstandskämpfer zu denken (Sikarier, Zeloten). Sie glaubten durchaus, Gott zu geben, was ihm gehört (vgl. Mk 12, 17), wenn sie mit letztem Einsatz die römische Besatzungsmacht bekämpften, die der unmittelbaren Herrschaft Gottes über sein Volk Israel (1. Gebot) im Wege stand. Auf diese Weise werden jedoch menschenfeindliche Herrschaftsstrukturen so angegriffen, daß sie der "menschenfreundlichen" Art Gottes widersprechen (vgl. Mt 5, 44f). Im Unterschied dazu bedeutet Gottesherrschaft für Jesus zuallererst das Geschenk der Errettung aus geistiger und leiblicher Not. Das zeigen etwa die Seligpreisungen der Hungrigen und Weinenden ebenso wie die Krankenheilungen. Wenn nun Jesus dem Wort Lk 11, 20 par zufolge in den Dämonenaustreibungen die Gottesherrschaft bereits verwirklicht sieht, so erhebt er offensichtlich den Anspruch, sie im Vorgriff auf ihre nahe geglaubte Vollendung gleichsam punktuell gegenwärtig setzen zu können. Entsprechend läßt die Seligpreisung der Augen- und Ohrenzeugen Mt 13, 16f par den Anspruch Jesu erkennen. So sehr es ihm also um die "Sache Gottes" geht, so wenig kann sie von dem getrennt werden, der sie mit seiner Botschaft und seinem Wirken wahrnimmt.

4. Freund von Sündern - aufgrund der Vaterliebe Gottes

Ebenso deutlich und nicht geringer einzuschätzen ist der Anspruch, der in Jesu Angebot von Gemeinschaft mit allgemein "anerkannten" Sündern enthalten ist, wie sie z. B. betrügerische Zöllner darstellten[5]. Darin hat er den jüdischerseits vertrauten Glauben, daß Gott Lebenserneuerung aufgrund der Vergebung von Schuld stiftet, mit großer Folgerichtigkeit ausgeschöpft: Jesus rechtfertigt daraus sein Verhalten und leitet die Verpflichtung seiner Anhänger zur selben Praxis ab (vgl. Lk 15, 11-32; Mt 18, 23-30a). Er hob dafür gezielt auf die Überzeugung im Glauben seines Volkes ab, daß Gott seine Allmacht als Barmherzigkeit verwirklicht (Mt 20, 1-15). Die Vater-Anrede Gottes ist von hier aus entschiedener Ausdruck des in der Heiligen Schrift grundgelegten und im Judentum gelebten Vertrauens auf den heilschaffenden Gott[6].

Und doch war es keine Selbstverständlichkeit, sondern verlangte Entscheidung, sich auf die "Interpretation" Gottes durch Jesus einzulassen, die ja radikale Konsequenzen einschloß. Denn es läßt sich keineswegs nur als böser Wille abtun, wenn gerade aufrichtig fromme Menschen gleichsam um Gottes willen Bedenken hatten: Wurde durch Jesu Offenheit für Sünder nicht die Umkehr bagatellisiert, echtes Bemühen um Erfüllung des Gotteswillens bloßgestellt? Durfte man ihm wirklich recht geben, ihm glauben? So umfaßte die Entscheidung für die "Sache" wiederum die Person.

5. Jesu "Ethik" - die Einzigartigkeit der Synthese

In unseren Zusammenhang gehören auch Jesu Lebensweisungen. Allerdings ist in Theologie und Verkündigung bis heute die Meinung verbreitet, den in der souveränen Auslegung des Gotteswillens erkennbaren Anspruch Jesu in Entgegensetzung zur (alttestamentlich-)frühjüdischen Ethik gewinnen zu müssen[7]. In diesem Fall hält man freilich die Augen davor verschlossen, daß sich zu "einer großen Anzahl" der überlieferten Jesusworte "Parallelen in Fülle aus Lehre und Weisheit des Judentums beibringen" lassen[8]. Nimmt man diesen Befund jedoch ernst, so werden wir für das Verhältnis der Tora-Auslegung Jesu zu anderen zeitgenössischen Auslegungen - und hier kommen vor allem pharisäisch(-rabbinische) Auffassungen in Betracht[9] - einem Urteil zustimmen können, das demjenigen des Alttestamentlers N. LOHFINK entspricht; ihm zufolge lassen sich die "Theorien einer der alttestamentlichen Ethik überlegenen Liebesethik des Neuen Testaments ... nicht verifizieren, weder die Opposition Gerechtigkeitsethik gegen Liebesethik noch die Opposition einer partikularen gegen eine universale Liebesethik"[10]. Die "Antithesen" des Mt in seiner "Bergpredigt" führen uns da eher in die Irre[11], gibt es doch selbst für das Gebot der Feindesliebe, das Jesus in besonderer Weise auszeichnet[12], vorausliegende Par-

allelen, z. B. in Ex 23, 4f (also im vielgeschmähten "Gesetz"), in Spr 25, 21f
(von Paulus in Röm 12, 20 zitiert) oder in Sir 27, 30 - 28, 7. Wir brauchen uns
dann über die von den meisten anderen einschlägigen Darstellungen der Evangelien
(und auch den Paralleltexten Mt 22, 34-40 und Lk 10, 25-28) stark abweichende Erzählung nicht zu wundern, die Jesus und einen Schriftgelehrten in der Beantwortung
der Frage nach dem "größten" Gebot (als Verständnisprinzip der Tora) völlig über-
einstimmen läßt (Mk 12, 28-34). Damit wird ja Jesu "Unverwechselbarkeit, Würde und
Bedeutung" keineswegs herabgesetzt; doch kann man davon sachgerecht eben nur sprechen, wenn das damalige Judentum "in seinen humanen Zügen und in seiner Kreativi-
tät" ernst genommen wird[13].

Erkennt man demnach Jesu Anspruch in seiner Synthese von Auslegung des in der
Heiligen Schrift bezeugten Gotteswillens und (früh-)jüdischem Ethos, so kann man
u.a. darauf abheben: Bei aller Treue zur Tora, die ihn als frommen Juden auszeichnet, zeigt Jesus ihr gegenüber ein viel freieres Verhältnis, als es unter Theologen der verschiedenen jüdischen Bewegungen - begreiflicherweise - üblich war. Er
führte keine schriftgelehrten Dispute (das tut man nach Ostern - und kann es bis
heute, eben auch innerchristlich, nicht anders); statt dessen machte er den Got-
teswillen in eigener Autorität geltend- auch gegen bestimmte gesetzliche Regelungen wie in der Verwerfung der Ehescheidung (Lk 16, 18) oder des Schwörens (Mt 5,
34). Daß er sich außerdem etwa an Sabbat- oder Reinheitsbestimmungen pharisäischer
Auslegung nicht gebunden sah, ist für ihn als Nichtmitglied ganz normal. Andere
Juden hielten sich ja auch nicht daran. Ferner ist neben Mk 2, 27 das rabbini-
sche (!) Wort zu stellen: "Euch ist der Sabbat übergeben, nicht aber ihr dem Sabbat."[14] Mk 3, 1-6 ist darüber hinaus eindeutig tendenziös[15]. Hinsichtlich der Unterscheidung von Rein und Unrein kann Mk 7, 15 nicht als grundsätzliche Durchbre-
chung oder Aufhebung der Tora angesehen werden; dieses Verständnis schließen allein schon die nachösterlichen Auseinandersetzungen um die Art der Aufnahme von
Heiden in die Gemeinschaft der Messias-Jesus-Gläubigen aus. Jesus legt mit diesem
Wort vielmehr von einer im Volk verbreiteten "unbekümmerten" Haltung aus, die die
ärmlichen Verhältnisse erzwangen, den Akzent entschlossen auf die innere Reinheit:
Diesem Anspruch kann sich niemand entziehen[16]. Erinnern wir uns hierzu an ähnlich
pointierte Weisungen von Propheten: So bedeutet Hos 6, 6 keine grundsätzliche Verwerfung des Kultes.

6. Der Anspruch auf persönliche Nachfolge

Jesu Einzigartigkeit tritt nicht zuletzt durch die Berufung einzelner in seine Le-
bens- und Wandergemeinschaft unverkennbar zutage. Das damals übliche Lehrer-Schü-
ler-Verhältnis ist damit nicht zu vergleichen. Und wenn auch hier die Berufung

durch Jesus zunächst wieder auf die Gottesherrschaft ausgerichtet ist, so treten die Jünger doch vertrauensvoll in die Nachfolge dessen ein, der das Recht zur verbindlichen Auslegung Gottes und seines Heils- und Heiligkeitswillens beansprucht. Der Kreuzestod brachte dann die stärkste Infragestellung des Sinnes, den Jesus seinen Jüngern eröffnet hatte. Er selbst hat daran offensichtlich auch angesichts des drohenden Endes unerschüttert festgehalten, wie Mk 14, 25 zu erkennen gibt[17]. Auf diese Weise hat Jesus seinen Tod "bestanden" und ist so für uns "Urheber und Vollender des Glaubens" (Hebr 12, 2) geworden[18]. Die Ostererfahrung hat dann die Jünger dazu befähigt, ihre Erfahrungen mit Jesus als gültig - weil von Gott "endgültig" bestätigt - anzunehmen. So konnten sie den Glauben an ihn, den Heilbringer, auch in neue Situationen hinein aussprechen. Durch ihr Zeugnis, im Glaubensgehorsam der Kirche durch die Zeiten hindurch vermittelt, trifft auch uns Jesu Angebot und Anspruch, unserem Leben verbindlich Richtung und Ziel zu geben. Öffnen wir uns dem, so kann wohl auch heute erfahren werden, daß der Beistand des erhöhten Herrn, das ist: die Kraft seines Geistes in der Nachfolge keine leere Verheißung darstellt.

Anmerkungen:

1) Das gilt sowohl für die hermeneutische Vor-Entscheidung wie für die Stellungnahme zu Sachfragen. Überdies kann von einer Position aus, die für eine gewisse Breite des exegetisch möglichen Interpretationsspektrums offen ist, die Gefahr vermieden werden, den Spielraum des Religionspädagogen ungebührlich einzuschränken. Damit soll freilich nicht der eigene Standort verleugnet werden; dazu gehört etwa die Betonung der Notwendigkeit, das Alte Testament sein eigenes Offenbarungswort zur Geltung bringen zu lassen; vgl. P. FIEDLER, Biblische Theologie des Alten und Neuen Testamentes, in: G. BIEMER - A. BIESINGER, Theologie im Religionsunterricht, München 1976, 42-54, 50. So käme es etwa darauf an anzuerkennen, daß das Alte Testament - und somit das (Früh-)Judentum - ein Zu-Gott-Kommen aufgrund der gnadenhaften Annahme des umkehrenden Sünders durch Gott kennt; das ist dann für die Frage nach Jesu Todesverständnis von weitreichender Bedeutung (gegen P. STUHLMACHER u.a.).

2) Vgl. z. B.: "Im Glauben darf nichts über Jesus ausgesagt werden, was nicht Anhalt am historischen Jesus selbst hat" - diesem Postulat P. KNAUERS hatte sich R. PESCH - von seinem (allerdings inzwischen nicht mehr vertretenen) Osterverständnis aus durchaus konsequent - ausdrücklich angeschlossen: Zur Exegese Gottes durch Jesus von Nazareth, in: FS für B. Welte, Freiburg 1976, 140-189, 140.

3) Vgl. A. VÖGTLE, Das Evangelium und die Evangelien, Düsseldorf 1971, 16-30: "Die hermeneutische Relevanz des geschichtlichen Charakters der Christusoffenbarung".

4) Selbstverständlich ist für den Religionsunterricht eine Auswahl aus der Stofffülle zu treffen: vgl. den Hinweis auf die "konzentrischen" Kreise in der Erläuterung des "Prioritäten-Schemas" a.a.O. (s.o. Anm. 1) 51-53.

5) Hierzu und zum Folgenden P. FIEDLER, Jesus und die Sünder, Bern - Frankfurt 1976, 119-211.

6) Dazu jetzt D. ZELLER, God as Father in the Proclamation and in the Prayer of Jesus, in: Standing before God (FS für J.M. Oesterreicher), New York 1981, 117-129.

7) Vgl. meine Analyse: Das Judentum im katholischen Religionsunterricht (Lernprozeß Christen Juden, 1), Düsseldorf 1980; kurz vorgestellt in: Von der Konfrontation zum Dialog mit den Juden: KatBl 105 (1980) 831-837.

8) G. BORNKAMM, Jesus von Nazareth, Stuttgart ^{10}1975, 85 (86f sind Beispiele, besonders zur Bergpredigt, aufgeführt).

9) So gelangt H. LEROY zur Feststellung, daß Jesus "sich einem Pharisäismus hillelitischer Prägung näherte, ohne indes - wie es scheint - förmlich in die pharisäische Bewegung einzugehen: er blieb ein Außenseiter. Die traditionsgeschichtlich von Mk bis Joh feststellbare steigende Tendenz zur Pharisäerfeindlichkeit in der Darstellung dürfte Rückspiegelung urchristlicher Situation in das Leben Jesu sein": Jesus (EdF 95), Darmstadt 1978, 68, vgl. 65-69.

10) "Liebe. Das Ethos des Neuen Testaments - erhabener als das des Alten?", in: Unsere großen Wörter. Das Alte Testament zu Themen dieser Jahre, Freiburg 1977, 225-240, hier 239.

11) Vgl. I. BROER, Freiheit vom Gesetz und Radikalisierung des Gesetzes (SBS 98), Stuttgart 1980, 75-113.

12) Vgl. etwa D. FLUSSER, Jesus, Reinbek b. Hamburg 1968, 64-72.

13) C. THOMA, Christliche Theologie des Judentums, Aschaffenburg 1978, 163.

14) Mechilta zu Ex 31, 13 (103b).

15) Bereits Mt sah sich - wenigstens teilweise - zur Korrektur dieser Perikope genötigt: vgl. 12, 11f mit Mk 3, 4; leider tut er es nicht gegenüber Mk 3, 6. Mit Recht stellt aber F. MUSSNER klar: Jesus wurde in der Gesetzesfrage "zu Unrecht in Opposition zum Judentum und sein gewaltsamer Tod in Zusammenhang mit der Gesetzesfrage gebracht": Traktat über die Juden, München 1979, 193, vgl. 185-198.

16) Vgl. P. FIEDLER, a.a.O. (s.o. Anm. 5) 249-255.

17) Vgl. A. VÖGTLE, Hat sich Jesus als Heilsmittler geoffenbart?, in: BiKi 34 (1979) 4-11, hier 9-11. Zur historischen Problematik vgl. jetzt L. OBERLINNER, Todeserwartung und Todesgewißheit Jesu (SBB 10), Stuttgart 1980.

18) Vgl. P. FIEDLER, Sünde und Vergebung im Christentum, in: Concilium 10 (1974) 568-571.

Zur didaktischen Theorie
Ergebnisse aus der Curriculumdiskussion für das Problem der didaktischen Vermittlung auf der Lehrplanebene

Doris Knab

1. Vorbemerkung: Der Lehrplan, als Instrument betrachtet

Die Frage, was Lehrpläne leisten und leisten sollen, bedrängt nicht nur den Religionsunterricht. Aber sie bedrängt den Religionsunterricht ganz besonders, denn seine Ziele und Inhalte sind so sensibel, das Verhältnis des "Machbaren" zu dem, was weder Lehrer noch Schulverwaltung in der Hand haben, ist so heikel, daß hier die Steuerungsproblematik besonders scharf empfunden wird. Kein Wunder also, daß Religionspädagogen das "Problem der didaktischen Vermittlung auf Lehrplan-Ebene" einmal gesondert zur Sprache bringen wollen.

Gesucht sind offenbar Auskünfte auf die Frage: Was können, was sollen Lehrpläne "transportieren", und zwar in einem didaktischen Prozeß und für ihn? Doch was könnte die Curriculumdiskussion dazu beigetragen haben? Wissen wir nicht längst, daß "Curriculum" ein Lernzielmechanismus ist, der das Eigentliche, das, worauf es im Religionsunterricht ankommt, verdrängt?

In der Tat: Die Wiederaufnahme des Begriffs Curriculum und die Forderung nach Curriculumreform sind vielfach nur als Aufforderung aufgenommen worden, den Unterricht durch dieses Instrument "Curriculum" präziser zu steuern, genauer zu regeln und zu kontrollieren. Wir erinnern uns kaum noch daran, daß "Bildungsreform als Revision des Curriculum" (ROBINSOHN 1967) ursprünglich das Stichwort für eine Reform der Schule von innen her war, für eine Reform, die nicht bei einer allfälligen Modernisierung von Fachlehrplänen stehenbleibt, sondern den gesamten Begründungs- und Wirkungszusammenhang des Unterrichts erfaßt. Curriculumreform ist deshalb unter drei Gesichtspunkten gefordert worden: erstens als durchgreifende Reform von Zielen, Inhalten, Organisations- und Arbeitsformen des Unterrichts; zweitens als Sicherung der Wirksamkeit des kodifizierten Curriculum - das meint Überprüfung der Wirksamkeit der im Curriculum zusammengefaßten Vorentscheidungen über den Unterricht und damit auch Überprüfung der Funktion des Curriculum für den Unterricht; drittens ist Curriculumreform gefordert worden als systematische, auf ausgewiesene Kriterien bezogene Begründung von Curriculumentscheidungen, d. h. als Reform auch des Verfahrens der Curriculumentwicklung.

Der Zusammenhang dieser drei Forderungen ist verlorengegangen. Mit dem Begriff Curriculum wird weitgehend nur die zweite assoziiert. So wird "Curriculum" einerseits als Feind der "humanen Schule" bekämpft, obwohl man doch andererseits immer genauer vorherbestimmen und kontrollieren will, was im Unterricht geschieht.

Just von dieser so diskreditierten Funktion des Curriculum, vom Curriculum als Instrument, muß im folgenden die Rede sein - auf die Gefahr hin, daß die Curriculumdiskussion erneut als ein Mittel erscheint, sich um die überfällige Diskussion der Inhalte zu drücken. Doch wird sich rasch genug zeigen, wie eng Form und Inhalt (früher hätte man gesagt: Gehalt und Gestalt) von Vorgaben für den Unterricht zusammenhängen.

2. Die "Curricularisierung" der Lehrpläne

Vergegenwärtigen wir uns also zunächst, wie sich die Curriculumdiskussion auf das Erscheinungsbild von Richtlinien und Lehrplänen ausgewirkt hat, und überlegen wir dann, welche Konsequenzen dieser Befund nahelegt.

2.1 Curriculum statt Lehrplan?

Zweifel an der Wirksamkeit von Lehrplänen haben sich schon vor der Wiederaufnahme des Begriffs Curriculum gemeldet. Diese Lehrplankritik gipfelt in dem Vorwurf: Leerformelhaftigkeit und daher Unwirksamkeit. Die Sprache der Lehrpläne und Richtlinien ist so verschwommen und ihre Zielformulierungen liegen auf so hoher Ebene, daß sie einen viel zu großen Interpretationsspielraum bieten, um Unterricht wirklich zu steuern. Wirksam werden allenfalls die Stoffkataloge, die unverbunden neben den proklamierten Idealen stehen.

Tatsächlich ist der Unterricht viel stärker durch Traditionen, die von Lehrer zu Lehrer weitergegeben werden, und durch Schulbücher bestimmt als durch die Lehrpläne, die Lehrer höchst selten in die Hand nehmen. Das erste, die Stärkung der pädagogischen Eigenverantwortung des Lehrers, ist ja wohl mit der Wendung von Lehrplänen zu Richtlinien (und mit den gleichzeitigen Bemühungen um eine bessere Lehrerbildung) gewollt gewesen. Das zweite gehört zu den unbeabsichtigten Nebenwirkungen.

Die Unsicherheit über die Funktion von Lehrplänen war einer der Gründe für das rasche Aufgreifen des Stichworts Curriculum. Mit diesem Begriff sind Ende der sechziger Jahre bestimmte Produkte assoziiert worden, für die es bei uns keine direkten Entsprechungen gab: "geschlossene" Materialpakete, die eine Art vorfabrizierten Unterricht enthielten, mit Erfolgsgarantie bei richtiger Anwendung. Noch ehe solche Curricula bei uns genauer betrachtet und erprobt werden konnten, wurden die sogenannten "offenen" Curricula dagegengesetzt: Unterrichtsarrangements, die zu eigenem Planen der Beteiligten anregen sollen. Ob Curricula in Form von Unterrichtsmaterialien für Schüler und Lehrer im Ausland tatsächlich die einzigen Vorgaben für den Unterricht sind, auf welche Rahmenbedingungen sie sich beziehen, wer über ihre Verwendung entscheidet - all das wurde kaum gefragt. Das Curriculum im Singular, als Oberbegriff für die kodifizierten Vorentscheidungen über das Unterrichtsangebot, verschwand hinter den Curricula im Plural, hinter bestimmten Erscheinungsformen solcher Vorentscheidungen.

Einigkeit bestand und besteht bei den Auseinandersetzungen um Form und Funktion des kodifizierten Curriculum nur in zwei Punkten:

- Das Curriculum muß begründet und in sich stimmig aufweisen, welche Aufgaben die Schule oder ein Schulfach hat und wie man sie erfüllen kann. Es soll also einen begründeten Zusammenhang der den Unterricht bestimmenden Faktoren aufweisen. Dafür wird im allgemeinen eine präzise Beschreibung des Zusammenhangs von Zielen, Inhalten, Organisations- und Arbeitsformen des Unterrichts, möglichst auch von adäquaten Formen der Erfolgskontrolle verlangt. Dabei pocht man gerade in der Bundesrepublik Deutschland seit Anfang der siebziger Jahre darauf, daß dieser Zusammenhang als Wechselwirkung gefaßt werden muß: als der schon von der geisteswissenschaftlichen Didaktik erkannte Implikationszusammenhang didaktischer Entscheidungen.

- Die herkömmlichen Richtlinien und Lehrpläne erfüllen diese Bedingungen nicht; sie sind defizitäre Erscheinungsformen des Curriculum. Also müssen wir uns auf den Weg machen vom Lehrplan zum Curriculum (H. ROTH 1968).

Unklar blieb, ob "das Curriculum" nun an die Stelle von Lehrplan und Schulbüchern treten soll oder ob es sich zwischen sie schiebt und einen Teil ihrer Funktionen übernimmt. Unklar blieb auch, wieweit es die Unterrichtsplanung oder gar den Unterricht selber vorstrukturieren soll. So ist nach wie vor umstritten, wie Curriculumentscheidungen kodifiziert werden sollen: ob sie alle in einen einzigen Text eingehen oder ob man sie besser auf einen Fächer von Planungsvorhaben mit verschiedenen (Teil-)Funktionen verteilt. Denn diese Entscheidungen haben unterschiedliche Reichweite, je nachdem, ob sie für alle Schüler und Lehrer oder nur für bestimmte Gruppen gelten sollen, ob sie die "Außenbeziehungen", den Gesellschaftsbezug des Curriculum, oder seine "Binnenstruktur", seinen Unterrichtsbezug, betreffen (vgl. NIPKOW 1969).

Der Deutsche Bildungsrat hat dafür bekanntlich einen Vorschlag gemacht. Er sieht vor, daß "Rahmenrichtlinien neuer Art" die Rahmenentscheidungen zusammenfassen. Sie sollen in einem mehrstufigen Prozeß, der erst im Unterricht an sein Ende kommt, weiter konkretisiert werden; zuerst in "Curricula im engeren Sinn" als

"Handlungsentwürfen für den Unterricht" (Deutscher Bildungsrat 1974). Doch die Realität sieht etwas anders aus. Der Weg hat nicht vom Lehrplan zum Curriculum geführt, auch nicht zu einer Verbindung von Rahmenrichtlinien und Curricula, sondern zum Lehrplan als Curriculum, d. h. zu einem Lehrplan, der curriculumtheoretischen Standards genügt.

2.2 Curriculare Lehrpläne

Wie sehen nun solche Lehrpläne mit den Merkmalen von Curricula aus?

Lassen wir fürs erste die inhaltlichen Konsequenzen bestimmter curriculumtheoretischer Forderungen beiseite, z.B. die Auswirkungen einer falsch verstandenen Wissenschaftsorientierung. Diese Probleme werden in anderen Beiträgen zu diesem Symposium behandelt. Hier geht es zunächst um das äußere Erscheinungsbild der Lehrpläne und die curriculumtheoretischen Standards, die sich darin ausdrücken, unabhängig von fachspezifischen Besonderheiten.

Das hervorstechendste Merkmal der neuen Lehrpläne ist ihre Lernzielorientierung, zuweilen verbunden mit dem Bestreben, nur operationalisierbare Ziele zuzulassen. Auch wo man solche Irrwege wieder verlassen hat: Der Vorrang der Ziele wird (zu Recht) festgehalten. Deshalb konzentrieren sich alle Bemühungen um Präzisierung auf die Zielformulierungen: auf die Systematisierung der Ziele in Anlehnung an psychologische Klassifikationssysteme; auf Signalwörter, die Anspruchsrichtung und Anspruchsniveau in Auge springen lassen. Damit verbindet sich die Übernahme einer bestimmten "curricularen" Terminologie (oder auch die Erfindung einer solchen).

Um den Zusammenhang der Faktoren, die den Unterricht bestimmen sollen, aufzuweisen, werden neue Lehrplan-Typen entwickelt. Dabei haben sich zwei "Schnittmuster" besonders rein ausgeprägt, zwischen denen es viele Vermittlungsformen gibt. Beide spielen auch für den Religionsunterricht ihre Rolle[1].

Der eine Lehrplan-Typ ist der in Spalten gegliederte. Am bekanntesten ist er in der von KLAUS WESTPHALEN entwickelten und für Bayern allgemein gültigen Form des "curricularen Lehrplans" (CuLP) geworden[2]. Er ordnet Lernziele, Lerninhalte, Unterrichtsverfahren und Lernzielkontrollen in vier Spalten übersichtlich an und will so Längs- und Querverbindungen sichtbar machen. Dabei nimmt die Verbindlichkeit der Angaben von den Zielen bis zu den Lernzielkontrollen kontinuierlich ab. Ergänzt wird dieses Spaltensystem durch ein System eindeutig definierter Begriffe, die Matrix der Lernzielbeschreibungen. Die sogenannte Bremer Lehrplanleiste ist eine interessante Variante dieses Grundmodells: Sie versucht die Angaben, die der Lehrplan in systematischer Form bietet, deutlicher auf den Unterrichtsprozeß zu beziehen[3].

Die Zielfelderpläne für den katholischen Religionsunterricht, aber auch die nordrhein-westfälischen Richtlinien für den Politikunterricht verkörpern das andere Grundmuster[4]. Ihnen kommt es vor allem darauf an, die Verschränkung von Faktoren zu visualisieren, die sich in der Unterrichtsplanung und im Unterricht vollzieht. Dabei werden zwei Ebenen berücksichtigt: die Ebene der Faktoren, die prinzipiell bei Curriculumentscheidungen berücksichtigt werden müssen, und die Ebene der Bestimmungsfaktoren des konkreten Unterrichts. Deshalb gliedert sich der Plan in Felder, die durch die Überschneidung solcher Bestimmungsfaktoren gebildet werden. Einerseits enthalten diese Felder die grundlegenden Vorgaben für den Unterricht, andererseits bieten sie Kriteriensätze und Raster für die Unterrichtsplanung, müssen also von den Benutzern des Planes erst ausgefüllt werden.

Unter dem Einfluß der Idee des "offenen" Curriculum verstärkt sich in diesen Lehrplan-Modellen das Bemühen, Präzision, die Steuerungswirksamkeit sichert, mit den nötigen Handlungsspielräumen für den Lehrer zu verbinden. So verzichtet man auf zu detaillierte Festlegungen und ergänzt die Pläne stattdessen durch Umsetzungshilfen und Beispiele für entsprechende Unterrichtsentwürfe. Zu allen Plänen gibt es Serien von Begleitmaterialien oder kommentierende Kapitel.

Dieses neue Angebot von Plänen, die einer bestimmten, erst zu entschlüsselnden Systematik folgen, dazu die Fülle zusätzlicher Materialien, all das schafft offenbar Verwirrung. Während die einen sich über das reiche Angebot freuen, vermissen die anderen eindeutige Festlegungen. Während die einen über die Tendenz zunehmender Detaillierung klagen, fühlen die anderen sich durch Auswahl-, Planungs- und Entscheidungsansprüche überfordert[5]. Zuweilen weiß auch die Rechte nicht, was die Linke tut: Ein und dieselbe Behörde kann erklären, die Lehrer sollten sich nicht zu Sklaven detaillierter Lehrplan-Vorschriften machen, und unter dem Druck von Eltern und Öffentlichkeit die Lehrpläne als Kontrollinstrument immer mehr zu verfeinern trachten, was meist auf weitere verbindliche Detailvorschriften hinausläuft. Aber auch ein und derselbe Lehrer kann seine pädagogische Freiheit und offene Curricula reklamieren und zugleich pflegeleichte, jeder Situation gerechte Fertigprodukte für den Unterricht bevorzugen.

3. Verwendungsprobleme

Kann man die Verwendungsprobleme, die sich hier anmelden, etwas genauer fassen und sie auf Form und Funktion von Lehrplänen beziehen? Wir können dafür leider nicht auf die Ergebnisse systematischer vergleichender Versuche mit Lehrplänen unterschiedlichen Zuschnitts zurückgreifen - von Versuchen etwa zu der Frage: Wie lesen Lehrer Lehrpläne; wie lesen sie Eltern, Schulaufsichtsbeamte, Politiker;

wie lesen sie Schüler? Wer liest sie überhaupt? Wie werden sie verwendet? Was kann man mit ihnen machen, was wird mit ihnen gemacht? Welche Veränderungen des Unterrichts können sie bewirken, welche Fehler verhindern? An solchen Untersuchungen mangelt es trotz der üblichen Lehrplanerprobung. So können hier nicht Konsequenzen aus gesicherten Befunden gezogen, sondern nur verstreute Beobachtungen zusammengetragen werden, die der Ergänzung und Korrektur bedürfen[6].

Die Beobachtungen, die Erfahrungsberichte, die wir haben, sind noch dazu schwer vergleichbar, denn die Beobachter haben unterschiedliche Blickwinkel. Mit Recht interessiert in erster Linie der Inhalt der Lehrpläne. Die Darbietungsform wird nur zum Problem, wenn Verständigungsschwierigkeiten auftauchen, und ob ein Kritiker Form oder Inhalt eines Lehrplans befremdlich findet, ist oft schwer zu unterscheiden - zumal in Fächern wie dem Religionsunterricht, in dem die didaktischen Konzepte sich so stark verändert haben.

3.1 Steuerung, Anregung, Entlastung: Funktionen des Curriculum

Wo Form und Funktion des Curriculum gegenwärtig diskutiert werden, geschieht das im Blick auf ein öffentliches Schulwesen, das den Schülern bestimmte, vergleichbare Angebote (und Ergebnisse) sichern soll. Dafür scheint ein kodifiziertes Curriculum nötig, auf das man sich über die einzelne Lerngruppe oder Schule hinaus beziehen kann. Doch zu unserem gegenwärtigen Verständnis von Schule gehört auch ganz prinzipiell, daß die am Unterricht Beteiligten Handlungsspielräume haben. Schule soll nicht nur Kenntnisse vermitteln und Fertigkeiten einüben; sie soll auch zu verantwortlichem Urteilen und Handeln erziehen. Sie nimmt den Schüler als Person ernst, und sie rechnet mit einer pluralistischen Gesellschaft und einem demokratischen Staat. Aus all diesen Prämissen folgt, daß Unterricht nicht völlig präformiert werden kann und soll. Es gibt also Curriculumentscheidungen, die für alle gelten, und Curriculumentscheidungen, die nur für die unmittelbar am Unterricht Beteiligten gelten. Ihr Verhältnis zueinander muß durchschaubar bleiben. Auch kann das Curriculum nicht einfach "durchgeführt" werden, sondern es ist ein Text, der auf eine bestimmte Situation und auf handelnde Personen hin ausgelegt werden muß. Das "Curriculum in Aktion" muß sich notwendig von dem "Curriculum auf dem Papier" unterscheiden (BRÜGELMANN 1978).

Unter diesen Voraussetzungen scheinen zwei Befunde theoretisch und empirisch gut gesichert; sie betreffen beide das Verhältnis von Form und Funktion des Curriculum im ganzen, im Singular.

Wir müssen einerseits mit Curriculumentscheidungen unterschiedlicher Reichweite rechnen. Sie können weder alle zentral vorweggenommen noch alle der einzelnen

Schule oder dem einzelnen Lehrer und seinen Schülern überlassen bleiben. Das hat Folgen für die Kodifikationsform. Verbindlich darf immer nur das festgeschrieben werden, was der jeweilige Adressat nicht selber entscheiden darf und soll. Eventuell kann man dafür Ratschläge oder Beispiele geben. Werden diese Komponenten nicht klar unterschieden, entsteht Verwirrung.

Außerdem müssen wir mit mehreren Funktionen des Curriculum rechnen, die in Spannung zueinander stehen: Erstens ist das die Funktion der Steuerung, der Sicherung und der Kontrolle von Unterrichtsangeboten. Sie verlangt eindeutige Festlegungen, die für alle Betroffenen gelten. In ihr wirkt das Curriculum zugleich als Legitimation, auf die man sich berufen kann. Zweitens die Funktion der Anregung von Unterricht, der den Interessen und der Situation der Beteiligten entspricht. Diese Funktion verlangt Beispiele variantenreicher Planung und Anleitung zu ihr. Sie enthält auch ein Stück Aus- und Fortbildung. Schließlich eine Funktion, die häufig beschwiegen wird: die Entlastung von Entscheidungen und ihrer ständig neuen Rechtfertigung sowie die Entlastung von immer neuer weitreichender und zeitraubender Planung. Sie ist insbesondere für die Lehrer wichtig, denn nur mit solchen entlastenden Routinen im Rücken sind sie frei für das, was immer neu geplant werden muß, und für das Unplanbare.

Diese Funktionen sind nur schwer in einem einzigen Text zu verbinden. So sind z.B. die Zielfelderpläne oder die Curriculummaterialien aus dem Marburger Grundschulprojekt Beispiele für ein Übergewicht der Anregungsfunktion. Bei den Zielfelderplänen wird deshalb vor allem die Steuerungsfunktion vermißt, bei den Curriculummaterialien die Entlastung. Umgekehrt: Geschlossene Curriculumpakete versprechen eine optimale Verbindung von Steuerung und Entlastung auf Kosten der Anregungsfunktion. (Daß dieses Versprechen nicht voll eingelöst wird, steht auf einem anderen Blatt. Solche Curricula werden nie buchstabengetreu verwendet; außerdem entlasten sie zwar von Planungsaufgaben, aber sie belasten stark bei der täglichen Vorbereitung und im Unterricht selber, weil man sich jeden Schritt genau einprägen und Abweichungen vermeiden muß.)

Beide Befunde lassen es geraten erscheinen, "das Curriculum" im Singular in einen Fächer von Vorgaben für den Unterricht mit unterschiedlichen (Teil-)Funktionen und Adressaten aufzugliedern. Die Vorschläge des Bildungsrats können dafür - auch nach Erfahrungen in Ländern mit vergleichbaren Traditionen - als Generallinie gelten, aber mehr als ein Wegweiser sind sie nicht.

3.2 Lehrpläne im Schnittpunkt von Gesellschaft und Schule

Die Entscheidungen, die für alle Beteiligten gelten sollen und die größte Reichweite haben, werden am besten in einem eigenen Text herausgehoben, nenne man ihn nun Lehrplan, Richtlinien oder Rahmenrichtlinien neuer Art. Allerdings: wer Lehrplan sagt, hat meist eine größere Detaillierung, u.U. auch engere Bindungen der Adressaten im Sinn, als wer von Richtlinien spricht oder eine ganz neue Bezeichnung wählt, die nicht durch Traditionen geprägt ist[7].

Für die Kodifikation solcher Rahmenentscheidungen gilt: Es überwiegt die Steuerungs-, Kontroll- und Legitimationsfunktion. Sie schließt eine bestimmte Entlastungsfunktion ein. Man kann das, was hier vorentschieden ist, zunächst einmal als gegeben nehmen, als Ausgangspunkt. Das schließt Kritik und Revisionsbemühungen nicht aus, verweist sie aber an einen anderen Austragungsort als den Unterricht und seine Planung. Um so strenger gilt auf dieser Ebene der "didaktischen Vermittlung" die Begründungs- und Rechtfertigungsverpflichtung. Wie sie einzulösen ist, steht im Zentrum z.B. der Beiträge von G. LANGEMEYER und E. SCHÜTZ. Hier, wo es um den instrumentellen Aspekt des Lehrplans geht, müssen wir weiterfragen: Welche (begründeten) Entscheidungen soll und kann der Lehrplan transportieren; an wen wendet er sich?

Zunächst ist festzuhalten: Richtlinien und Lehrpläne sind die Vorgaben mit dem größten Adressatenkreis. Sie markieren den Schnittpunkt von Außen- und Binnenstruktur des Curriculum, den Schnittpunkt auch zwischen Rechtsfragen, institutionellen Fragen und didaktischen Fragen. Eine Adressatengruppe der Lehrpläne ist deshalb die Öffentlichkeit. Sie tritt meist in organisierter Form in Erscheinung: als Vereinigung von Eltern, als Vertretung der Abnehmer von Schulabsolventen (z.B. Industrie- und Handelskammer, Westdeutsche Rektorenkonferenz), aber auch als organisierte Lehrerschaft. Ihre Interessen sind inhaltlicher Art. Aber weil die Vorstellungen von dem, was die Schule leisten soll, divergieren, reklamiert sie vor allem die Steuerungs- und Kontrollfunktion der Lehrpläne. Sie will sich einerseits darauf verlassen können, daß das nach heftigen Auseinandersetzungen verbindlich Gewordene auch alle Beteiligten bindet. Deshalb drängt sie auf genaue Festlegungen, müßte also eigentlich alle "curricularen" Merkmale freudig begrüßen, die in Richtung Präzision oder gar "Geschlossenheit" weisen. Zugleich will und muß sie stärker mitreden als früher, will also den Lehrplan verstehen, und das heißt meist: Vertrautes wiederfinden. Die "Curricularisierung" wirkt jedoch verfremdend, ist verdächtig, ihr gegenüber verschwistern sich Technokratieverdacht und Ideologieverdacht.

Auch die Schulaufsicht, die im Zweifel zwischen Lehrer und Beschwerdeführern steht, sich ihnen wie den politischen Instanzen gegenüber verantworten muß, ist daran interessiert, daß Lehrpläne als Meßlatte dienen können. Diese Steuerungs- und Kontrollfunktion ist jedoch für Lehrer weit weniger interessant. Als Legitimationsbasis brauchen sie die Lehrpläne nur, wenn sie angegriffen werden.

In der Theorie sind Lehrer die wichtigsten Lehrplanadressaten. Nach allem, was wir wissen, machen sie aber nur wenig Gebrauch von ihnen - außer in der zweiten Ausbildungsphase, wo sie ihre Stundenentwürfe auf den Lehrplan beziehen müssen. Er ist deshalb eher ein Arbeitsinstrument von Fachleitern und Mentoren. Soweit der einzelne Lehrer den Lehrplan für seine Unterrichtsplanung zu Rate zieht, betrachtet er ihn nicht als Ganzes, sondern nur jeweils einen Ausschnitt des Fachlehrplans. Als Verständigungsbasis mit Schülern und Eltern dienen eher Produkte unterhalb der Lehrplanebene. Es gibt sogar die Angst des Lehrers vor dem Lehrplan (SCHAEFER-SCHMIDT 1980): vor dem Lehrplan als Ausdruck von Bevormundung, aber auch vor dem (neuen) Lehrplan als didaktischem Anspruch. Das heißt aber: Die direkte Steuerungsfunktion des Lehrplans für den Unterricht ist weithin fiktiv. Es bleibt bei einer indirekten. Auch die Entlastungsfunktion ist begrenzt.

Nun soll nach curriculumtheoretischen Vorstellungen der Lehrplan nicht unmittelbar steuern, sondern den festen Rahmen bieten - nicht für die unmittelbare Unterrichtsplanung des einzelnen Lehrers, sondern für die weitere Konkretisierung in Curricula als "Handlungsentwürfen für den Unterricht". Sie sollen helfen, das, was im Lehrplan System ist, in Unterricht als Prozeß zu überführen. Mit dieser Aufgabe wäre der einzelne Lehrer überfordert. Deshalb ist sie einer Zusammenarbeit von Lehrern in Gruppen und von Lehrern mit Wissenschaftlern vorbehalten; Stichworte dafür sind kooperative Unterrichtsplanung, kooperative Curriculumimplementation, schulnahe Curriculumarbeit, Verbindung von Curriculumentwicklung und Lehrerfortbildung. Für diese Arbeit sucht man die Anregungsfunktion der Lehrpläne zu stärken, sie zu Transmissionsriemen didaktischer Konzepte zu machen. Der Lehrer nimmt davon zunächst nur die zunehmende Kompliziertheit wahr, die auch die Öffentlichkeit stört. Er verarbeitet normalerweise nicht Lehrpläne, sondern Lehrplanderivate: Unterrichtsmaterialien, Medien und dergleichen.

So sind zwei Trends zu beobachten: einerseits die Tendenz, die direkte Steuerungs- und Kontrollfunktion des Lehrplans zu stärken durch stärkere Detaillierung insbesondere der verbindlichen Inhalte; andererseits die Tendenz, seine Anregungs- und Ausbildungsfunktion zu stärken durch Begleitmaterialien oder durch erläuternde und beispielgebende Zusatzkapitel. Für den einzelnen Lehrer ist das eine hinderlich, das andere schwer nutzbar, Anregung und Entlastung stehen sich gegenseitig im Wege. Deshalb scheint ein selten bei Namen genannter Lehrplan-Adressat seine

starke Stellung zu behaupten: die Lehrmittelindustrie, simpler: die Autoren von
Schulbüchern und ergänzenden Materialien. Häufig sind sie unter den Lehrplanverfassern und sorgen so für authentische Interpretation. In Gestalt von Verbundsystemen, die manche sich als nahtlose Verbindung von Lehrplan und Schulbuch vorstellen, spaziert dann das vorne so wütend hinausgeworfene geschlossene Curriculum zur Hintertür wieder herein. Die gängige Handhabung des Verfahrens der Schulbuchzulassung wirkt in die gleiche Richtung[8].

Was soll, was kann der Lehrplan für diese große Zahl von Adressaten mit so unterschiedlichen Interessenschwerpunkten vermitteln? Er versteht sich als Anleitung zu begründetem Handeln. Eben diese Verbindung von Begründungsverpflichtung und Handlungsanleitung macht die größten, noch immer nicht befriedigend gelösten Schwierigkeiten. Das, was man die "didaktische Wende" in der Curriculumforschung nennt, hat die Aufmerksamkeit auf die dem Unterricht näher liegenden Curriculumbestandteile gelenkt, auf die Erscheinungsform von Curricula als Handlungsentwürfen für den Unterricht. Hier favorisiert man als Darstellungsform die fortlaufend kommentierte Beschreibung von Unterrichtsprozessen, die didaktische Entscheidungen (und eventuelle Alternativen) mit ihren Prämissen und Konsequenzen deutlich macht[9]. Solche Curricula setzen ganz auf die Anregungs- und Ausbildungsfunktion und gehören in den Kontext curriculumbezogener Lehrerfortbildung.

Im Lehrplan aber soll ja die Verbindung von Außen- und Binnenstruktur des Curriculum, von Gesellschafts- und Unterrichtsbezug deutlich werden. Er ist System und nicht Prozeß. Einerseits muß er erkennen lassen, welche Faktorenverschränkung die ausgewiesenen Unterrichtsaufgaben bestimmt, andererseits den Faktorenzusammenhang sichtbar machen, der bei ihrer Lösung berücksichtigt werden muß. Beides sind mehrdimensionale Zusammenhänge, die sich sowohl gegenüber der Beschreibung in einem fortlaufenden Text wie gegenüber der Visualisierung in schematischen Darstellungen als äußerst sperrig erweisen. Gerade in den Zielfelderplänen, wo man sich so besonders darum bemüht hat, und in den verschiedenen Spielarten didaktischer Strukturgitter wird das deutlich.

Vor allem: Man muß den geforderten Begründungszusammenhang erst haben. In allen Schulfächern ist das Verhältnis von Inhaltsstruktur und Lernstruktur prekär, wenn man an die Binnenstruktur des Curriculum denkt. In allen Fächern ist das Verhältnis von Gesellschaftsbezug und Inhaltsbezug und die Rolle der Fachwissenschaften bei der Bestimmung der Ziele des Unterrichts strittig. Aber im Religionsunterricht verschärft sich dieses Problem durch die Frage, ob es nicht eine Hierarchie der Bestimmungsfaktoren gibt, die in der Curriculumentwicklung verschränkt werden müssen. Die Auseinandersetzungen um die adäquate Fassung des Korrelationsprinzips haben hier ihre Wurzel[10].

So ist die oft beklagte Kompliziertheit neuerer Lehrpläne nicht nur Ausdruck unserer theoretischen Spielereien. Sie hat ihren Grund darin, daß allen Interessenten zunehmend bewußt wird, wie viele Faktoren in Lehrplänen berücksichtigt werden müssen, und daß alle argwöhnisch darauf achten, ob ihre speziellen Interessen verläßlich berücksichtigt sind. Je breiter der Geltungsanspruch der Lehrpläne ist, je energischer auf einem bestimmten, vergleichbaren Angebot für alle Schulen bestanden wird, desto schwieriger wird das Geschäft der Legitimation.

4. Folgerungen und Forderungen

Welche Konsequenzen sollen wir nun aus diesem Befund für die Lehrplanarbeit ziehen? Wie sollen künftige Lehrpläne aussehen?

4.1 Gehalt und Gestalt

Der Ruf: Zurück zur Einfachheit und Verständlichkeit, wie wir ihn auch im Orientierungsrahmen für die Lehrplanarbeit finden, den die Bischöfliche Kommission für Erziehung und Schule verabschiedet hat, ist berechtigt. Er ist aber auch gefährlich, und er verbürgt nicht ohne weiteres leichtere Handhabung, bessere Wirksamkeit und weniger Streit.

Wir können nicht zurück zu ganz knappen Mitteilungen; das widerspräche schon den Mitwirkungsrechten der an der Schule Beteiligten. Wir müssen aber auch Abschied nehmen von der Vorstellung, alle am Lehrplan Interessierten (und das sind mehr und andere Gruppen als früher) kämen mit ein und denselben Angaben und Formulierungen zurecht. Ebenso müssen wir die Fiktion aufgeben, aus dem Lehrplan folge unmittelbar der Unterricht, zumindest die Unterrichtsvorbereitung. Das hat nie gestimmt. Nur ist die Zone der Weiterverarbeitung des Lehrplans erst durch die Curriculumdiskussion und durch das Zerbrechen mancher selbstverständlichen fachdidaktischen und Unterrichtstraditionen in ihrer Bedeutung erkannt worden und Gegenstand argwöhnischer Beobachtung geworden.

Eine erste Konsequenz für die Erscheinungsform des Lehrplan ist deshalb: Der Lehrplan muß seine Steuerungs- und Kontrollfunktion beschränken auf die Bestimmungen, die unabhängig von der konkreten Schul- und Unterrichtssituation gelten sollen und können. Diese muß er aber eindeutig geben, insofern muß er "greifen".

Die Kommission Schulrecht des Deutschen Juristentags stellt dazu aus pädagogischer und juristischer Sicht fest, eine eingespielte Regelungstechnik stehe dafür (noch) nicht zur Verfügung (Schule im Rechtsstaat, Bd. 1, S. 141). Das Einfache ist bekanntlich das Schwerste! Aber die gleiche Kommission ist in ihren Forderungen (ebd. S. 68 f.) viel zurückhaltender, als das den Juristen meist unterstellt wird: Sie geht davon aus, daß die allgemeinen Aufgaben der Schule und die Gegenstandsbereiche des Unterrichts (meist "Fächer") in einem Schulgesetz festgelegt sind. Die Lehrpläne bestimmen dann, darauf bezogen, verbindlich "die wesentlichen Ziele der Unterrichtsfächer" und "Unterrichtsinhalte, die in Form von Auswahlkatalogen festgelegt werden können". "Die Unterrichtsinhalte dürfen nur in dem Maße bestimmt werden, wie es nötig ist, um die wesentlichen Ziele der Unterrichtsfächer zu erreichen." "In die Lehrpläne können als Empfehlungen didaktische Erläuterungen sowie Anregungen und Beispiele für die Umsetzung" aufgenommen werden. Für die Formulierung dieser (wenigen) Bestimmungen gilt aber eine Reihe von Bedingungen:

Es muß sichtbar sein, wie sich untergeordnete Bestimmungen auf übergeordnete beziehen, z.B. Bestimmungen für ein Fach auf die Aufgaben der Schule im ganzen, Einzelaufgaben des Faches auf seine Gesamtaufgabe. Das heißt, der Lehrplan braucht eine deutliche vertikale Struktur. Er kann auch nicht davon ausgehen, das, worauf er sich bezieht, sei schon irgendwie bekannt, auch wenn es ganz anderswo steht.

Ebenso wichtig ist angesichts des didaktischen Implikationszusammenhangs die horizontale Struktur. Weil jede Entscheidung, sei es über Ziele oder über Methoden, über Inhalte oder über Medien, die anderen mit beeinflußt, also nicht nur die Ziele präformierend wirken, bedeutet starke Detaillierung an einer Stelle immer starke Detailbindung im ganzen. Deshalb kann man die Lehrer nicht damit trösten, in den Methoden blieben sie doch frei, auch wenn man die verbindlichen Inhalte noch so sehr detailliere. Oder: man beschränke sich doch auf Grobziele, da schadeten die detaillierten Themenvorschriften nicht. Von diesem Problem sind besonders die in parallele Spalten gegliederten Pläne betroffen.

Generell darf Präzision nicht mit Detailliertheit verwechselt werden. Die Wirksamkeit der Steuerungs- und Kontrollfunktion wächst nicht automatisch mit dem Maß der Detailfestlegungen. Im Gegenteil: So wie im Verhältnis von geschlossenen Curricula und Unterricht bleiben auch bei Lehrplänen zu enge Bindungen fiktiv. Sie lassen sich nicht alle einhalten - schon weil man sie sich nicht merken kann und weil die nicht vorhersehbaren Reaktionen der am Unterricht Beteiligten über sie hinweggehen. Zu bekämpfen sind also nicht die Interpretationsspielräume. Zu bekämpfen sind Vagheit oder Formelkompromisse, die bei der weiteren Konkretisierung zu Konflikten führen müssen, aber auch der Versuch, so viele Perspektiven zu verbinden, daß der Überblick verlorengeht (ein Problem der Zielfelderpläne).

Damit sind wir aber schon bei einer zweiten Konsequenz: Zur Steuerungs- und Kontrollfunktion gehört auch ein Stück Legitimationsfunktion: Man muß nicht nur am Lehrplan messen können, welche Formen der Weiterverarbeitung durch ihn nicht mehr gedeckt, nicht mehr legitimiert sind. Er muß auch für alle seine, wie wir gesehen haben sehr verschiedenen Adressaten als begründet erkennbar sein. Außerdem ist für die Weiterverarbeitung auch die Anregungsfunktion zu bedenken. Eben das hat die Lehrpläne häufig zu dicken Büchern gemacht, über die jeder klagt.

Auch hier gilt: Wir können nicht zurück in eine Welt, die all das nicht braucht, weil sie sich auf das selbstverständlich Gültige verlassen kann. Wir können bei der Vermittlung zwischen gesellschaftlich Wünschbarem und im Unterricht Erfüllbarem, die der Lehrplan leisten soll, nicht auf die Anstrengung des Begriffs verzichten (was allerdings nicht nur für die Lehrplan-Leser gilt). Aber wir sollten den unterschiedlichen Bedürfnissen Rechnung tragen:

Der Lehrplan muß kommentiert werden. Aber zwischen Kommentar und verbindlichen Bestimmungen ist streng zu trennen. Außerdem muß bei der Kommentierung zwischen verschiedenen Adressaten unterschieden werden, und zwar analog der Unterscheidung von Außen- und Binnenstruktur des Curriculum. Die Öffentlichkeit braucht einen begründenden Kommentar, der sozusagen den "Sitz im Leben" erläutert: die Ansprüche, denen der Lehrplan unter den begrenzten Bedingungen der Schule gerecht werden will. Die "Schulbeteiligten" und die Weiterverarbeiter des Lehrplans brauchen einen im engeren Sinne didaktischen Kommentar, der den "Sitz in der Schule" erläutert. Hier muß die <u>didaktische</u> Legitimation und die Anregungsfunktion überwiegen. Dieser Kommentar kann zeigen, wie das, was "fest" ist, und das, was "beweglich" ist, zusammenhängen, wie ein systematischer Zusammenhang in einen Prozeß überführt werden kann.

4.2 Produkt und Prozeß

Das führt zu einer letzten, entscheidenden Konsequenz: So wenig wie andere Bestandteile des Curriculum wirkt der Lehrplan "von selbst", wenn er nur verständlich genug ist. Immer müssen Produkt und Prozeß verbunden werden. Wir müssen also genauer fragen, unter welchen Bedingungen der Lehrplan mit bestimmten "Betroffenen" zusammentreffen soll.

Auch hier sollten wir verschiedene Formen klarer als bisher unterscheiden, die bislang unter Stichworten wie schulnahe Curriculumentwicklung vermischt worden sind. Wir dürfen, wie gesagt, nicht davon ausgehen, daß Lehrpläne eingeführt und dann durchgeführt werden. Sie sollen vielmehr einen Prozeß einleiten, in dem sie notwendig in einen anderen Aggregatzustand überführt werden. Es ist also ein Transformationsprozeß, nicht einfach ein Transmissionsprozeß. Auch hier gilt: Arbeit <u>mit</u> dem Curriculum ist immer zugleich Arbeit <u>am</u> Curriculum. Trotzdem dürfen wir nicht schlicht Lehrerfortbildung und Curriculumentwicklung gleichsetzen.

Was heißt das im einzelnen?

Zur Einführung des Lehrplans gehört die Einführung in den Lehrplan - aber nicht einfach als erste Stufe der Durchführung. Gerade hier müssen die Adressatengruppen unterschieden werden. Wir dürfen auch auf Lehrplanebene das "hidden curriculum" der Betroffenen nicht einfach verteufeln, sondern müssen es zum Vorschein bringen und diskutierbar machen.

Eine erste Aufgabe ist also, Kommunikation über den Lehrplan zustande zu bringen, und zwar im Blick auf seine Steuerungs- und Legitimationsfunktion. Die verschiedenen Adressatengruppen müssen lernen, Lehrpläne zu lesen, müssen lernen, was das für eine Textsorte ist, damit sie nicht wie der Pawlowsche Hund auf einzelne Reizwörter reagieren. Sie müssen sich ihre eigenen Interessen am Lehrplan klarmachen und sie zu einem bestimmten Lehrplan in Beziehung setzen können. Und diese Interessen sind nun einmal bei Lehrern andere als bei Eltern- oder Wirtschaftsvertretern oder bei der Schulaufsicht. Nur in einer solchen Kommunikation bilden sich die Interpretationstraditionen heraus, ohne die der Lehrplan weder wirksam werden noch als gemeinsame Argumentationsbasis für verschiedene Verwender und Interessenten dienen kann. An solchen Veranstaltungen scheint es aber zu fehlen, obwohl wir Tagungen sonder Zahl über den Religionsunterricht haben.

Etwas anderes ist die Einleitung von Verarbeitungs- und Konkretisierungsprozessen, bei denen die Anregungs- und Ausbildungsfunktion der Lehrpläne gefragt ist. Auch hier ist es nicht getan mit Tagungen, auf denen ein Lehrplanausschnitt in Richtung auf Unterricht hin befragt wird, so nützlich sie auch sind.

Wir müssen nach allen Erfahrungen mit schulnaher Curriculumentwicklung zunächst fragen, ob wir die Kompetenz zur Entwicklung von Curriculummaterialien, von Gelenkstücken zwischen Lehrplan und Unterricht fördern wollen oder die Umsetzungskompetenz, die Fähigkeit zum kritischen und konstruktiven Umgang mit solchen Materialien. Deshalb unterscheidet etwa I. NILSHON auch für die "schulnahe" Arbeit zwischen produktorientierter Entwicklungsarbeit und curriculumbezogener Fortbildung (NILSHON 1981).

Bezogen auf den Lehrplan heißt das: Die Schulbeteiligten, insbesondere die Lehrer, brauchen Möglichkeiten, zu erproben, wie sie mit den verfügbaren zusätzlichen Materialien einen Unterricht machen können, der in der Spur des Lehrplans bleibt. In diesem Zusammenhang können sie lernen, ihre Unterrichtskonzepte, ihre subjektiven Unterrichtstheorien mit dem didaktischen Konzept des Lehrplans zu vermitteln und den Gesamtzusammenhang didaktischer Vorgaben zu rekonstruieren. Hier überwiegt die Ausbildungsfunktion des Lehrplans. Hier kommt es auch darauf an zu lernen, wo man sich entlasten lassen kann und wo nicht. Hier wird geprüft, welche Wege vom Lehrplan zum Unterricht gangbar sind. Für die produktorientierte Entwicklungsarbeit, an der die Lehrer ebenfalls beteiligt sind, kommt es hingegen darauf an zu prüfen, welche Steuerungsimpulse, welche Anregungen und Entlastungen durch zusätzliche Produkte vermittelt werden können und welcher Zusammenhang zwischen zentralen und dezentralen Curriculumentscheidungen, zwischen Lehrplan und Unterricht gesichert werden soll. Hier muß man sich der Verbindung von Steuerungs- und Anregunspotential zuwenden. Hier wird der Weg vom Lehrplan zum Unterricht geplant und gebahnt.

Aus dem hier skizzierten Verhältnis von Produkt und Prozeß folgt, daß wir nicht einfach Lehrplan-Implementation durch Fortbildung betreiben können, sondern unterschiedliche Verbindungen von Curriculumarbeit und Fortbildung pflegen, sie auch institutionell absichern müssen.

Ein letztes: Wenn Lehrpläne, wie vermittelt immer, Unterricht verbessern und erneuern sollen, dann muß umgekehrt auch Unterricht Lehrpläne nicht nur im Detail nachbessern, sondern Anstöße zu ihrer Erneuerung geben. Lehrpläne sind die Verständigungs-, die Argumentationsbasis der am Unterricht Beteiligten, der daran Interessierten, der für ihn Verantwortlichen. Sie sind nicht die Spitze einer Hierarchie von Handlungsanweisungen. Deshalb hat die Frage nach der Verbindlichkeit zwei Seiten: Wir dürfen nicht nur fragen, wieweit Lehrpläne verbindlich sein können und wie wir das technisch lösen. Die wichtigste Frage bleibt: Woran können wir uns guten Gewissens binden als an das uns alle Verbindende?

Anmerkungen:

1) Vgl. dazu die beiden Erfahrungsberichte von GABRIELE MILLER und WILHELM ALBRECHT in diesem Band.

2) Zu diesem Lehrplantyp gibt es eine reiche Kommentar-Literatur. Vgl. bes. K. WESTPHALEN, Praxisnahe Curriculumentwicklung, Donauwörth ^{6}1978; Staatsinstitut für Schulpädagogik (Hrsg.), Unterrichtsplanung durch Lernziele, Donauwörth 1980; ferner L. BITTLINGER, Elemente einer Theorie des Bildungsprozesses und der Curriculare Lehrplan, München 1978.

3) Sie ist erläutert in: Freie Hansestadt Bremen. Der Senator für Bildung, Zum Umgang mit den neuen Bremer Lehrplänen. Eine Handreichung, Bremen 1979.

4) Dieser Ansatz zu einer neuen Lehrplanstruktur hat für den Religionsunterricht seine erste Ausprägung gefunden in: Zielfelderplan für den katholischen Religionsunterricht der Schuljahre 5-10. Grundlegung, München 1973. Er ist weiterentwickelt worden im Zielfelderplan für den katholischen Religionsunterricht an der Grundschule, München 1977. Zu ähnlichen Versuchen für den Politikunterricht vgl. Der Kultusminister des Landes Nordrhein-Westfalen, Richtlinien für den Politik-Unterricht, Düsseldorf ^{2}1974; ferner R. SCHÖRKEN, Von der Curriculumtheorie zur Unterrichtspraxis, Opladen 1974, und W. HEITMEYER, Die Implementation eines politischen Reform-Curriculum, Frankfurt a.M. 1979.

5) Charakteristisch dafür sind die Stoßseufzer von O. SCHNURR, "Im Meer verdursten", A. TUNGENDHAT, "Mit den Inhalten des Religionsunterrichts alleingelas-

sen", und R. WAGNER, "Materialschwemme für den Religionsunterricht?" in der Rubrik "Erfahrungen", in: Katechetische Blätter 105 (1980) 46-55.

6) Ein Überblick über den Forschungsstand wird 1982 vorliegen in den Beiträgen zum Kapitel "Bestimmungsfaktoren curricularer Lernereignisse", in: U. HAMEYER - K. FREY - H. HAFT (Hrsg.), Compendium Curriculumforschung 1982 (in Vorbereitung).

7) In diesem Beitrag wird der mit dem Thema vorgegebene Terminus "Lehrplan" ganz wertneutral für den Curriculumbestandteil verwendet, der Rahmenentscheidungen enthält.

8) Vgl. zum Problem des Verhältnisses von Lehrplan, Schulbuch und Unterricht H. SCHÜLER, Curriculum-Entwicklung als konstruktive Schulbuchkritik. Diss. Fak. f. Pädagogik Universität Bielefeld 1981.

9) Man vergleiche etwa die aus dem sogenannten Marburger Grundschulprojekt hervorgegangenen Curriculumangebote; dazu W. KLAFKI 1981.

10) In den Beiträgen von G. LANGEMEYER, K.E. NIPKOW und E. SCHÜTZ werden gerade diese Probleme herausgearbeitet.

Literatur:

D.BERG, C.PETRY, J.RASCHERT, Curriculumentwicklung, Lehrerfortbildung, Schulberatung. Evaluationsbericht des Regionalen Pädagogischen Zentrums in Aurich. Stuttgart 1980.

P.BIEHL, Zur Anlage und Bedeutung von Rahmenrichtlinien für den Religionsunterricht. In: U.BECKER, F.JOHANNSEN (Hrsg.), Lehrplan kontrovers. Fachdidaktische Ansätze in der Religionspädagogik, Frankfurt 1979, 13-31.

G.BRINKMANN, Geschlossene oder offene Curricula - eine falsche Alternative. In: Die Deutsche Schule 66 (1974) 6, 388-400.

H.BRÜGELMANN, Offene Curricula. In: Zeitschrift für Pädagogik 18 (1972) 1, 95-118.

DERS.: Veränderung des Curriculum auf seinem Weg vom Autor zum Kind. Erfahrungen aus der Analyse und Erprobung von vier CIEL-Curricula. In: Zeitschrfit für Pädagogik 24 (1978) 4, 601-618.

DERS.: Die fünf Welten des Curriculum oder: Wer kontrolliert den heimlichen Lehrplan in der Lehrplanung? In: Neue Sammlung 20 (1980) 3, 284-288.

DEUTSCHER BILDUNGSRAT: Empfehlungen der Bildungskommission: Zur Förderung praxisnaher Curriculumentwicklung. Stuttgart 1974.

K.DIENER, K.FÜLLER, D.LEMKE u.a., Lernzieldiskussion und Unterrichtspraxis. Stuttgart 1978.

K.I.FLESSAU, G.B.REINERT, Planung und Durchführung von Unterricht anhand unterschiedlicher Lehrpläne. In: K.FREY (Hrsg.): Curriculum-Handbuch, München 1975, Bd. 2, 447-462.

U.HAMEYER, Bildungspläne kritisch befragt. In: Die Deutsche Schule 64 (1972) 10, 623-631.

T.HANISCH, H.L.MEYER, Bildungsreform und schulischer Alltag: Was leisten lernzielorientierte Richtlinien für die Unterrichtsvorbereitung des Lehrers? In: Jahrbuch für Erziehungswissenschaft 2 (1977/78), 68-102.

H.v.HENTIG, Vom Umgang mit Richtlinien. In: Neue Sammlung 6 (1966) 4, 425-433.

W.KLAFKI u.a., Schulnahe Curriculumentwicklung und Handlungsforschung - Forschungsbericht des Marburger Grundschulprojekts. Weinheim 1981.

D.KNAB, Lehrer und Lehrplan. In: Geschichte in Wissenschaft und Unterricht 20 (1969) 11, 791-801.

DIES., Der Lehrer im Reformprozeß. In: Philologenverband Nordrhein-Westfalen (Hrsg.): Lehrerberuf - Lehrer im Beruf. 28. Gemener Kongreß 30.9.-5.10.1976. Bottrop 1977, 173-186.

DIES., Curriculumreform zwischen theoretischem Anspruch und Realisierungsproblemen. Versuch einer Zwischenbilanz für die Bundesrepublik Deutschland. In: W.HÖRNER, D.WATERKAMP (Hrsg.), Curriculumentwicklung im internationalen Vergleich. Weinheim 1981, 177-217.

A.LAURENZE, F.O.RADTKE, Schulnahe Curriculumentwicklung - Was nun? Erfahrungen mit einer Innovationsstrategie. In: Die Deutsche Schule 72 (1980) 7/8, 416-427.

E.MARTIN, Richtlinien - autoritäres Relikt oder sinnvolle Orientierungshilfe? In: Die Deutsche Schule 73 (1981) 3, 153-157.

I.NILSHON, Lehrerfortbildung zwischen Produkt- und Adressatenorientierung. In: A.GARLICHS, D.KNAB, F.E.WEINERT (Hrsg.), CIEL II. Fallgeschichte eines Förderungs- und Forschungsprogramms zur institutionalisierten Elementarerziehung (erscheint 1982).

K.E.NIPKOW, Curriculumforschung und Religionsunterricht. In: Die Deutsche Schule 61 (1969) 12, 756-774.

H.J.OEHLSCHLÄGER, Zur Praxisrelevanz pädagogischer Literatur. Strukturen und Trends der Literaturrezeption praktizierender Lehrer. Stuttgart 1978.

D.POSCHARDT, Lehrer planen. Akte themengleicher Planung im Vergleich. In: Westermanns Pädagogische Beiträge 31 (1979) 11, 423-429.

S.B.ROBINSOHN, Bildungsreform als Revision des Curriculum und Ein Strukturkonzept für Curriculumentwicklung. Berlin ^{3}1971 (1. Aufl. 1967).

H.ROTH, Stimmen die deutschen Lehrpläne noch? In: Die Deutsche Schule 60 (1968) 69-76.

H.RUMPF, Sprachnebel. Über die Diktion, die den Unterricht reguliert. In: R.MESSNER, H.RUMPF (Hrsg.), Didaktische Impulse. Wien 1971, 69-78.

DERS., Zweifel am Monopol des zweckrationalen Unterrichtskonzepts. In: Neue Sammlung 11 (1971) 5, 393-411.

W.SACHS, C.T.SCHEILKE, Folgeprobleme geschlossener Curricula. In: Zeitschrift für Pädagogik 19 (1973) 3, 375-390.

B.SANTINI, Das Curriculum im Urteil der Lehrer. Weinheim 1971.

E.SCHAEFER-SCHMIDT, Von der Angst im Umgang mit Lehrplänen. In: Neue Sammlung 20 (1980) 3, 289-296.

Schule im Rechtsstaat, Bd. 1: Entwurf für ein Landesschulgesetz. Bericht der Kommission Schulrecht des Deutschen Juristentages. München 1981.

E.TOPITSCH, Zeitgenössische Bildungspläne in sprachkritischer Betrachtung. In: Schule und Erziehung, ihr Problem und ihr Auftrag in der industriellen Gesellschaft. Berlin 1960.

G.WARNKEN, Lehrpläne und Richtlinien in der Lehrerausbildung. In: Westermanns Pädagogische Beiträge 29 (1977) 3, 110-114.

Das Problem der Elementarisierung der Inhalte des Religionsunterrichts

Karl-Ernst Nipkow

Wenn auf einem Symposion über Curriculumkonstruktion und -revision die Frage nach der Elementarisierung aufgenommen wird, so ist dies verständlich, denn es schwingen bei jener Frage verschiedene berechtigte Erwartungen mit. Ob jedoch durch die Identifizierung von Elementaria die Curriculumkonstruktionsprobleme und die Revisionsprobleme gelöst werden können, muß bezweifelt werden. Eine relative Hilfe ist unbestreitbar. Worin könnte sie liegen? Wo sind die Grenzen?

1. Elementare Strukturen - Elementarisierung als strukturelle Vereinfachung und
   das ungelöste Problem der Stoffülle

Die Erwartungen richten sich erstens darauf, daß durch die Entdeckung des Elementaren "Komplexität reduziert" wird, und zwar auf beiden Seiten der didaktischen Vermittlungsproblematik, auf seiten der theologischen Fachdisziplinen und der gegenwärtigen Lebenswelt. Die meisten religionsdidaktischen Entwürfe gehen von dieser einfachen, zweipoligen Gegenüberstellung aus; sie suchen die Wissenschaftsorientierung und die Lebensorientierung des Religionsunterrichts in ein Verhältnis zueinander zu setzen, theologische "Repräsentanz" und "Lebensrelevanz" (G. BIEMER - A. BIESINGER 1976). In der Religionsdidaktik ist man sich weitgehend einig, daß nicht nur von einem Pol aus gedacht werden darf. Religionsunterrichtliche Themen und Ziele sind "nicht auf dem Wege einer linearen Elementarisierung der Theologie" zu bestimmen, vielmehr muß im Sinne des Prinzips "dialogischer Übersetzung" die "Eigenbedeutung der vor- oder besser: außerwissenschaftlichen Lebens- und Erfahrungswelt der Heranwachsenden (und auch der Erwachsenen)" berücksichtigt werden (E. SCHÜTZ 1981). Umgekehrt soll die systematische Entfaltung der Inhalte der theologischen Einzeldisziplinen und des in ihnen sich spiegelnden "Anspruchs" christlicher Religion verhindern, "daß die Unterrichtsinhalte des Faches primär nach Kriterien der Brauchbarkeit aus der Situation der Gesellschaft und des einzelnen bestimmt werden. Die Gefahr der situativen oder individualistischen Verkürzung ist für die Inhalte des Religionsunterrichts besonders fatal" (G. BIEMER - A. BIESINGER, 28). Ein jüngerer eigener Versuch zur Elementarisierung stellt zunächst ebenfalls diese beiden Seiten einander gegenüber, um sie miteinander zu verbinden: den "fachwissenschaftlichen Ansatz" als Frage nach "elementaren Strukturen" innerhalb der Theologie und den "anthropologischen Ansatz" als Frage nach "elementaren Erfahrungen" der Menschen heute (1979, 36ff., 45).

Man muß nicht einmal unbedingt den Begriff des Elementaren selbst als Leitbegriff gebrauchen, um zu erkennen, daß in den beispielhaft herausgegriffenen Veröffentlichungen das Interesse an "Komplexitätsreduktion" eine große Rolle spielt, verstanden als Interesse an "Vereinfachung", an der Freilegung "einfache(r) Grundmuster", die "das Wesentliche vom Unwesentlichen zu unterscheiden" gestatten (K.E. NIPKOW 1979, 36) bzw. als Interesse an "Reduktivformeln" oder "Kurzformeln des Christentums", an "allgemeinen Strukturelementen" von Theologie, an ihren "zentralen Begriffen/Inhalten" (G. BIEMER - A. BIESINGER 28, 32f.) - ein Interesse, das so weit geht, schließlich für die gesamte Theologie eine zusammenfassende "Reduktivformel" (Singular) (bei G. BIEMER und A. BIESINGER der "Anspruch Jesu") und ebenfalls je eine "Kurzformel" (Singular) für jedes einzelne theologische Fach zu ermitteln (34ff.).

Ein analoges Interesse ist auch den parallelen Versuchen abzuspüren, auf der Seite der gegenwärtigen Lebenswirklichkeit Durchblicke zu gewinnen, Schneisen zu schlagen, nicht nur elementare Kategorien der Theologie, sondern auch solche der Anthropologie zu identifizieren. Seit der Existentialhermeneutik RUDOLF BULTMANNs und seiner Schule (im Anschluß an HEIDEGGERs existentialer Daseinsanalyse) läßt auch die Religionspädagogen das Fragen danach nicht los, nach "existentiellen Grunderfahrungen" des Menschen (im hermeneutisch-orientierten Bibelunterricht), nach "zentralen Betroffenheiten" besonders in gesellschaftlichen Konflikterfahrungen (im thematisch-problemorientierten Religionsunterricht), nach einfachen "allgemein menschlichen Erfahrungen" (I. BALDERMANN) und nach "Grundbefindlichkeiten menschlichen Daseins" bzw. sog. "Koexistentialen" (G. BIEMER - A. BIESINGER im Anschluß an EUGEN FINK und EGON SCHÜTZ).

Ein Motiv für die starke Anziehungskraft aller dieser Versuche scheint die in den Begriffen Vereinfachung und Reduktion unverblümt sich zu erkennen gebende Erwartung nach kognitiver Entlastung zu sein. Sie steht wahrscheinlich im Zusammenhang mit der wachsenden Unüberschaubarkeit, Undurchsichtigkeit und Kompliziertheit unserer Lebensverhältnisse überhaupt. In diese Entwicklung ist die Wissenschaft, seitdem sie und indem sie im Laufe der Neuzeit ihre religiöse Bindung und später ihre idealistisch versuchte innere Einheit verloren hat, mit hineingerissen worden. Ja, sie hat diese Entwicklung selbst mit hervorgebracht, denn die Arbeitsteilung im ökonomisch-technologischen Bereich und die Spezialisierung im wissenschaftlichen sind als zwei Seiten eines Vorgangs zu begreifen. Die Ausdifferenzierung betrifft immer beides, die gesellschaftlichen Lebens- und Handlungsfelder und die Entwicklung mehr oder weniger wissenschaftsgeleiteter instrumenteller Erschließungsvorgänge zur Bewältigung der Aufgaben in diesen Lebens- und Handlungsfeldern. Eine Auflistung von R. ZERFASS (in: G. BIEMER - A. BIESINGER, 96) zu fünf Handlungsfeldern der Praktischen Theologie als Antwort auf die Frage nach den unverzichtbaren Inhalten der Praktischen Theologie gliedert sich in insgesamt 24 besondere Praxisbereiche unter, von denen viele bereits eine eigene praktisch-theologische wissenschaftliche Teildisziplin bilden oder unschwer in der Zukunft bilden könnten (96ff.). Auch die moderne theologische Forschung in den anderen theologischen Teildisziplinen ist heute in höchstem Maße ausdifferenziert. Was kann in dieser Lage, falls nicht das Gefühl ohnmächtiger Hilflosigkeit überhandnehmen und die kognitive Verunsicherung angesichts dieser Komplexität ins Unerträgliche wachsen sollen, Elementarisierung als Vereinfachung bedeuten und leisten?

Wenn wir sprachlich sorgfältig vorgehen, meint der Begriff "Vereinfachung" zunächst lediglich, daß verkomplizierende Nebenaspekte weggelassen, eine Überfülle von einzelnen Daten reduziert, ein schwieriger, aus verschiedenen, miteinander verschränkten Teilzusammenhängen bestehender Gesamtzusammenhang auf seine einfachen Linien zurückgeführt und dadurch ein Gegenstandsbereich insgesamt schneller dem Verständnis zugänglich wird, ohne daß die konstitutiven Elemente des Bereichs verkürzt oder gar weggelassen werden, wodurch das Ganze verzerrt würde - Vereinfachung meint ja nicht schlechte Simplifizierung. Die Elementaria sind bei diesem Verständnis die konstitutiven Grundbestandteile, gleichsam die Bauelemente, die ein Gebilde konstituieren und als solches allererst kenntlich machen. Diese Elemente sind damit zugleich charakteristische Grundelemente (vgl. die eine der beiden tragenden Wortbedeutungen des lat. Wortes "elementum", nämlich "Grundstoff bzw. Grundbestandteil").

Ich habe versucht, an alt- und neutestamentlichen Sachverhalten solche Formen des Elementaren - elementare "Handlungsstrukturen" (z. B. Lob, Klage, Dank, Bitte), elementare "Strukturen des Selbstverständnisses" (z. B. im Selbstverständnis der Propheten) und ihre entsprechenden "Sprach- und Überlieferungsstrukturen" - zu skizzieren (1979, 37ff.). Da "Erziehung und Unterricht als Erschließung von Sinn" verstanden werden sollte (K.E. NIPKOW 1977), sind die diesen Elementen innewohnenden "Bedeutungen" und die in einem Text zu identifizierenden "Bedeutungsschichten" didaktisch besonders wichtig, denn sie erschließen menschliche "Erfahrungen", die der wissenschaftlich bearbeiteten Tradition zugrunde liegen (für Beispiel vgl. K.E. NIPKOW 1979, 41f.).

Wenn man das Problem der Elementarisierung als Problem der Vereinfachung in diesem Sinne auffaßt, als Suche nach elementaren Bedeutungsstrukturen, verstanden als konstitutive und charakteristische Grundelemente, wäre schon eine Menge zu gewinnen. Exegeten und Kirchenhistoriker, Dogmatiker und Praktische Theologen, die die hohe Kunst der Vereinfachung in Richtung auf die konstitutiven und charakteristischen Elemente und elementaren Zusammenhänge eines Gegenstandsfeldes verstehen, sind für den Lehrer eine große Hilfe.

Ein solches Programm der Elementarisierung sagt jedoch noch nichts darüber aus, ob denn hierdurch das Gesamtfeld jeder theologischen Einzeldisziplin als solches quantitativ reduziert werden soll. Das oben umschriebene Programm läßt sich zwar auf jedes Thema der Religionsgeschichte, des Alten Testaments und des Neuen Testaments, der Kirchengeschichte und der Dogmatik usw. anwenden und führt dann - hoffentlich - bei jedem einzelnen Thema zu einer besseren Zugänglichkeit, auch zu einer Stoffreduzierung und Straffung, aber es formuliert noch keine Auswahl-, Selektions- bzw. Ausschließungsregeln, die bestimmte Themen als solche betreffen können. Vereinfachen läßt sich alles und jedes, aber es bleibt eben dann dabei im übrigen bei allem und jedem.

2. Elementare Grundlagen - Elementarisierung als wertende Auswahl und das ungelöste Problem theologischer Prioritäten

Wenn nun die Elementarisierungsfrage einen Beitrag zur Curriculumkonstruktion und -revision leisten soll, ist der fachwissenschaftliche Elementarisierungsansatz in der obigen Fassung zunächst noch unbrauchbar. Vereinfachung schließt zwar Reduktionen innerhalb eines Themas im Vollzug der elementarisierenden Aufschlüsselung in sich, meint aber nicht Reduktion ganzer Themen selbst. Da es bei der Curriculumkonstruktion um Auswahl von Inhalten gehen muß, und zwar um begründete Auswahl, müßte auch das Programm der Elementarisierung weiter ausgreifend verstanden und dementsprechend eingesetzt werden, um für die curricularen Auswahlaufgaben hilfreich zu sein. G. BIEMER und A. BIESINGER gehen darum auch in ihrem interessanten Curriculumverfahren weiter.

Zur Erhebung der "Struktur der Disziplin(en)" wurden theologischen Fachvertretern, die an dem Projekt mitgearbeitet haben, denn auch andere Fragen gestellt (34f.). Gegenüber einer Elementarisierung als bloß immanenter Vereinfachung, die das Prinzip der Vollständigkeit noch nicht antastet, wurden die theologischen Fachvertreter aufgefordert, die "unverzichtbaren Inhalte der Fachdisziplinen" zu nennen, ferner "zentrale Inhalte" zu umschreiben und bei der Ableitung der übrigen Inhalte aus diesen zentralen Inhalten "Prioritäten" zu setzen. Dem entspricht die Aufforderung, die vorgelegte Reduktivformel "Sinn - Liebe - Hoffnung", als begriffliche Zusammenfassung des "Anspruchs Jesu", daraufhin zu beurteilen, ob sie "eine treffende Zusammenfassung der Essenz des Christlichen der Theologie" sei (34) (Hervorhebung durch Vf.).

In einer nichtveröffentlichten früheren Studie zum Elementarisierungsproblem habe ich selbst ebenfalls diesen Aspekt der Ermittlung der Bedeutungsmitte des christlichen Glaubens bzw. des Christlichen der Theologie als eine Seite des Elementarisierungsproblems aufgefaßt (1976) und mir neben Elementarisierung als Problem der Vereinfachung auch einiges von der Elementarisierung zur Lösung des Auswahl- und Propriumproblems versprochen. In der Veröffentlichung von 1979 habe ich diese Seite dagegen nicht thematisiert, nicht weil das Curriculumkonstruktionsproblem als Problem begründeter Auswahl nicht wichtig sei. Im Gegenteil. Aber ich weiß nicht, ob dies Problem hinreichend durch Elementarisierung gelöst werden kann.

Wer unverzichtbare Inhalte benennen, Prioritäten ermitteln, zentrale Inhalte aus der Bedeutungsmitte des christlichen Glaubens angeben und schließlich zu einer letzten Bündelung im Sinne der "Essenz des Christlichen" Stellung nehmen soll, wird zu einer anderen Aufgabe aufgefordert als zu einer bloßen Strukturanalyse seines wissenschaftlichen Gegenstandsbereiches, auch wenn diese Aufgabe unter "Struktur(en) der Disziplin" firmiert wird. Er soll nun über die elementaren konstitutiven und charakteristischen Strukturen hinaus den Mut zur Auswahl, Reduktion und Konzentration haben. Die Antworten hierauf aber sind nicht einfach aus den Gegenständen der theologischen Einzeldisziplinen abzulesen, als brauche man nur hinzuschauen und schon werde dies deutlich. Elementarisierung als Auswahl, wenn sie nicht bloß quantitative Reduktion, sondern Konzentration auf das "Unverzichtbare" und "Zentrale" sein soll, berührt die gläubige Lebenssicht des jeweiligen Theologen, das von seiner persönlichen theologischen Existenz mitgeprägte Gefälle seiner theologischen Argumentation innerhalb seiner Disziplin, die Selektion seiner Aufmerksamkeit, die er den Gegenständen unterschiedlich zuwendet, schließlich die wesentliche Ausformung des Gesamtbildes, das er sich so oder so vom Alten oder Neuen Testament, von der Kirchengeschichte oder den dogmatischen Essentials und vom christlichen Glauben im ganzen macht.

Wenn man an die Landschaft der gegenwärtigen protestantischen Theologie denkt, wird man vermuten dürfen, daß die Antworten auf die obigen Anfragen unterschiedlich ausfallen werden. Nur ein Beispiel:

In Tübingen bemühen sich vor allem PETER STUHLMACHER und HARTMUT GESE um genau diese äußerst schwierige Aufgabe, innerhalb der exegetischen Disziplinen die "Mitte der Schrift" zu identifizieren und im Sinne einer neuen "biblischen Theologie" das Alte und das Neue Testament als Traditions- und Offenbarungszusammenhang zu begreifen. Unter starker Einbeziehung der vorausweisenden alttestamentlichen Traditionen wird der Versuch unternommen, alle neutestamentlichen Schriften als Facetten einer alles integrierenden einheitlichen Botschaft zu interpretieren, der Botschaft von der Versöhnung in Christus, dem messianischen Menschensohn, der im Sinne von Mk 10, 45 seine Sendung dadurch krönt, daß er sein Leben zum "Lösegeld für die Vielen" dahingibt, um seine Jünger "durch seine stellvertretende Lebenshingabe definitiv in die Gemeinschaft mit Gott einzustiften" (P. STUHLMACHER 1979,

230; s. auch P. STUHLMACHER in: P. STUHLMACHER - H. CLASS 1979). HARTMUT GESE hat hierbei gezeigt, "daß für das Alte Testament die 'heiligende Sühne alles andere als nur ein negativer Vorgang einfacher Sündenbeseitigung oder bloßer Buße (ist). Es ist ein Zu-Gott-Kommen durch das Todesgericht hindurch (Zur biblischen Theologie, 104)'" (ebd.). Das aber heißt: "Die vom Osterevangelium ausgerufene Versöhnung Gottes mit den Menschen ist kein spätneutestamentliches Theologumenon, sondern die geschichtliche Substanz dieses Evangeliums. Sie ist die Quintessenz des Werkes Jesu" (ebd. im Text kursiv). Ich kann nur andeuten, welche Bedeutung von hier aus die Passionserzählung als Teil der urchristlichen Versöhnungsbotschaft erhält, wie "zentral" der Gedanke des "Sühnopfers" wird. "Die Wirkung des Todes Jesu aber ist nach Mk 15, 38 par. die, daß der Vorhang vor dem Allerheiligsten im Tempelinnern zerreißt, von oben an bis unten. Damit wird erzählerisch entfaltet, was Paulus in Röm 5, 1ff. (und Hebr 9, 11ff., 24ff.) in theologischer Begriffssprache aussagt: Kraft der Lebenshingabe Jesu gewinnen die Menschen, für die Jesus gestorben ist, ein für allemal den 'Zugang zu Gott'. Eines Sühnopfers bedürfen sie hinfort nicht mehr. Sie sind durch das Lebensopfer Jesu ein für allemal für Gott und vor Gott 'geheiligt'" (P. STUHLMACHER, 232). Von der Identifizierung dieser Mitte her fällt es STUHLMACHER nicht schwer, sämtliche neutestamentlichen Traditionen auf diese Mitte hin konzentrierend auszulegen. Elementarisierung als Reduktion und Konzentration wird zur Bestimmung des "Fundamentalen", des für den christlichen Glauben schlechthin Grundlegenden, seiner "Grundlagen". Mit Hilfe des Begriffs des "Fundamentalen" oder der "elementaren Grundlagen" könnte man diese elementarisierende Fragerichtung positiv und substantiell umschreiben.

Eben dies Fundamentale wird jedoch in den theologischen Entwürfen anderer Theologen, etwa RUDOLF BULTMANNs und seiner Schüler im engeren Sinne, anders gefaßt. Entsprechend sind die Tübinger Deutungen umstritten. Von der Bewertung des Alten Testaments über die Streitfrage der Deutung der Gestalt Jesu und seines Selbstverständnisses wie überhaupt der Einschätzung des Stellenwerts der historischen Jesusüberlieferung insgesamt bis zur Interpretation des Ostergeschehens als Kerygma vom Osterglauben (nicht als Glaube an ein historisches Ereignis) und bis zur theologischen Prioritätensetzung mit Bezug auf die zurücktretenden Lehren über Schöpfung und Geschichte, Sozialethik und Eschatologie wird ein deutlich anderer Schwerpunkt als "unverzichtbarer" Kern gesetzt, der ebenso ernsthaft zu bedenken ist. BULTMANN will den Osterglauben allen menschlichen Absicherungsversuchen entziehen; die Auferstehung Jesu Christi ist weder historisch beweisbar, noch darf christlicher Glaube mit dem Glauben an Mythologie verwechselt werden.

Mit dem Ruf nach Kurzformeln oder Reduktivformeln, nach den unverzichtbaren oder zentralen theologischen Inhalten soll, wie es scheint, ein allgemeines Dilemma bewältigt werden, für das die curriculare Konstruktions- und Auswahlproblematik nur ein Schauplatz ist neben anderen, auf denen dies Dilemma auftauchen könnte: das Dilemma des innerkirchlichen und innertheologischen Pluralismus. Wenn die theologischen Fachvertreter dieses Dilemma (mit)lösen sollen, muß man wissen, was man tut, nämlich was man ihnen aufbürdet und was man erwarten muß.

Zu erwarten ist auf der einen Seite - und nun darf ich wieder katholische Antwortversuche heranziehen -, daß schon, rein quantitativ gesehen, auch unter der Rubrik der "unverzichtbaren" Inhalte fast alle Gegenstände der Einzeldisziplinen wiederkehren, mit nur geringfügigen Abstrichen. Ich nenne diesen Lösungsweg den "tendenziell objektiv-enzyklopädischen".

Die Darstellung von PETER FIEDLER über die unverzichtbaren Inhalte der biblischen Theologie des Alten und Neuen Testaments (in G. BIEMER - A. BIESINGER, 42ff.) ist eine überaus dichte, verständliche, sachgerechte, aber eben auch gewollt-ungewollt nahezu vollständige Nennung aller Schriften und Themen des Alten und Neuen Testaments (einschließlich Jona und Chronik, Sirach und spätjüdischer Apokalyptik im Alten Testament und einschließlich der Theologie der Pastoralbriefe und der Apokalyptik im Neuen Testament). Was könnte gestrichen werden, fragt sich FIEDLER. Vielleicht das, was das "religiöse Leben" im Judentum und in der Urchristenheit betrifft; aber dann wird es doch beibehalten, weil die biblischen Inhalte dadurch "eben sehr viel Lebensfrische" erhalten (53). - In der Darstellung von K. SUSO FRANK über die unverzichtbaren Inhalte der Kirchengeschichte ist es ähnlich. Die Aufzählung von 5 Handlungsfeldern und 24 besonderen Teilbereichen der Praktischen Theologie durch ROLF ZERFASS ist schon erwähnt worden.

Dieser Weg will mit Recht einem billigen Reduktionismus wehren; er bewahrt das wissenschaftliche Ethos des wissenschaftlichen Theologen, dem so schnell keiner seiner Gegenstände nebensächlich werden darf; er entbindet jedoch auch zugleich mit der möglichst vollständigen Aufzählung fast aller Stoffe, wiewohl diese am Faden eines zusammenführenden Gedankenganges aufgeführt werden, von der Antwort auf die Frage nach den eigenen glaubensgebundenen theologischen Prioritäten.

Nahegelegt wird dieser Ausweg dann, wenn man sich bei den angefragten "Kurzformeln" für die einzelnen theologischen Disziplinen und für die christliche Theologie im ganzen mit hochgeneralisierten, relativ formal bleibenden Formeln begnügt. Kurzformel der biblischen Theologie ist nach FIEDLER: "'Auslegung der christlichen Glaubensurkunden'. Das besagt: Die historisch-kritische Exegese der Schriften des Alten und Neuen Testaments versucht die Auslegung der authentischen Glaubenszeugnisse auf das Dasein des heutigen Menschen hin" (49). Die von G. BIEMER und A. BIESINGER vorgeschlagene Reduktivformel für das Ganze kann ebenfalls im Kern auf weite Zustimmung hoffen, weil sie schon mit der Ausgangs- und Leitkategorie des "Sinns" die theologischen Traditionsinhalte anthropologisch-funktional auf den Menschen bezieht (ähnlich dann auch mit den Kategorien der "Liebe" und der "Hoffnung"). Abgehoben wird auf das, was menschlich bewirkt wird: "Die durch Jesus bezeugte Gottesnähe (als Anspruch Jesu) wirkt emanzipativ, insofern sie den Menschen freisetzt zu sich selbst und zu seinem letzten (unverfügbaren, vorgegebenen) Sinn" (26). In dieser Allgemeinheit können wahrscheinlich verschiedene exegetische und dogmatische theologische Schulrichtungen zustimmen. FIEDLER bestätigt darum die relativ formale letzte Formel mit einem ebenso relativ formalen Argument: "Die vorgeschlagene Reduktiv-Formel läßt sich von der Schrift her bestätigen: Der Sinn des Daseins kann bekanntlich nur geglaubt werden. Christlichem Leben wird 'Sinn' durch den Glauben, d.h. durch die Verkündigung der Kirche, die auf der biblischen Botschaft gründet, angeboten (vgl. Röm 10, 14: Glaube aus der Verkündigung)" (53).

Den anderen Weg, auf dem theologische Fachvertreter das curriculare Auswahlproblem mitverantworten können, möchte ich den "tendenziell subjektiv-positionellen" nennen (wie immer die eigene Position mit der Lehre der Amtskirche vermittelt sein mag).

HELMUT RIEDLINGERs Entwurf der Umschreibung der "unverzichtbaren Inhalte" der "Dogmatik" kann sich um drei Formeln versammeln: "Das 'Reich Gottes' als Inhalt der Glaubenshoffnung, 'Jesus Christus' als Inhalt der Glaubenserkenntnis, die 'Gemeinschaft des Geistes' als Inhalt des Glaubensvollzugs" (76): keine Überfülle von Stoffen, sondern theologisch integrierende Leit- bzw. Bildgedanken. RIEDLINGER versucht, die gesamte Dogmatik trialogisch-trinitarisch neu zu strukturieren.

"Tendenziell subjektiv-positionell" sind diese Entwürfe, weil sie deutlich theologische Akzentuierungen erkennen lassen, die bei einer näheren Entfaltung noch stärker hervortreten würden. An die Stelle aufgezählter Gegenstandsbeschreibungen in Verbindung mit formalen Zusammenfassungen treten inhaltliche, aber damit voneinander abweichende Deutungen. Wie unterschiedlich werden in der ökumenischen Christenheit heute das 'Reich Gottes' und die Bedeutung 'Jesu Christi' interpretiert, auch im katholischen Bereich, um an das Spektrum zwischen lateinamerikanischer Befreiungstheologie und traditionalistischen Strömungen zu erinnern.

Es fragt sich daher, ob nicht die Elementarisierungsaufgabe überfordert ist, wenn sie auch das Auswahl- und das darin eingeschlossene Propriumsproblem lösen soll. Oder aber, wenn man denn diese Herausforderung nicht scheut, muß folgendes erwartet werden: Wenn unter Elementarisierung auch die Identifizierung der elementaren Grundlagen als die für den christlichen Glauben unverzichtbaren und grundlegenden (fundamentalen) Elemente verstanden werden soll, ist einmal zu erwarten, daß fast alles zum Elementaren erklärt wird und die Stoffülle wiederkehrt. Parallel dazu könnten die substantiellen innerkirchlichen oder innertheologischen Streitfragen dadurch entschärft werden, daß die dogmatischen Kurzformeln, die als die letzten wegweisenden theologischen Normen dienen sollen, einen hochgeneralisierten formalen Charakter annehmen. In diesem Falle wird das Auswahl- und Propriumsproblem als Problem theologischer Wertung, genauer besehen, von den Theologen umgangen und auf die Unterrichtspraxis verschoben; spätestens hier bricht in der Einzelauslegung auf, was "Auslegung der authentischen Glaubenszeugnisse auf das Dasein des heutigen Menschen hin" (s.o.) alles bedeuten könnte. Oder es ist zum anderen zu erwarten, daß auf die Frage nach dem Elementaren als dem Fundamentalen und Allgemeingültigen mit im Grunde besonderen positionellen Deutungen geantwortet wird. Das Letzte wird sich wahrscheinlich im Protestantismus noch schärfer zeigen. In diesem Falle liegen inhaltliche Auswahlkriterien vor, aber sie sind untereinander kontrovers.

Nun ist aber das Problem der Auswahl und Prioritätenbestimmung wie überhaupt letztlich das "Propriumsproblem" - die Frage also, worin denn heute die Identität überzeugender christlicher Verkündigung und christlicher Existenz zu sehen sei - unabweisbar auf dem Tisch. Wie soll sie beantwortet werden? Diese Frage ist zunächst in die andere umzuformulieren: <u>Wer</u> soll sie beantworten? Nach dem Aufriß unseres Gedankenganges bisher war es selbstverständlich, daß es die religionspädagogischen Theoretiker mit starker Hilfe der theologischen Fachvertreter tun sollen. Curriculumtheorie ist Theorie der Planung des Unterrichts, nicht Theorie des Unterrichts selbst. Die Verlagerung der Auswahl der Inhalte, ihrer Begründung und Legitimation und ihrer didaktischen Aufschlüsselung im Schnittpunkt einer didaktischen Strukturmatrix in die Curriculumkonstruktion bedeutet daher, daß der Unterricht selbst von dieser Aufgabe entlastet wird. Man kann aber auch sagen: Lehrer (und Schüler) werden an dieser Aufschlüsselung kaum noch beteiligt und ausgeschlossen. Die Curriculumkonstrukteure und -planer wollen heute in der Regel bewußt den unterrichtlichen Dialog vor der Gefahr der "Beliebigkeit", ja "mitunter auch Willkür in der Veränderung der bisherigen Inhalte" bewahren (G. BIEMER - A. BIESINGER, 9). Die uns bekannte neue Generation systematischer Lehrpläne und Lehrplanwerke spiegelt diese curriculumpolitische Entscheidung. Sie ist auf der einen Seite berechtigt. In dem Buch von G. BIEMER und A. BIESINGER wird außerdem Wert darauf gelegt, Merkmale der sog. "offenen" Curriculumentwicklung festzuhalten, nämlich mit der Vorwegplanung nicht zu sehr ins Detail zu gehen, Raum für die Aufnahme aktueller Themen zu belassen und insgesamt die didaktischen Strukturgitter unter ihrer orientierenden Funktion zu sehen, nicht als Vorgaben unausweichlicher Interpretations-, Denk- und Urteilszwänge. Diese Orientierungen sind andererseits aber auch wieder verbindlich; denn es soll jede "andere Auslegung" nur dann akzeptiert werden, wenn sie "im Schnittfeld der vorgegebenen Zentralbegriffe und Koexistentialien" bleibt (110).

Worauf will die Vergegenwärtigung dieses Problems hinaus? Sofern das Auswahlproblem zumindest auch ein Problem des innertheologischen und innerkirchlichen Pluralismus ist, trotz der Ausgleichsversuche der Amtskirche, und das Ringen darüber spiegelt, wie weit durch neue Interpretationen die Kirche auf die moderne Situation reagieren soll, ist einerseits die orientierende Hilfe durch die theologischen Fachvertreter und damit die wissenschaftliche Theologie in Kirche, Gesellschaft und Schule unbedingt nötig, um den theologischen Streit unter den klaren und reflektierten Verfahrensweisen der Theologie zu führen. Aber sobald dieselbe theologische Wissenschaft über die historischen, philologischen, hermeneutischen, empirisch-analytischen, ideologiekritischen Verfahrensweisen hinaus theologisch Stellung beziehen soll, hat sie an dem Streit, den sie mitlösen soll, selbst teil und bringt ihn selbst mit hervor. Daraus aber folgt, daß der Raum für die Austragung dieser Fragen umfassender sein und Wissenschaftler und Laien, Theoretiker und Praktiker, Theologie und Kirche, christliche Gruppen und Ortsgemeinden, nicht zuletzt Lehrer und Schüler einschließen muß. Das Interpretieren der Glaubensüberlieferung im Verhältnis zur gegenwärtigen Lebenswirklichkeit kann nicht nur <u>für die</u> Betroffenen, sondern muß auch <u>von ihnen</u> im Lebensraum des Unterrichts selbst vorgenommen werden dürfen.

Zusammenfassend sei der notwendig bleibende Anteil an der curricularen Planung von seiten der Curriculumkonstrukteure keineswegs bestritten. Er bestünde darin, mit der Identifizierung unverzichtbarer Inhalte, zentraler Begriffe, theologischer Kurzformeln durchaus fortzufahren, aber sich hierbei der aufgeworfenen Probleme bewußt zu bleiben, d.h. zum Beispiel, die bei dem "tendenziell objektiv-enzyklopädischen" Weg eher verdeckten, bei dem "tendenziell subjektiv-positionellen" Weg eher an die Oberfläche tretenden theologischen Kontroversen nicht zu überspielen, ferner theologische Werturteilsfragen nicht als vermeintlich wertneutrale Fragen einer scheinbar objektiv möglichen Erhebung der "Strukturen der Disziplinen" auszugeben - schon die Wahl der grundlegenden Methoden hat inhaltliche Folgen -, schließlich in den Begründungsabschnitten zu Lehrplanentscheidungen die eingenommenen theologischen Positionen für den Lehrer kenntlich zu machen, d.h. sie als solche zu "erwähnen", nicht nur zu "gebrauchen" und sie anderen argumentativ gegenüberzustellen. Außerdem wäre zu überlegen, wie die theologischen Gegensätze (z.B. in exegetischen oder moraltheologischen Fragen) in einer geschichtlich dynamischen Zeit nicht nur in den Begründungsabschnitten der Curricula kategorial miterfaßt werden können, sondern wie bei den Themen des Lehrplans und den im einzelnen auszuarbeitenden curricularen Planungsvorgaben alternative theologische Auslegungsrichtungen in das Lehrplanwerk selbst, d.h. in die jeweiligen Unterrichtseinheiten, mit aufgenommen werden könnten, als Orientierungsmarken für unterrichtliche Optionen, damit für die Hermeneutik des Glaubens und die Hermeneutik des Lebens als einer gemeinsamen Aufgabe von Schülern und Lehrer Raum bleibt.

Dies wird um so dringlicher, je mehr sich auch in Europa eine multikulturelle und multireligiöse Lage heranbildet und unter dem Signum der Moderne der Wettstreit der Religionen ein Wettbewerb gleichgewichtiger Herausforderungen wird. Die neuen religiösen Bewegungen sind bereits für viele attraktiver als die christlichen Großkirchen und geben zu denken (K.E. NIPKOW 1980b). Das Christentum steht heute in einer schonungslos offenen Situation, und der "Zwang zur Häresie", der "häretische Imperativ" - die Religionen als Gegenstand subjektiver Wahl - wird allgemein (P.L. BERGER 1980; s.auch P.M. ZULEHNER 1974).

3. Elementare Erfahrungen - Elementarisierung als lebensbedeutsame Erschließung und das ungelöste Problem der curricularen Ermöglichung von Erfahrung

Der Ruf nach dem Elementaren drückt heute noch ein Drittes aus, nicht nur die Sehnsucht nach dem Einfachen und Überschaubaren und auch nicht nur das brennende Interesse nach Klarheit über die unverzichtbaren theologischen Inhalte, Grundlagen und Kriterien, sondern auch das Verlangen nach <u>elementaren Erfahrungen</u>. Unterricht soll die Schüler elementar angehen. Gemeint sind die Erfahrungen, von denen wir sagen, sie hätten 'auf uns elementar gewirkt', einen 'elementaren Eindruck gemacht' und uns 'mit elementarer Kraft getroffen'. Die Erwartungen an den Religionsunterricht in dieser Hinsicht sind alt und im Grunde immer wieder ähnliche. Die erhofften Erfahrungen sollen solche sein, die den ganzen Menschen und seine Mitte, sein Herz treffen, die Denken, Fühlen und Handeln zusammen in eine neue Richtung bewegen, die existentiell sind.

MARTIN LUTHER erwartet in der Vorrede zur Deutschen Messe von 1526, daß "alles in die Herzen getrieben" werden möge (WA 19;78,24). AUGUST HERMANN FRANCKE stellt der trockenen "historischen Wissenschaft und äußerlichen Erlernung des Catechismi" "eine herzliche Erkenntnis und tätliches Christentum" gegenüber (Kurzer und einfältiger Unterricht..., 1702, in: H.LORENZEN 1957, 20). Für liberale Religionspädagogen wird in der Nachfolge Schleiermachers und unter dem Einfluß der Erlebnispädagogik Anfang unseres Jahrhunderts das "religiöse Erlebnis" wichtig (R. KABISCH 1910). Auch die Katechetik unter dem Einfluß der Wort-Gottes-Theologie erhofft mit ihrem Konzept der "Evangelischen Unterweisung", daß der junge Mensch im "Hören" des "Wortes" "getroffen" wird und sich in die "Entscheidung" gedrängt sieht (G.BOHNE 1929 u.a.). Die "existentiale" Auslegung im Rahmen des sog. hermeneutischen, "interpretierenden" Religionsunterrichts zielt auf ein "Verstehen", das "Lehrer wie Schüler existentiell einspannen" soll (G.OTTO 1961, 70): Die Kenntnis der Sprachformen "hilft die Aussage <u>unmittelbar</u> erfahren" (G.OTTO 1964, 171), und "durch die Beschäftigung mit alten Texten hindurch geht es um gegenwärtige Anrede" (1964, 173). Schließlich sind die Bemühungen bekannt, die sog. kognitiven Lernziele im Zeichen der "Ganzheitsfunktion" des Religionsunterrichts durch sog. "affektive Ziele" zu ergänzen (G.STACHEL 1971).

Trotz dieser Versuche scheinen die Kirchen, scheinen wir alle, aufs Ganze unserer volkskirchlichen institutionalisierten und konventionellen Religiosität gesehen, den Schlüssel zu lebensrelevanter religiöser Erfahrung verloren zu haben. Auch unter diesem Gesichtspunkt ist es eine Herausforderung, daß bei nicht wenigen Jugendlichen die religiösen Bedürfnisse nach Zukunft, nach Verbindlichkeit und nach Sinn auf einen Weg in religiöse Bewegungen und Gruppierungen außerhalb der etablierten Amtskirche führen (M. SCHIBILSKY 1978, 96f., 93; K.E. NIPKOW 1980b). Aber ist dies Defizit überhaupt durch curriculare Technologie behebbar? Wohin führt bei der Suche nach Lösungen die Kategorie des Elementaren?

Es läuft auf eine <u>Problemverschiebung</u> hinaus, die Erneuerung von Erfahrung - ähnlich wie oben die zeitgemäße Auslegung der Tradition - nur den Wissenschaftlern, den religionspädagogischen Theoretikern und den theologischen Fachvertretern, aufzubürden. Pädagogische und methodische Antworten allein tragen weder dem Ausmaß der Krise noch dem Umfang der Aufgabe Rechnung. Abhilfe sollen oft lediglich <u>methodische Arrangements</u> bringen, wobei man zum Teil mit denselben Elementen experimentiert wie die religiöse Gegenkultur (Selbsterfahrungsgruppen, Meditation, neue Rituale und symbolische Handlungen, Musik, kreatives Gestalten). Oft wird auch übersehen, daß methodische Anstrengungen zur Herbeiführung von religiöser Erfahrung auf dem Wege über neues religiöses Symbolverständnis nur dann Erfolg haben, wenn diese Symbole bereits aus Erfahrung hervorgegangen und von ihr getragen sind, repräsentiert von Menschen, die unter der Kraft solcher Symbole leben. Je mehr heute Erwachsene in den Kirchen als einzelne oder in größeren Gruppen einen neuen und überzeugenden Weg gehen, neue Formen eines christlichen Lebensstils erproben, können schulische Versuche in dieser Richtung allgemeinere Unterstützung gewinnen (vgl. H.A. GORNIK 1979; 1980). Gewöhnlich aber sehen sich die Religionspädagogen bald allein gelassen; die Kirchengemeinden im ganzen verändern sich nicht, und die Symbole werden zu leeren "Zeichen", wie A. LORENZER diese Bedeutungsentleerung der Symbole nennt; ihre "emotionale Bedeutung für das Subjekt" wird immer schwächer (1970, 85f.).

Elementare Erfahrung ist konkret, denn sie ist persönlich. Nur unter Verlust ihrer individuellen Struktur ist sie in ein System theologischer Lehraussagen oder in ein didaktisches Strukturgitter einzufangen. Elementare Erfahrung kann zwar ansteckend wirken und ist doch nicht ohne weiteres methodisch übertragbar, sie ist vom einzelnen Ereignis und einer bestimmten Situation nicht ablösbar, sondern kontingent, gebunden an Zeit und Stunde, an einen bestimmten Ort, an einen besonderen Fall. Für den Gichtbrüchigen geschah die elementare Erfahrung in genau der besonderen Stunde, in der er, und an dem besonderen Ort, an dem er mit Jesus zusammentraf. Die Einzelperikope spiegelt dies Widerfahrnis und typisiert es bereits. Es sollen möglichst viele Ähnliches erfahren. Tradition muß verallgemeinern und objektivieren, um elementare Erfahrungen intersubjektiv weiterzuvermitteln zu können. Aber im Grunde wurzeln die verallgemeinernden, objektivierenden Traditionen in <u>besonderen</u> persönlichen und gemeinschaftlichen Erfahrungen und möchten im Überlieferungsprozeß ähnliche neue persönliche und gemeinschaftliche Erfahrungen auslösen. Immer deutlicher wird daher heute in der Religionsdidaktik gesehen, daß der Vermittlungsprozeß nicht einfach der zwischen dem "Text" damals und der "Situation" heute ist, sondern es ist danach zu fragen, was dem Text zugrundeliegt, welche Gotteserfahrung, die der Mensch mit Bezug auf seine Lebenserfahrungen machen durfte, im Text Gestalt gewonnen hat. Vermittelt werden sollte die Glaubenserfahrung hinter und in dem Text mit der Erfahrungsmöglichkeit hinter und in dem Verhalten der Menschen heute (K.E. NIPKOW 1980a).

Wenn dies so ist, ist rückblickend zu fordern, daß bereits der Ansatz bei den <u>fachwissenschaftlichen Disziplinen</u> und ihren Strukturen auf die Suche nach den elementaren Erfahrungsstrukturen gehen muß, die in und hinter den tradierten theologischen Texten und Dokumenten stehen. Zentrale theologische "Inhalte", "Begriffe" oder "Formeln" sind auf ihren Erfahrungsgrund als ihrem Lebensgrund hin aufzuschlüsseln. Die bloße Vermittlung von Begriffen oder Formeln führt nur zu einer Religion des Meinens. Zweifellos will dies wohl kein einziger der Curriculumkonstrukteure. Die begrifflich zusammengefaßten Themen eines Curriculums sollen lediglich Abbreviaturen sein; sie sind noch nicht der lebendige Unterricht selbst; das weiß man. Aber gleichwohl leistet das heute fast selbstverständliche Bestreben, den Religionsunterricht durch und durch begrifflich vorzustrukturieren, einer theologischen Verbegrifflichung Vorschub.

Dasselbe gilt für die Analyse der gegenwärtigen Lebenswelt als dem Pendant zur Analyse der Tradition. Es besteht auch hier die verständliche Tendenz, die Erfahrungen sprachlich und sachlich als "allgemeine menschliche Grunderfahrungen", "Grundbefindlichkeiten" oder sog. "Existentiale" zu beschreiben, als etwas hochaggregiertes Allgemeines in entsprechend abstrakten Begriffen. In meiner Elementarisierungsstudie von 1979 habe ich demgegenüber anhand der Erfahrungssituationen des Glaubens, wie sie in der Bibel selbst beschrieben sind, zu zeigen versucht, daß Elementares als "Logisch-Allgemeines" und als "Existentiell-Konkretes", wenn nicht zu trennen, so doch zu unterscheiden sind. Es handelt sich um zwei unterscheidbare Situationen: In der einen Situation analysiert der Alttestamentler das zusammenfassende Bekenntnis von Deut 6, 20ff., das auf die Frage des Sohnes vom Vater als Antwort gegeben werden soll, in objektivierenden wissenschaftlichen Kategorien und redet darüber in der 3. Person. In der anderen Situation stellt ein konkreter Sohn in der 2. Person seinem konkreten Vater die Frage, was denn die vom Herrn gebotenen Verordnungen sollen, und der Vater muß in der 1. Person verbindlich antworten. Im ersten Fall kann der Wissenschaftler in der Distanz bleiben, und die intersubjektive Verständigung unter den Wissenschaftlern bezieht sich auf die Textbedeutung, die man von der spezifischen Lebenssituation abgelöst zum Gegenstand machen kann. Im zweiten Falle sind Wort, Person und Situation im Vollzug konkreten Sprachhandelns miteinander verbunden. Dasselbe meint auch EGON SCHÜTZ mit der "Differenz zwischen Intersubjektivität als Kennzeichen insbesondere wissenschaftlicher Verständigung" und "Erlebniszeugenschaft": "Intersubjektivität kann auf erlebnismäßige Sicherung eines Satzes verzichten, Erlebniszeugenschaft nicht" (1981).

Eingedenk dieser Unterscheidung folgt aus der wechselseitigen unterrichtlichen Erschließung von Tradition und Lebenswelt als Aufgabe des Unterrichts bereits für die Curriculumkonstruktion als Planung des Unterrichts, daß nicht nur menschliche Grundphänomene oder Grunderfahrungen die Orientierungsmatrix abgeben können, sondern mögliche menschliche Grunderfahrungen im Zusammenhang mit menschlichen Alltagserfahrungen. Im übrigen kehrt auch hier das Auswahlproblem zurück. Erschöpft sich wirklich die Daseinsanalyse des Menschen mit EUGEN FINK in den Koexistentialen "Arbeit", "Herrschaft", "Liebe", "Spiel" und "Tod"? Auch Schuld und Scham sind m.E. menschliche Existentiale und den oben genannten nicht ohne weiteres entnehmbar, also eigenständig.

Wegen der curricularen Handhabbarkeit und wegen der Annahme, die menschlichen Grunderfahrungen seien in der Menschheitsgeschichte immer wieder dieselben, wird die Hinwendung zu allgemeinen Existentialen verständlich; aus ihnen lassen sich zusammen mit theologischen Zentralbegriffen "didaktische Strukturgitter" begrifflich zusammenfügen. Was aber der Lehrer auch braucht, sind Lebensweltanalysen, sind Hilfen dafür, wie er die Oberflächenphänomenologie der Schüler und Jugendlichen in ihrem Alltagsverhalten in Richtung auf Grunderfahrungen entziffern kann. Existentiale Tiefendeutungen des Daseins und Lebensweltanalysen müssen zusammen erarbeitet werden. Solche Analysen aber haben einen geschichtlichen und gesellschaftlichen Bezug; sie führen zu unterschiedlichen kulturellen Stilen Jugendlicher auf Grund unterschiedlicher Lebensbedingungen und besonderer Zeitumstände. Elementarisierung im Zeichen des Strukturbegriffs neigt dagegen zur Gefahr eines ungeschichtlichen Strukturalismus.

Die Redewendung, "wo immer" Menschen gelebt haben, haben sie den Tod erfahren - um ein erstes Beispiel zu nehmen -, ist richtig; aber durchzubuchstabieren wäre, was dies in einer Schulklasse bedeutet, in der die Schüler Tod, Sterben, Zerstörung in den bestimmten Formen ihrer Alltagswelt und der durch die Medien vermittelten gesellschaftlichen Prozesse erfahren, in den verharmlosenden und tabuisierenden oder beklemmend überdeutlichen Formen, in denen der Tod heute nahegebracht wird.

Oder um ein anderes Beispiel zu nehmen: Das Thema "Angst" ist ein geläufiges Thema in allen Lehrplänen zum Religionsunterricht. Was Lehrpläne, didaktische Strukturgitter, selbst ausführlichere Lehrplanwerke zu wenig an die Hand geben, sind wieder Fragerichtungen, mit deren Hilfe die Lehrer Angst, bezogen auf die Lebenswelt und die Lebensgeschichte ihrer Schüler, entschlüsseln können (s. zur lebensgeschichtlich-entwicklungspsychologischen Elementarisierungsrichtung noch unten 4.). Bei 12-13 jährigen Schülern kann Angst mehreres bedeuten und jeweils die Qualität einer Grunderfahrung (Grundbefindlichkeit) annehmen: Trennungsangst (soziale Angst), Schuldangst und Todesangst.

Einerseits bedeutet in diesem Alter die Geborgenheit im Elternhaus noch sehr viel, anderseits beginnt der Ablösungsprozeß. Die Übernahme neuer Gruppennormen wird notwendig, gefährdet jedoch die emotionale Zuwendung durch die Eltern, daher ist der Ablösungsprozeß zum einen mit Trennungsangst im Blick auf die Eltern verbunden. Da aber die soziale Anerkennung durch Gleichaltrige ebenso wichtig wird, können das Versagen beim Bemühen, in eine Gruppe integriert zu werden, oder der drohende Ausschluß aus einer Gruppe gegenläufige soziale Angst verursachen. Deutlich werden kann dies Angstdilemma dem Lehrer, wenn er etwa Alltagsgeschichten besprechen läßt, anhand derer die Schüler ihre Konflikte projektiv sichtbar machen können.

Im selben Alter kann Schuldangst zur dominierenden Angsterfahrung werden, weil der eigene Körper zum angsterregenden Problem wird und eine wachsende Triebüberflutung Angst macht im Blick auf die elterlichen und gesellschaftlichen Verbote.

Angst als Erfahrung von Todesangst kann aufbrechen, wenn der Lieblingshamster stirbt, die Katze überfahren wird, die Großmutter plötzlich nicht mehr lebt. Noch schützt sich das Kind durch die irrationale Phantasie, daß nach den Großeltern erst noch die Eltern an der Reihe sind, bis man selbst so weit sein könnte, daß der Tod nach einem greift, so als gäbe es eine magische Gesetzmäßigkeit. Aber die Brüchigkeit dieses Sicherungsversuchs kann bereits früh gefühlsmäßig durchschaut werden und zu einer tiefen Erschütterung führen. "Grunderfahrungen" sollten nicht nur in allgemeinsten Begriffen genannt, sondern in ihren konkreteren Dimensionen, bezogen auf Lebenswelt und Lebensgeschichte, entfaltet werden. Entsprechend sind die theologischen Inhalte, etwa biblische Geschichten, mit ihnen in Beziehung zu setzen:'Gemeinschaftsgeschichten' über die Aufhebung von Trennung und die Stiftung von Gemeinschaft im ersten Falle (z.B. Sturmstillung), 'Vergebungsgeschichten' im zweiten (z.B. verlorener Sohn), 'Tod-Leben-Geschichten' im Sinne der Auferstehungsbotschaft im dritten Fall.

Die Theorie der Curriculumkonstruktion muß zwangsläufig ein Systematisierungsinteresse haben mit der Tendenz zur Verallgemeinerung und Abstraktion. Der Unterricht selbst muß ein Individualisierungsinteresse haben mit der Tendenz zum Besonderen und Konkreten. Beides braucht nicht und darf nicht auseinanderfallen. Aber dann müssen die allgemeinen Kategorien der Curricula dem Lehrer helfen, das Besondere zu erkennen, sie dürfen nicht den Blick darauf verstellen. Anders gesagt: Der Implikationszusammenhang von Zielen, Inhalten, Methoden und Medien darf auch unter diesem Gesichtspunkt nicht vollständig schon im curricularen Plan oder Lehrplanwerk vorweggenommen werden, sondern ist unbeschadet der hilfreichen curricularen Vorgaben letztlich im Unterricht selbst herzustellen durch die Aufmerksamkeit auf die Erfahrungsvoraussetzungen in der je individuellen Klasse, durch die Ermittlung der "religiösen Resterinnerungen" aus der religiösen Sozialisation der Schüler (vgl. hierzu K. E. NIPKOW 1980a, 52ff.), durch die Identifizierung von Grunderfahrungen bzw. zentralen Betroffenheiten im dichten Zusammenhang mit den Alltagserfahrungen (Meinungen, Einstellungen und Urteilen), wobei die für den Lehrer in seiner konkreten Klasse zutage tretenden Grunderfahrungen dann allerdings anders aussehen können, als der Curriculumplan 'vorsieht' bzw. 'voraussieht'.

4. Elementare Anfänge - Elementarisierung als Ermittlung zeitlicher Anfangsvoraussetzungen und Stufung und das ungelöste Problem der Verbindung aller vier Elementarisierungsrichtungen

Das lat. Wort elementum hat zwei Bedeutungen: 1. Grundstoff, Grundbestandteil und 2. Anfangsgründe, Anfänge. In den Abschnitten 1 bis 3 entfalteten wir die erste Bedeutung in Richtung elementarer Strukturen, Grundlagen und Erfahrungen. In der zweiten Hinsicht ist das Elementare das zeitlich Anfängliche, worauf anderes aufbaut - eine genuin pädagogische Fragerichtung, denn der Pädagoge hat es mit heranwachsenden Kindern und Jugendlichen zu tun. Neben der Suche nach den einfachen Grundbestandteilen im strukturell-statischen Sinn muß die Suche nach den zeitlichen Anfangsgründen im lebensgeschichtlich-dynamischen Sinn treten. Elementare Anfänge in lebensgeschichtlicher Perspektive betreffen dabei nicht nur das allererste Anfangsstadium in frühester Kindheit; jedes Entwicklungsstadium enthält vielmehr neue Anfänge für das jeweils folgende. Wir wissen im übrigen heute, daß die Stufung unseres Lebens nicht nach Erreichen des Erwachsenendaseins aufhört, sondern weitergeht.

Solange man das curriculare Planungs- wie das unterrichtliche Vermittlungsproblem nur in der einfachen zweipoligen Gegenüberstellung von theologischer Fachwissenschaft und Lebenswirklichkeit begreift, ist dieser biographisch-genetische Aspekt noch nicht im Blickfeld. Anleihen der Religionspädagogik an allgemeine Daseinsanalysen ersetzen nicht die notwendige zusätzliche Orientierung an Lebenslauf und Lebenszyklus. Wir unterstellen immer noch meistens zweierlei: daß alle Menschen zu allen Zeiten die gleichen menschlichen Grunderfahrungen machen und daß jeder Mensch in jedem Alter die gleichen elementaren Grunderfahrungen macht. Tatsächlich aber durchlaufen die Kinder Stadien, in denen sie Wahrnehmungs-, Denk- und Urteilsformen ausbilden, die nicht lediglich verkleinerte Abbilder des Wirklichkeitsverständnisses der Erwachsenen sind, sondern qualitativ andere Formen (s. hierzu z.B. die Forschungsergebnisse J. PIAGETs und seiner Schule). Auch das Selbstkonzept des Menschen ist tiefgreifenden Transformationen unterworfen, bis ins Alter. Hiervon ist die "religiöse Lebenslinie" mitbetroffen (vgl. K. E. NIPKOW 1980a, 45ff.).

Didaktische Strukturgitter dürfen daher nicht nur zweidimensional sein, fachwissenschaftlich und allgemein gegenwartsorientiert, sondern <u>dreidimensional</u>: Die durch die zweidimensionale Matrix gefundenen Inhalte müssen grundsätzlich darauf hin befragt werden, welche entwicklungsmäßigen <u>Transformationen</u> sie durchlaufen. Hierbei verknüpfen sich, wie man sehen wird, entwicklungspsychologische Faktoren i.e.S. mit Alltagsweltphänomenen und gesellschaftlichen Einflußfaktoren. Der hier abschließend verfolgte Elementarisierungsgesichtspunkt ist kein biologistischer.

Nehmen wir als Beispiel ein fachdidaktisches Strukturgitter für die Moralerziehung im Religionsunterricht und hier wiederum einige der Inhalte, die im Schnittpunkt der Koexistentiale "Herrschaft/Konflikt" mit den "zentralen Begriffen" DIETMAR MIETHs im Buch von G. BIEMER und A. BIESINGER aufgelistet worden sind. Dabei sei versucht, alle vier Elementarisierungsrichtungen aufeinander zu beziehen (vgl. Abschn. 1-4).

Im Schnittpunkt von "Leiblichkeit/Geschlechtlichkeit" (zentraler Begriff der Fachwissenschaft, hier der theologischen Ethik) mit "Herrschaft/Konflikt" lesen wir "Unterdrückung der Leiblichkeit als Herrschaftsinstrument" (115). Zunächst sei die Bemerkung erlaubt, daß man den Schnittpunkt auch anders sehen kann, nämlich weniger im sozialethischen als im individualethischen Sinne: z.B. "Unterdrückung von Triebimpulsen als Verdrängung". Diese mögliche Alternative erinnert wieder an die bleibende Beliebigkeit im Rahmen des Auswahlproblems und damit an das ungelöste Normenproblem (Fragerichtung 2), obwohl doch gerade der Beliebigkeit durch solche Strukturgitter gesteuert werden soll. Aber dies ist wohl unvermeidlich. Unten wird sich zeigen, daß sich im Blick auf die Jugendlichen unserer Zeit noch eine dritte Umformulierung des Themas nahelegen könnte. Im Sinne unserer Ausführungen zum Auswahlproblem wäre zu folgern, zu dem betreffenden "Schnittpunkt" im didaktischen Strukturgitter alternative Inhalte heuristisch-hypothetisch für den Lehrer zur Identifikation in seiner Klasse zur Wahl zu stellen, als Suchthemen (heuristisch) mit der Annahme (hypothetisch), daß sich innerhalb der verbindlichen curricularen Rahmenplanung, die durch das didaktische Strukturgitter insgesamt gewährleistet ist, die eine oder die andere besondere thematische Entfaltung als für diese Klasse angemessen und fruchtbar herausstellt.

Wenn nun nach dem Elementaren als nach den elementaren Anfängen zu fragen ist (Fragerichtung 4), bedeutet dies für die zweite Fassung des Unterrichtsthemas: Was weiß ich als Lehrer mit Schülern einer bestimmten Altersstufe, nehmen wir an "Präadoleszenz" (P. BLOS 1973), und in einer bestimmten Klasse über die generell erwartbare Entwicklung des Gewissens (bzw. Über-Ichs) und über die besonderen Persönlichkeitsstrukturen meiner Schüler in dieser Hinsicht? Welche Abwehrmechanismen kann ich bereits am Verhalten der Kinder beobachten? Wie stark hat sich überhaupt bereits ein Ich gebildet als Gegengewicht zum Über-Ich, so daß ich abschätzen kann, ob die Schüler der Besprechung tabuisierter verdrängter Triebkonflikte psychisch gewachsen sind? Auch die folgende Frage stellt sich, wenn man an die Ergebnisse der modernen Jugendforschung über das Verhältnis von Pubertät und Narzißmus denkt: Wieweit ist bei einigen der Jugendlichen die Über-Ich-Strukturbildung in der ödipalen Phase schwach geblieben und statt dessen ein Erscheinungsbild in meiner Klasse im Sinne des neuen narzißtischen Sozialisationstyps sichtbar, bei dem gar nicht primär Triebkonflikte, sondern die Schwäche des "Selbstwertgefühl(s)" und der "Selbstachtung" (O. F. KERNBERG 1977, 45) die Grundstörung ist? Sollte dies der Fall sein, geht die im Curriculum alternativ vorgegebene Themaformulierung "Unterdrückung von Triebimpulsen als Verdrängung" möglicherweise bereits am Hauptproblem mancher Jugendlicher vorbei.

Als nächstes sei die lebensgeschichtlich-genetische Fragestellung (4) mit dem Interesse verknüpft, sog. "Grunderfahrungen" im Zusammenhang mit Alltagserfahrungen der Jugendlichen zu identifizieren (Fragerichtung 3). Unterschiedliche entwicklungspsychologische Voraussetzungen können bei unserm Beispiel zu zwei verschiedenen Grunderfahrungen bzw. Grundbelastungen in diesem Alter führen: zu Schulderfahrung oder zu Schamerfahrung. Wenn der klassische ödipale Konflikt auf dem Hintergrund elterlicher Triebverbote im Vordergrund steht, dominieren vermutlich Schulderfahrungen. Aber vielleicht sind in unserer in sexueller Hinsicht permissiven Gesellschaft jene klassischen Konflikte für nicht wenige im Abklingen begriffen. Wenn statt dessen die narzißtische "Grundstörung" (BALINT) im Mittelpunkt steht - auch sie kann man in größeren gesellschaftlichen Zusammenhängen sehen (TH. ZIEHE 1975; CH. LASCH 1978) -, herrschen möglicherweise viel stärker Selbstzweifel und Scham vor und dementsprechend das ständige Bedürfnis, sich durch projektive Anlehnung an überhöhte Idealfiguren (Stars, Helden, Gurus, ältere bewunderte Freunde, verherrlichte Gruppenideale usw.) von außen die Anerkennung zu verschaffen, die das eigene Ich nicht zu gewähren vermag (H. G. HEIMBROCK 1977, 157). Ich müßte dann mein Thema formulieren: "Der Wunsch, sich selbst lieben zu wollen und nicht zu können" (in Anlehnung an TH. ZIEHE 1979).

Wollte man bei der ersten Fassung des Themas bleiben, "Unterdrückung der Leiblichkeit als Herrschaftsinstrument", müßte das entwicklungspsychologisch-alltagsweltlich orientierte Fragen in der vierten Elementarisierungsrichtung noch wieder anders verlaufen: Wie weit sind meine Schüler in der Lage, zwischen "Körper" und "Leib" zu unterscheiden? Welche elementaren Einsichten haben sie bereits in den Zusammenhang von "Herrschaft" und "Unterdrückung" gewonnen? Da christlicher Religionsunterricht das Interesse hat, in den bis jetzt entfalteten "Kontexten" den "Text" des christlichen Glaubens nicht zu vergessen (Religionsunterricht nach dem "Kontexttypus"), sollte nach einer Unterrichtseinheit im Gefüge des "didaktischen Strukturgitters" gesucht werden, die Herrschaft und Unterdrückung theologisch thematisiert (was bei dem bisher gewählten Schnittpunktthema bei G. BIEMER und A. BIESINGER und den zwei hinzugefügten Varianten noch nicht der Fall war).

Man stößt dann im Schnittpunkt von "Glaube und Sittlichkeit" (zentrale theologische Kategorie) und "Herrschaft/Konflikt" (Koexistentiale) auf das Thema "Gottesherrschaft als Relativierung von Menschenherrschaft" (ebenfalls in G. BIEMER/ A. BIESINGER). Hier wäre im Sinne unserer Fragerichtung 4 zunächst zu ermitteln, welche Konzepte von "Herrschaft" (Konzept der "Abhängigkeit") und von "Gott" die Kinder meiner Klasse auf ihrer Entwicklungsstufe verwenden. Alle Ergebnisse der einschlägigen Sozialisationsforschung lassen erkennen, daß auch unsere politischen Herrschaftskategorien durch die Abhängigkeitserfahrungen im Eltern-Kind-Verhältnis mitbestimmt werden. Hinzu treten die erlebten Abhängigkeits-, Selbstbehauptungs- und Durchsetzungsmechanismen in den Peer Groups. Hier, in den Alltagserfahrungen innerhalb der Familie und der Gruppe der Gleichaltrigen, wären zusammen mit den "elementaren Anfängen" die "elementaren Erfahrungen" als Schauplatz der "Grunderfahrungen" der Kinder zu identifizieren (Fragerichtung 3).

Im einzelnen wäre zu bedenken, wie stark für Heranwachsende auf Grund der Bedeutung der Eltern-Kind-Beziehungen "Herrschaft" emotionale Abhängigkeit bedeutet, Angst vor Liebesentzug und mangelnde Anerkennung. Zu beobachten wäre ferner, wieweit sich bei den Kindern der entsprechenden Entwicklungsstufe diese Abhängigkeitserfahrung noch mit Allmachtsphantasien verbindet ("mein Vater kann alles"; "meine Mutter ist immer für mich da") oder aber gerade das infantile Bild von den eigenen Eltern und gesellschaftlichen Vaterfiguren im Begriff ist, erschüttert zu werden und nun in schroffe Ablehnung und Autoritätsentzug umschlägt ("ich lasse mir nichts mehr sagen") bzw. bei der Enttäuschung der Versorgungshaltung durch die eigene Mutter und die gesellschaftlichen Mutterrepräsentanzen (Wohlfahrts- und Konsumgesellschaft) sich in narzißtischer Wut (ziellos ausagierter Aggression) oder Apathie äußert (vgl. die Praxisberichte in: H. HÄSING/H. STUBENRAUCH/TH. ZIEHE 1979). Falls "Menschenherrschaft" auch im politischen Sinne thematisiert werden soll, wäre zu prüfen, ob die Schüler schon Zugang zu den elementaren Formen politischer Machtausübung und -regulation haben und hierbei zwischen rechtmäßiger und unrechtmäßiger Herrschaft zu unterscheiden imstande sind sowie Vorstellungen von "Wechselseitigkeit", "Vertrag" und der Notwendigkeit von "Kompromissen" entwickelt haben, Voraussetzungen für das Verständnis politischer Kategorien, die über die emotionale Bindung in der Familie hinausreichen, aber in den Gruppen Gleichaltriger vorerfahren und vorstrukturiert sein könnten.

Wenn nun der Blick auf die theologische Seite gerichtet wird, und zwar zunächst auf die Dimension des christlichen Glaubens im Sinne der "elementaren (theologischen) Grundlagen" (Fragerichtung 2), würde ich selbst, eingedenk anderer möglicher Akzentuierungen in der Auslegung von "Gottesherrschaft" (s.o. die Diskussion des theologischen Prioritätenproblems), den Spuren einer theologia crucis folgen und den "gekreuzigten Gott" als "Grund und Kritik christlicher Theologie" (J. MOLTMANN 1972), mithin als "elementare Grundlage" verstehen. Es ist der Gott, der im gekreuzigten Jesus von Nazareth seine "Herrschaft" in der "Ohnmacht" zeigt, seine "Macht" in der "Liebe", seine Selbstbehauptung in "Hingabe" und "Opfer", und der darin die Selbstbehauptungs-, Durchsetzungs- und Ausbeutungsmechanismen der Menschen nicht nur "relativiert", wie es im Thema des Strukturgitters heißt (dem Lehrer muß es erlaubt und möglich sein, durch seine Auslegung vorgegebene curriculare Formeln zu kritisieren und zu verändern; s.o. Abschnitt 2), sondern radikal in Frage stellt. Statt dessen will und kann Gottesherrschaft als Liebe in allen oben entfalteten Themafassungen eine Transformation der menschlichen Selbstverständnisse und Lebensverhältnisse begründen: Der objektiven "Unterdrückung der Leiblichkeit als (politisches) Herrschaftsinstrument" soll ebenso die Macht entzogen werden wie der subjektiven "Unterdrückung von Triebimpulsen als Verdrängung", der verinnerlichten Herrschaft, und der "Wunsch, sich selbst lieben zu wollen und nicht zu können", stellt sich angesichts der Liebe Gottes ebenfalls anders dar; man braucht nicht andere zu verherrlichen, um dadurch das eigene Ich im Widerspruch zum eigenen unerreichbaren phantasierten Größen-Selbst vor dem ständigen Erleiden narzißtischer Kränkungen zu bewahren, sondern man kann das Maß an Selbstliebe entwickeln, das der Realität des Ich entspricht (und womit übrigens auch das Doppelgebot der Liebe rechnet). Der Gekreuzigte korrigiert freilich mit den Allmachtsphantasien, die man auf andere um der eigenen Sicherheit willen produziert hat, auch die infantilen Vorstellungen vom allmächtigen, lieben Gott, der alles (automatisch) zum Besseren wenden kann. Daher ist es für den Religionslehrer notwendig, im Zusammenhang der hier skizzierten Thematik auch die Gottesvorstellungen seiner Schüler zu eruieren; über ihre stufenmäßigen Entwicklungsvoraussetzungen - im Sinne der Elementarisierungsrichtung 4 - liegen Forschungsergebnisse vor (R. GOLDMAN 1964).

Die Frage nach den "elementaren Strukturen" schließlich (Elementarisierungsrichtung 1) hätte mit Bezug auf die ausgewählten kreuzestheologischen Antwortschwerpunkte die Funktion, elementare Bedeutungszusammenhänge in der alt- und neutestamentlichen Überlieferung und Kirchengeschichte bis heute ausfindig zu machen, in denen sich der Kreuzesweg Jesu und die Art und Weise spiegelt, wie die mit diesem Jesus zu machende Gotteserfahrung in menschliche Alltags- und Grunderfahrungen von Unterdrückung, Herrschaft, Lieblosigkeit und Selbstzweifel eingegangen ist. Mit großer symbolischer und narrativer Kraft zeigt sich der Kreuzesweg Jesu als Weg der Ohnmacht und Liebe schon in der Weihnachtsgeschichte, dann in der Versuchungsgeschichte mit dem Verzicht Jesu auf elementare Formen menschlicher Herrschaft, in Gethsemane und bei der Gefangennahme mit dem Wort an Petrus. Die Umkehrung der menschlichen Unterdrückungsformen könnte in vielen anderen Elementaria der biblischen Überlieferung aufgewiesen werden.

Die ausführlichen Veranschaulichungen sollten als Abschluß des Gesamtgedankengangs verdeutlichen, was es heißt, daß sich der Lehrer immer wieder vergewissern muß, wie die alltägliche Erfahrungswelt seiner Schüler beschaffen ist und wie ihre entwicklungsgemäßen Wahrnehmungs-, Denk-, Verstehens- und Erlebnisweisen aussehen, um im Verein damit nach den möglichen Grunderfahrungen fragen zu können, auf die bezogen die Gotteserfahrungen, die in der Tradition und in der Gegenwart sichtbar werden, erschlossen werden können. Meist aber lassen unsere Themen in den curricularen Lehrplänen dies alles weg. Der Zusammenhang von Alltagserfahrungen, Grunderfahrungen, Gotteserfahrung und menschlichen Lebensstufen bleibt unentfaltet.

Ich fasse zusammen: Elementarisierung kann als vierfache Aufgabe beschrieben werden, als strukturelle Vereinfachung (elementare Strukturen), als wertende Auswahl und Konzentration auf das Fundamentale (elementare Grundlagen), als lebensbedeutsame Erschließung (elementare Erfahrungen) und als Bestimmung der Anfangsvoraussetzungen (elementare Anfänge). In jeder dieser Richtungen leistet Elementarisierung einen Beitrag zur Curriculumkonstruktion und hilft, die Mehrdimensionalität von unterrichtlicher Sinnerschließung zu bewahren.

Ebenso zeigen sich in jeder Auslegungsrichtung Grenzen der Leistungsfähigkeit. Elementarisierung als Vereinfachung fördert Zugänglichkeit und Verständnis, aber löst nicht oder nur sehr begrenzt das Problem der Stoffülle bzw. -auswahl. Elementarisierung als Konzentration auf die unverzichtbaren Grundlagen hilft das Auswahlproblem lösen, aber verwickelt in die innertheologischen und innerkirchlichen Auslegungskontroversen und theologische Prioritätendiskussion. Elementarisierung als Erschließung der lebensbedeutsamen Erfahrungen (elementare Erfahrungen) hilft die Aufgabe der Übersetzung der Tradition in unsere Zeit zu lösen, verwickelt aber ebenfalls in das Ringen um die zeitgemäße elementare Daseinsanalyse und führt darüber hinaus an die Grenzen der pädagogischen Verfügbarkeit über existentielle elementare Erfahrungen. Elementarisierung als Ermittlung der Anfangsvoraussetzungen und Problem der Stufung (elementare Anfänge) verpflichtet den Curriculumplaner und den Lehrer, pädagogisch vom sich entwickelnden Kind her zu denken. Hier liegen die Grenzen mehr in der unzulänglichen Forschungssituation. Es ist ebenso schwierig wie reizvoll - ein kurzer Versuch wurde zum Schluß begonnen -, sich an die Aufgabe zu wagen, alle vier Elementarisierungsrichtungen miteinander zu verknüpfen, und zwar so, daß die curricularen Hilfen den Lehrer zum selbständigen Mitdenken und Weiterdenken befähigen.

Literatur:

P.L.BERGER, Der Zwang zur Häresie. Religion in der pluralistischen Gesellschaft, Stuttgart 1980 (am.: The Heretical Imperative, New York 1979).

G.BIEMER/A.BIESINGER, Theologie im Religionsunterricht, München 1976.

P.BLOS, Adoleszenz. Eine psychoanalytische Interpretation, Stuttgart 1973 (am.: On Adolescence, New York 1962).

G.BOHNE, Das Wort Gottes und der Unterricht, Berlin 1929.

A.H.FRANCKE, Kurzer und einfältiger Unterricht, wie die Kinder zur wahren Gottseligkeit und christlichen Klugheit anzuführen sind, in: H.LORENZEN (Hrsg.), August Hermann Francke. Pädagogische Schriften, Paderborn 1957.

H.GESE, Zur biblischen Theologie, Vlynden 1977.

R.GOLDMAN, Religious Thinking from Childhood to Adolescence, London 1964.

H.HÄSING/H.STUBENRAUCH/TH.ZIEHE (Hrsg.), Narziß. Ein neuer Sozialisationstyp? Bensheim 1979, ³1980.

H.G.HEIMBROCK, Hermeneutik der Phantasie, in: Wissenschaft und Praxis in Kirche und Gesellschaft 66 (1977) 4, 153ff.

R.KABISCH, Wie lehren wir Religion? Göttingen 1910.

O.F.KERNBERG, Normaler und pathologischer Narzißmus im Wandel, in: Psychoanalyse im Wandel. Mit Beiträgen von W.LOCH u.a., Frankfurt/M. 1977, 42ff.

CH.LASCH, Culture of Narcissism. American Life in an Age of Diminishing Expectations, New York 1978.

A.LORENZER, Sprachzerstörung und Rekonstruktion, Frankfurt/M. 1970.

M.LUTHER, Werke. Kritische Gesamtausgabe. Weimar 1883ff (= WA).

J.MOLTMANN, Der gekreuzigte Gott, München 1972.

K.E.NIPKOW, Die Frage der Elementarisierung im Religionsunterricht. Vortrag in Gomadingen am 31.5.1976 (hekt. Ms.).

DERS., Erziehung und Unterricht als Erschließung von Sinn. Zum Gespräch zwischen Erziehungswissenschaft und Religionspädagogik in der Gegenwart, in: EvErz 29 (1977) 6, 398ff.

DERS., Elementarisierung biblischer Inhalte. Zum Zusammenspiel theologischer, anthropologischer und entwicklungspsychologischer Perspektiven in der Religionspädagogik, in: I.BALDERMANN/K.E.NIPKOW/H.STOCK, Bibel und Elementarisierung, Frankfurt/M. 1979, 35ff.

DERS., Gemeinsam glauben lernen. Lebenslauf, Lebensalltag und religiöse Erfahrung, in: Junge Generation ohne Orientierung? Mit Beiträgen von U.BECKER u.a., Münster 1980 (a) 45ff. (Hausveröffentlichung des Comenius-Instituts, nur zu beziehen über das Institut: Schreiberstr. 12, 4400 Münster/W.).

DERS., Neue Religiosität, gesellschaftlicher Wandel und die Situation der Jugendlichen, in: Junge Generation ohne Orientierung? Münster 1980 (b) 83ff. (s.o.). (in überarb. Fassung in: ZfPäd. 3 (1981) 379ff.).

G.OTTO, Schule - Religionsunterricht - Kirche, Göttingen 1961.

DERS., Evangelischer Religionsunterricht als hermeneutische Aufgabe (1964), in: H.GLOY (Hrsg.), Evangelischer Religionsunterricht in einer säkularisierten Gesellschaft, Göttingen 1969, 162ff.

M.SCHIBILSKY, Kirchliche Jugendarbeit vor der Herausforderung durch die religiöse Subkultur, in: M.AFFOLDERBACH (Hrsg.), Praxisfeld: Kirchliche Jugendarbeit, Gütersloh 1978, 88ff.

E.SCHÜTZ, Einige Überlegungen zu einer existentialphänomenologisch(lebensweltlich) orientierten Didaktik und Curriculumarbeit, 1981 (Tagungsmanuskript auf dem Curriculum-Symposion vom 22.-24.1.1981 in Freiburg/Br.).

G.STACHEL, Religionsunterricht - kognitiv und/oder affektiv? In: DERS., Curriculum und Religionsunterricht, Zürich u.a. 1971, 11f.

P.STUHLMACHER, Vom Verstehen des Neuen Testaments. Eine Hermeneutik, Göttingen 1979 (NTD Ergänzungsreihe 6).

DERS., Das Evangelium von der Versöhnung in Christus. Grundlinien und Grundprobleme einer biblischen Theologie des Neuen Testaments, in: P.STUHLMACHER/H.CLASS, Das Evangelium von der Versöhnung in Christus, Stuttgart 1979.

TH.ZIEHE, Pubertät und Narzißmus. Sind Jugendliche entpolitisiert? Frankfurt/M./Köln 1975, ³1979.

DERS., Der Wunsch, sich selbst lieben zu können, in: Neue Sammlung 19 (1979) 1, 70ff.

P.M.ZULEHNER, Religion nach Wahl, Wien 1974.

Zu einer theologischen Reduktivformel für die religionsdidaktische Planung

Karl-Heinz Minz

Im religionsdidaktischen Entwurf "Theologie im Religionsunterricht"[1] wird der philosophisch-pädagogische Ansatz des DERBOLAV-Schülers FRANZ FISCHER aufgegriffen, um eine Vermittlung der Dimension "Sinn/Freiheit" in ihrer Bedeutung für die Konstruktion von Curricula leisten und denkerisch verantworten zu können.[2] Nach diesen Überlegungen basiert Bildung auf vorausgesetztem Sinn. "Die Theorie des Sinnes von Sinn versteht die Vermittlung zwischen dem Erziehungsobjekt und dem Erziehungssubjekt als eine Vermittlung des in jeder Frage vermittelten, vorausgesetzten Sinnes, der als Bedingung der Möglichkeit des Sinnvoll-Seins dieser Frage eine Bewegung des Sich-Vermittelns der Wirklichkeit in einem System von Stufen hervorruft"[3].

Für die Legitimation und die Konstruktion von Curricula für den Religionsunterricht ist die Grundfrage nach der inhaltlichen Bestimmung des "vorausgesetzten Sinnes" von entscheidender Bedeutung. Im vorliegenden Rahmen einer Vermittlung von christlicher Theologie wird der vorausgesetzte Sinn mit den christlichen Strukturelementen Sinn-Liebe-Hoffnung beschrieben. Mit dieser Reduktivformel wird das Proprium Christianum als die Frohe Botschaft von der in Jesus, dem Christus, präsenten Gottesherrschaft kategorial vermittelt.[4] Die christlichen Strukturelemente Sinn-Liebe-Hoffnung sind auf der Grundlage bibeltheologischer Argumentationen gewonnen[5] und können auch auf der Ebene systematisierter Glaubensaussagen den Nexus mysteriorum (DS 3016) im Sinne einer gegenseitigen Zuordnung der zentralen Glaubensaussagen strukturieren.[6] Maßgebend für eine solche auf Kurzformeln reduzierte Darstellung des Glaubens ist der programmatische Beitrag, mit welchem KARL RAHNER 1964 in seinem Artikel "Die Forderung nach einer Kurzformel des Glaubens" katholischerseits diese Diskussion initiiert hat.[7] Dabei geht es um die Vermittlung der christlichen Botschaft in der heutigen säkular-pluralistischen Gesellschaft. Durch eine auf das Wesentliche reduzierte Bezeugung der christlichen Botschaft soll diese für den Menschen von heute verständlicher werden.[8] Eine solche Kurzformel ist demnach "der pastorale Versuch, wesentliche Inhalte des christlichen Glaubens in gedrängter Form so darzustellen, daß sie bestimmten Adressaten existentiell verständlich, mit der Lebenserfahrung konform und zum persönlichen Engagement einladend erscheinen."[9]

Als ein Beispiel für eine solche Art der Glaubenszentrierung mag ein Entwurf von W. KASPER dienen: "Jesus von Nazareth hat uns in einmaliger, unableitbarer und unüberbietbarer Weise ein Modell des Menschseins gegeben. Hier ist uns eine neue Möglichkeit eröffnet, den Sinn des Menschseins und menschliche Freiheit zu verstehen als Dienst für die anderen. Jesus von Nazareth ist also das endgültige und letztgültige Modell des Menschen. Aber das unableitbar endgültig Neue an dieser Freiheit, die hier aufbricht, ist im Grund nur ein anderes Wort für das, was wir Gott nennen. Und darum darf der, der sich diesem Modell anschließt, der sich Jesus von Nazareth anschließt, hoffen gegen alle Hoffnung, weil er hier eine Möglichkeit ergreift, für die er sich mit seinem ganzen Leben, oder, wenn es sein muß, bis auf den Tod, engagieren kann, weil er weiß, daß dieses Wagnis ermöglicht und zu tragen ist von einer Freiheit und Liebe her, die Leben und Tod umgreift, und der damit alle Zukunft gehört."[10]

Aus dieser Kurz-Beschreibung W. KASPERs lassen sich die christlichen Strukturelemente Freiheit, Liebe und Hoffnung als Reduktivformeln eruieren. Insofern haben seine Ausführungen katechetischen Charakter; denn eine solche Zentrierung und Reduktion ermöglicht eine grundlegende Orientierung über das christliche Glauben und seine Inhalte. In gewisser Weise sind damit die kirchlichen Symbola als Zusammenfassung der urkirchlichen Katechese funktionsverwandt. Die Verknüpfung der Reduktiv- und Kurzformeln mit den Symbola und beider Transparenz für den Zusammenhang der Heilsmysterien betont für Glaube und Theologie auch Papst JOHANNES PAUL II.: "Konzentration auf Gott und sein Heil bedeutet eine innere Ordnung der theologischen Wahrheiten. Gott der Vater, Jesus Christus und der Heilige Geist stehen in der Mitte. Das Wort der Schrift, die Kirche und die Sakramente bleiben die großen geschichtlichen Stiftungen des Heils für die Welt; aber die vom II. Vatikanischen Konzil verlangte 'Rangordnung der Wahrheiten' (Ökumenismusdekret Nr. 11) bedeutet nicht eine simple Reduzierung des umfassenden katholischen Glaubens auf einige wenige Grundwahrheiten, wie manche gemeint haben. Je tiefer und radikaler die Mitte erfaßt wird, um so deutlicher und überzeugender werden auch die Verbindungslinien vom göttlichen Zentrum zu jenen Wahrheiten, die eher am Rande zu stehen scheinen. Die Tiefe der Konzentration zeigt sich auch in der Reichweite ihrer Ausstrahlung auf die ganze Theologie."[11]

Angesichts einer ehemals christlichen Gesellschaft[12] und einer Zeit des Auswahlchristentums (P.M. ZULEHNER) wird die Vermittlungsfunktion von Kurzformeln des Glaubens noch einmal in ihrer Bedeutung unterstrichen; denn sie beschreiben in knapp vollziehbarer und doch ausgewogen orientierender Weise den christlichen Glauben: Die Frohbotschaft vermittelt den Sinn, der die tiefsten Fragen des Menschen beantwortet und übertrifft.[13] So besteht durch Reduktivformulierungen die

Chance, die existentielle Relevanz des christlichen Glaubens für die Christen heute als sinngebende Liebe und sinnstiftende Hoffnung zu aktualisieren. Menschsein erhält in seiner konstitutiven Unabgeschlossenheit eine Erfüllung durch den sich zu-sagenden, absolut betreffenden Sinn.

Die Reduktivformel Sinn, Liebe, Hoffnung hat zudem die Funktion, bei der didaktischen Erschließung der Wirklichkeit jenen inhaltlich bestimmten Sinnhorizont namhaft zu machen, von dem her religionsdidaktische Wirklichkeitserschließung erfolgen soll. "Der gegenläufige Aspekt der anthropologischen Grundsicht eines Zugangs zum Glauben in der menschlichen Transzendenzerfahrung ist die Korrespondenz zwischen der Sinnfrage des Menschen und der Antwort der Heilsbotschaft."[14]

Die Zusage Gottes ereignet sich in Jesus dem Christus. Er ist das universale concretum und damit die Sinn-Mitte, in dem der Weg zum Vater möglich wird. In Unterscheidung zu den Kategorien 'Liebe' und 'Hoffnung' erweist sich 'Sinn'[15] als eine Kategorie qualitativ anderer Art.[16] Wenn Sinn in der Reduktivformel bei F. FISCHER als Vorausgesetztheit, als absoluter Sinn, beschrieben wird, dann heißt das, daß diese Kategorie qualitativ anders sein muß als die bibeltheologisch eruierten Kategorien Liebe und Hoffnung, und zwar sowohl in ihrer philosophischen wie auch in ihrer biblisch-theologischen Bedeutung.

Sinn, Liebe und Hoffnung können also einerseits in der christlichen Tradition als katechetische Konzentrationsformeln verstanden werden (1Kor 13) und somit eine Zusammenfassung des Glaubens bieten. Für den Prozeß der didaktischen Vermittlung bieten sie darüber hinaus den Sinnhorizont, von dem her Wirklichkeit im Religionsunterricht interpretiert werden kann. Für die Legitimation von Curricula ist eine solche Grundlagenreflexion auf das Spezifikum einer religionsdidaktischen Erschließung der Wirklichkeit unerläßlich.

Anmerkungen:

1) Vgl. G. BIEMER, A. BIESINGER, Theologie im Religionsunterricht, München 1976.
2) Vgl. F. FISCHER, Darstellung der Bildungskategorien im System der Wissenschaften, hrsg. und eingeleitet von D. BENNER und W. SCHMIED-KOWARZIK, Ratingen 1975, 79f.; vgl. G. BIEMER, A. BIESINGER, ebd. 31f.
3) F. FISCHER, ebd.
4) Vgl. G. BIEMER, in: G. BIEMER, A. BIESINGER, Theologie im Religionsunterricht, München 1976, 24-27.
5) Aus der Vielzahl der Werke sei nur auf die Ergebnisse von N. LOHFINK, H.W. WOLFF oder W. ZIMMERLI hingewiesen. Vgl. N. LOHFINK, Unsere großen Wörter. Das Alte Testament zu Themen dieser Jahre, Freiburg - Basel - Wien 1977; H.W. WOLFF, Anthropologie des Alten Testaments, München 1973; W. ZIMMERLI, Das Alte Testament als Anrede, München 1956 (= BEvTh 24); ders., Die Weltlichkeit des Alten Testaments, Göttingen 1971.

6) Vgl. U. VALESKE, Hierarchia veritatum. Theologiegeschichtliche Hintergründe und mögliche Konsequenzen eines Hinweises im Ökumenismusdekret des II. Vatikanischen Konzils zum zwischenkirchlichen Gespräch, München 1968; ferner H. MÜHLEN, Die Lehre des Vaticanum II über die 'hierarchia veritatum' und ihre Bedeutung für den ökumenischen Dialog, in: ThGl 56 (1966) 303-335.

7) K. RAHNER, Schriften zur Theologie, Bd. VIII, Einsiedeln - Zürich - Köln 1967, 153-164. Vgl. dazu R. BLEISTEIN, Kurzformeln des Glaubens. Prinzip einer modernen Religionspädagogik, Würzburg 1971, 18-20; J. RATZINGER, Noch einmal: "Kurzformeln des Glaubens". Anmerkungen, in: Internationale Katholische Zeitschrift "Communio" 2 (1973) 258-264; W. BEINERT, Kurzformeln des Glaubens - Reduktion oder Konzentration?, in: ThPQ 122 (1974) 105-117, ebd. 116f.: Literatur. Vgl. weiter A. STOCK, Kurzformeln des Glaubens. Zur Unterscheidung des Christlichen bei Karl Rahner, Zürich - Einsiedeln - Köln 1971 (Theologische Meditationen 26).

8) K. RAHNER, ebd. 153.

9) W. BEINERT, ebd. 110.

10) Zit. nach R. BLEISTEIN, Kurzformeln des Glaubens. Texte, Würzburg 1971, 100.

11) Papst JOHANNES PAUL II., Ansprache bei der Begegnung mit Theologieprofessoren im Kapuzinerkloster St. Konrad in Alt-Ötting am 18. November 1980, in: Predigten und Ansprachen von Papst Johannes Paul II. bei seinem Pastoralbesuch in Deutschland sowie Begrüßungsworte und Reden, die an den Hl. Vater gerichtet wurden, Bonn o.J. (= Verlautbarungen des Apostolischen Stuhls 25) 167-172, hier 169.

12) Vgl. P.M. ZULEHNER, Heirat, Geburt, Tod. Eine Pastoral zu den Lebenswenden, Wien - Freiburg - Basel 1976, 16-48: 1. Grundlagen einer Auswahlchristenpastoral, bes. 37 der Bezug zu einer Plausibilitätsstruktur. Ders., Religion nach Wahl. Grundlegung einer Auswahlchristenpastoral, Wien - Freiburg - Basel 1974.

13) Vgl. E. FEIFEL, Die anthropologische Grundsicht des Glaubens in Kurzformeln, in: H. FLECKENSTEIN u.a. (Hrsg.), Ortskirche Weltkirche. FS J. Kard. Döpfner, Würzburg 1973, 557-571, hier 558f.

14) Vgl. E. FEIFEL, a.a.O. 560.

15) Vgl. J. HEINRICHS, Sinn und Intersubjektivität. Zur Vermittlung von transzendentalphilosophischem und dialogischem Denken in einer "transzendentalen Dialogik", in: ThPh 45 (1970) 161-191.

16) Zum Horizontcharakter von Sinn: Artikel 'Horizont', in: J. RITTER (Hrsg.), Historisches Wörterbuch der Philosophie, Bd. 3, Darmstadt 1974, 1178-1206, bes. 1200-1202 (zu Husserl und Heidegger).
Zum Sinn-Medium Jesus Christus die überzeugende Interpretation in: J. HEINRICHS, "Persönliche Beziehung zu Jesus Christus". Skizze zu einer handlungsorientierten Christologie, in: ThPh 54 (1979), 50-79, bes. 60-66: "Philosophische Vorbereitungen: dialogisch-reflexionstheoretischer Wahrheitsbegriff".

Erfahrungen aus der reflektierten Praxis der Lehrplanerstellung
Acht Jahre Zielfelderplan.
Theorieansätze und Praxisprobleme

Gabriele Miller

1. Die Vorgeschichte (1967-1969)

Im Jahre 1973 erschien der Zielfelderplan für die Sekundarstufe I[1]. Die folgende Skizze soll den Theorieansätzen dieses Plans und den bei der Erstellung (und wohl auch beim Gebrauch) aufgetretenen Praxisproblemen gewidmet sein. Wenn hier vom Zielfelderplan (= ZFP) von 1973 bzw. ganz allgemein von den Zielfelderplänen[2] die Rede sein soll, so scheint es mir unerläßlich, kurz einige Daten der Entstehungsgeschichte in Erinnerung zu rufen.

Der ZFP '73 löste den sogenannten Rahmenplan von 1967[3] ab. Dieser Rahmenplan (=RP), der Lehrpläne für die Klassen 1-10 enthielt, war von den Erstellern (und den Auftraggebern) über die Grundschule hinaus als Rahmen auch für die weiterführenden Schulen gedacht. Doch schon während seiner Erarbeitung meldete das Gymnasium seine Eigenständigkeit an. Ein Lehrplan für diesen Schultyp wurde in Auftrag gegeben und 1969 verabschiedet[4]; er wurde allerdings nicht in allen Bundesländern eingeführt (z.B. nicht in Baden-Württemberg, wo der RP '67 für alle Schultypen verbindlich war). Es kann nicht verwundern, daß die Realschule nachzog und ebenfalls einen eigenen Lehrplan forderte. Im November 1969 wurde mit der Erarbeitung eines "Rahmenplans für die Realschulen" begonnen. Niemand ahnte damals, welche Bedeutung dem Prozeß der Erarbeitung dieses Lehrplans zukommen sollte, wieviel Zeit er in Anspruch nehmen würde. Viel weniger konnte vorausgesagt werden, welch ein Lehrplangebilde am Ende des komplizierten Weges stehen würde. Es handelt sich nämlich um keinen anderen als den späteren ZFP (Sek I).

1.1 Berufungsverfahren von Lehrplankommissionen

Auftraggeber für all diese Pläne war die Deutsche Bischofskonferenz bzw. der für katechetisch-religionspädagogische Fragen zuständige sog. "Schulbischof"[5]. Durchgeführt wurde die Arbeit beim RP '67 von einer Kommission des Deutschen Katecheten-Vereins (= DKV), beim Gymnasialplan '69 von den gymnasialen Religionslehrerverbänden (mit Vertretern des DKV). Den Realschulplan sollte der DKV in Zusammenarbeit mit der Bischöflichen Hauptstelle für Schule und Erziehung[6] erstellen. Schon das Zustandekommen eines solchen Auftrags, die dafür notwendige Konsensbildung, die Bestellung der Mitglieder der zu konstituierenden Kommission wären je ein eigenes Kapitel wert. Wer bringt wen dazu, eine Kommission ins Leben zu rufen? Wer sucht die Mitglieder solcher Kommissionen aus? Aufgrund welcher Qualifikationen werden sie berufen? Zeigt sich in der Zusammensetzung solcher Kommissionen bzw. in ihrer konkreten Arbeit ein wesentlicher Unterschied je nach der Art der Berufungsinstanz? Obwohl dem so sein müßte, obwohl der Theorie nach zwischen Kommissionen, die nach den verschiedensten Kriterien berufen sind, auch große Unterschiede bestehen müßten, zeigt die praktische Erfahrung, daß dem nicht so ist.

1.2 Arbeitsstil

Ob berufen nach den je verschiedenen Kriterien einer Institution (sei sie kirchlich oder staatlich), ob nach regionalem Proporz oder nach dem verschiedener theologischer Richtungen, ob gemäß curricularer Einsichten nach Zuständigkeit von Experten verschiedener Kompetenzen, ob - nach kurzer Anlaufzeit - gemäß dem "natürlichen Auswahlprinzip" verfahren wird (d.h.: wer bereit ist, zu arbeiten, der darf auch mitarbeiten) - wie auch immer der Auswahlmodus lief: Wenn die eigentliche Arbeit getan werden muß, dann besteht kein wesentlicher oder gar spezifischer Unterschied zwischen Arbeitsgruppen und Kommissionen, die auf ganz verschiedene Weise einberufen werden bzw. sich zusammengefunden haben.

Der Arbeitsstil bei der Erstellung von beiden Zielfelderplänen (Sekunkarstufe I 1973 und Grundschule 1977) war - obwohl die Kommissionen auf ganz verschiedene Weise zur Arbeit kamen - im Prinzip die gleiche: Eine kleinere Gruppe brachte die Arbeit voran, ein weiterer Kreis las die Zwischenergebnisse mit, probierte sie aus, meldete zurück, machte kritisch-weiterführende (oder vernichtende) Fußnoten, gab neue Impulse. Bei beiden Zielfelderplänen reichte den Kommissionen der Atem nicht aus, um den konkreten Gang und Ablauf der Arbeit, die Einsichten und Motivationen, die Pannen und Irrwege zu dokumentieren. Beim Sekundarstufenplan (und auch beim RP) dachte man nicht einmal daran, daß das interessant sein könnte. Beim Grundschulplan gibt es dazu kistenweise nicht aufgearbeitetes Material. Doch nach der Eigenart von Lehrplänen und deren Auftraggeber wird dem Produkt mehr Interesse entgegengebracht als dem Prozeß, in dem das Ganze entsteht.

Wie lange nun dauert solch ein Entstehungsprozeß? Generell wohl länger, als die Beteiligten wünschen. Die Erarbeitungszeit
- vom Rahmenplan dauerte von 1964 bis 1967 (drei Jahre);
- vom ZFP Sekundarstufe I von 1969 bis 1973 (vier Jahre);
- vom Grundschulplan von 1973 bis 1977 (vier Jahre).

Bei allen Plänen kam der eigentliche Text erst im letzten Jahr zu Papier, und bei allen drei Plänen war die Flut der Zwischenergebnisse groß. Vergleichbar ist auch die Tatsache, daß das didaktische Begleitmaterial zu diesen Lehrplänen jeweils auf sich warten ließ. Das letzte "Beiheft"[7] zum Rahmenplan erschien Ende 1968 (ein Jahr später); der dritte Band der Themenfeldskizzen[8] zum ZFP kam 1974 auf den Markt (ebenfalls ein Jahr nach Erscheinen des Plans); die Unterrichtsplanungen[9] zum Grundschulplan ließen am längsten auf sich warten; der letzte Band erreichte die Lehrer erst 1980 (drei Jahre nach Drucklegung des Lehrplans). Ein Blick in die genannten Publikationen macht jedem Kundigen die teilweise lange Verzögerung verständlich.

1.3 Konsensbildung und Vermittlungsprobleme

Noch in einem anderen Punkt besteht Vergleichbarkeit zwischen der Erarbeitung der drei genannten Lehrpläne - und zwar betrifft dies die Konsensbildung innerhalb der Lehrplankommission wie auch das Problem der Rezeption des Ergebnisses von allen, die nicht mitgearbeitet haben[10]. Je intensiver eine Gruppe zusammenarbeitet und sich zusammenrauft, desto weniger kommt sie auf die Idee, mit Mehrheitsentscheidungen Sachprobleme zu lösen; so vorzugehen scheint eher der Stil auftraggebender und genehmigender Instanzen zu sein. Doch solches "Sich-Zusammenraufen" bringt Probleme anderer Art mit sich. Wenn eine Gruppe intensiv zusammenarbeitet, ihre Fragestellungen mit Experten aus Theorie und Praxis schrittweise klärt und sich so im Gespräch nach innen und nach außen verständlich macht und korrigieren läßt, dann verliert sie leicht den Maßstab für den "Normalverbraucher", der sich nicht in ein Gespräch einbeziehen läßt, sondern eben "verbrauchen" will. Das bringt Vermittlungshürden nicht geringer Art. Außerdem scheint es sehr schwer zu sein, den unausgesprochenen Gruppenkonsens und Lernprozeß aufs Papier zu bringen (und täte man es - wer läse es schon!). Mit anderen Worten: In unseren Lehrplänen muß viel zwischen den Zeilen gelesen werden, will man sie nicht mißverstehen. "Man muß die Autoren und ihre sonstigen Publikationen kennen, wenn man den Zielfelderplan S I nicht mißverstehen will", das sagte mir (zu meiner großen Verblüffung) vor Jahren ein junger Religionspädagoge.

Der Rahmenplan von '67 hatte es hier etwas leichter; er wurde verschiedentlich als die letzte offizielle Leistung der kerygmatischen Katechetik bezeichnet, d.h., die ganze Entfaltung und Vermittlung kerygmatischer Theologie war ihm vorausgegangen. Der ZFP '73 hatte es schwerer: Welcher theologischen Richtung ist er verpflichtet? Zwischen welchen theologischen Richtungen versucht er zu vermitteln? Welche Richtungen setzten sich in den "Hinterköpfen der Macher" durch - nicht zu Papier gebracht, weil andere Probleme vordringlicher schienen und den Blick verstellten? Solche Fragen spielen, zumindest bei der Beurteilung des ZFP '73 eine große Rolle. Wie will man sie befriedigend beantworten? Wenn dann noch eingerechnet wird, was an emotionaler Verstimmung sachliche Auseinandersetzungen belasten kann, dann sieht man Kämpfen pro und contra bestimmter Lehrpläne etwas gelassener zu.

Die Erarbeitungszeit des ZFP '73 - von der Berufung der Kommission (1969) bis zur Verabschiedung und zum Druck (1973) - hat vier Jahre in Anspruch genommen. Dennoch kann man nicht sagen, daß während dieser Zeit gleichmäßig und kontinuierlich gearbeitet worden ist. Wer sich im Metier auskennt, weiß, um welch bewegte Zeiten es sich bei diesen vier Jahren handelt.

Aus der schon heute schwer rekonstruierbaren Entstehungsgeschichte möchte ich einige Daten nennen und wenige Zeitabschnitte kennzeichnen.

1.4 Erste Phase (ein "besserer Rahmenplan")

Von November 1969 bis Mai 1970 arbeitete die Kommission mit der Vorstellung, einen "besseren" Rahmenplan zu machen. Das hätte wohl bedeutet, den inhaltlichen Vorgaben des Rahmenplans Lernziele (was auch immer man damals darunter verstand) aufzupfropfen. Ein Referat von Professor Dr. KARL ERNST NIPKOW (Tübingen) bei einer Lehrplansitzung in Würzburg Mai 1970 hielt die Kommission von diesem Irrweg ab - allerdings mit dem Ergebnis ziemlicher Ratlosigkeit. Kamen wir überhaupt je zu einem neuen Lehrplan oder, wie man jetzt sich bemühte zu sagen: zu einem Curriculum für den Religionsunterricht?

1.5 Zweite Phase (Modellideenpläne)

Die große Zeit der Unterrichtsmodelle, Unterrichtsprojekte hatte inzwischen - vor allem im Raum der evangelischen Religionspädagogik - bereits begonnen und Früchte getragen, die auch wahllos konsumiert wurden. Diesem Trend der Neuheit schloß sich auch die Lehrplankommission an; man verlagerte die Arbeit in regionale Projektgruppen. Die Erstellung und der Austausch solcher Unterrichtsprojekte und -modelle brachte viel Bewegung, Leben, neue Ideen und auch Willkür. Doch echte Besorgnis machte sich noch nicht breit, das Experimentierfeld war noch zu neu. In das zufällige Vielerlei aneinandergereihter, nicht aufeinander passender Modelle kam eine "gewisse" Ordnung (bzw. es wurde zumindest der Gedanke daran wachgerufen) durch sog. Projektideenpläne, zunächst der von HORST HEINEMANN und SIEGFRIED VIERZIG[11]. Im Juli 1971 zog eine Arbeitsgruppe des Deutschen Katecheten-Vereins[12] nach und bastelte einen möglichen "Modellideenplan" für den katholischen Religionsunterricht. Von da an bürgerte es sich im Umfeld des DKV ein, grundsätzlich bescheidener von Unterrichtsmodellen zu reden und nicht jeden Entwurf einer größeren Unterrichtsreihe anspruchsvoll "Unterrichtsprojekt" zu nennen[13].

Wenn man diesen "Modellideenplan" heute betrachtet, springen zwei Dinge in die Augen: a) Gegenüber früheren Plänen ein gewisser Anteil an sog. problemorientierter Themenstellung und b) die Zufälligkeit. Obwohl (oder gerade weil) eine große Anzahl von Religionslehrern zuvor nach ihren Erfahrungen und den von ihnen behandelten Unterrichtsthemen befragt worden sind[14], wirkt das Ganze wie ein Puzzlespiel zwar interessanter, aber willkürlich zusammengesetzter Unterrichtsmodelle. Die sich ergebenden Lücken wurden nach Kollegenvorschlägen, einem Rückgriff auf den alten Lehrplan (= RP '67) und eigenem Gutdünken aufgefüllt.

1.6 Dritte Phase (Teilcurricula als thematisch bestimmte Zielfelder)

Ein wichtiger Schritt für die einsetzende Reflexion religionspädagogischer Fragen bei katholischen Religionslehrern war die im April 1971 vom DKV gegründete ARPE[15]. Ihre von da an zweimal im Jahr stattfindenden Tagungen interessierter Religionslehrer, aus allen Diözesen zusammengelaufen, um das brennende Haus zu löschen und neue Baupläne zu entwerfen, diese Tagungen wurden für den ZFP '73, seine Erarbeitung und seine kritische Begleitung lebensnotwendig; vielleicht waren sie für das "Überleben" mancher Religionslehrer notwendiger, als das heute scheinen mag.

Auf der zweiten ARPE-Sitzung in Stuttgart im Dezember 1971 wurde bereits ein wesentlicher Denkschritt gemacht mit der Frage: Wie kommt man von der Zufälligkeit einer Unterrichtsmodellansammlung weg? Und die Antwort lautete: Man müßte Zielfelder umschreiben und diese thematisch bestimmen: "thematisch bestimmte Zielfelder" hieß die Zukunftsvision[16]. Dabei scheint heute im Rückblick bedeutsam, daß auch in der Zeit der Lernziel-Hochkonjunktur die katholische Religionspädagogik die "inhaltliche Bestimmung" als Programm nicht aufgab.

1.7 Vierte Phase (Ein Lehrplan für die Sekundarstufe I)

Die dritte ARPE-Sitzung in Bottrop im April 1972 brachte die fast schon tote Realschulkommission wieder zum Leben. Man hielt am Rande eine Sondersitzung ab, beschloß für die ganze Sekundarstufe I und nicht nur für die Realschule zu planen, entwickelte Strategien zur Durchführung und einen Zeitplan.

Wesentlicher Impuls für diesen Neuanfang war ein in der Diözese Rottenburg kurz zuvor durchgeführtes Werkstattseminar unter der Leitung von Dr. DORIS KNAB[17]. Einige der späteren Plan-Macher hatten hier das Curriculum-ABC gelernt. Die Idee, "thematisch bestimmte Zielfelder" zu umschreiben, war aufgegriffen und der Konzipierung von Teil-Curricula gegenübergestellt, bzw. diese "Zielfelder" waren als Teil-Curricula identifiziert worden. Außerdem hatte man nach Kriterien für Qualifikationen für den Religionsunterricht gefragt, und Formulierungsversuche waren unternommen worden. Diese neuen Erkenntnisse wurden jetzt bei der ARPE in Bottrop in einem Arbeitskreis vorgestellt und als Grundlage für die Lehrplanarbeit akzeptiert. Auch wenn Doris Knab die daraus entstandenen Plangebilde unter der Überschrift verhandelt haben mag: "Der Himmel bewahre mich vor meinen Freunden!", so war ihr Werkstattseminar doch der entscheidende Durchbruch zur Konzipierung des neuen ZFP.

1.8 Fünfte Phase (Planraster und Strukturgitter)

Ein letzter Schritt geschah auf zwei Sitzungen in Rottenburg und einer in Trier. Unmittelbar auf die ARPE in Bottrop folgend wurde von einer kleinen Gruppe[18] die Entscheidung für bestimmte Qualifikationen gefällt, und zwar als Orientierungsmarken für - die Schuljahre der Sekundarstufe I durchziehende - Teilcurricula (=Zielfelder). Parallel dazu wurden alte Lehrpläne und neue Lehrplanentwürfe, Unterrichtsmodelle und religionspädagogische Beiträge (Zeitschriftenartikel) gesichtet und analysiert, um so durch Vergleich von theoretischen Entwürfen und Rückmeldungen aus der Praxis einen Katalog möglicher Lehrplaneinheiten zu erstellen und zu komplettieren.

Im Juli 1972 tagte eine Untergruppe der Lehrplankommission ebenfalls in Rottenburg, um mit Hilfe des inzwischen erarbeiteten und angeeigneten Grundlagenwissens auf pragmatischem Weg den Plan in Angriff zu nehmen und die Fertigstellung vorzubereiten. Bei dieser Juli-Sitzung[19] wurde zum erstenmal das Problem eines in Felder (Schuljahre durchlaufende Teilcurricula), oder wie man von da an einhellig sagte: in "Zielfelder" eingeteilten Plans gesehen. Um die Zufälligkeit von aneinandergereihten Unterrichtsmodellen zu vermeiden, hatte man sich für einen Zielfelderplan entschieden. Doch eben die nebeneinandergestellten, thematisch bestimmten Zielfelder erwiesen sich als Fessel. Wenn man solche Zielfelder ernst nimmt, sie an Qualifikationen und an - diese präzisierenden - Richtzielen orientiert, wie kann dann eine Isolierung der einzelnen Zielfelder vermieden werden? Wenn man dazuhin in Rechnung stellt, daß die umschriebenen Zielfelder sowohl solche sind mit traditionsorientiertem wie auch solche mit problemorientiertem Schwergewicht, so ist die Gefahr des Auseinanderfallens der verschiedenen Zielfelder noch drohender.

Es mußte eine Klammer gefunden werden. Als solche boten sich "Erfahrungsbereiche" der Schüler an, in die die Zielfelder eingefügt wurden. Die vier Erfahrungsbereiche[20], die den Gesamtrahmen des Planes bilden, wurden dazuhin zu Strukturierungskriterien für das einzelne Themenfeld. Dies erbrachte die Verschränkung von Gesamteinteilung des Plans (I: Eigenes Leben; II: Leben mit andern; III: Religion/Religionen; IV: Kirche) und didaktischer Strukturierung[21] der einzelnen Themenfelder (= "Didaktisches Strukturgitter" genannt). Wie auch immer diese "Erfindung"

einer Planstruktur und -strukturierung später von Kritikern beurteilt wurde, für
die ZFP-Kommission war dies ein wesentlicher Schritt, um die Integration des einzelnen Themenfeldes in das gesamte Zielspektrum zu bewerkstelligen. Das schwierige
Unterfangen, Alltagserfahrung und Botschaft des Evangeliums in Wechselbeziehung zu
sehen und darzustellen, im Grundschulplan[22] und in der weiteren religionspädagogischen Diskussion unter den Begriff Korrelation gefaßt, wurde im ZFP '73 versucht, mit Hilfe des Instruments anzugehen, das "Didaktisches Strukturgitter" genannt wird.

1.9 Schlußphase (Zielfelderplan)

In wenigen Monaten intensiver Arbeit wurde mit verschiedenen Lehrplangruppen einzelner Diözesen und Länder Kontakt aufgenommen, zusammengearbeitet[23], Ergebnisse
ausgetauscht, diskutiert, kritisiert, revidiert. Das eigentliche Planmachen erfolgte von August 1972 bis März 1973, einschließlich des Entwurfs aller drei in
Ergänzungsbänden erschienenen Themenfeldskizzen.
Daß der Plan trotz aller Verabschiedungs- und damit erneut notwendiger Überarbei-
tungsprobleme doch noch im Herbst 1973 auf den Markt kam, erscheint im Rückblick
fast wie ein kleines Wunder.
Den Mitgliedern der Kommission war daran gelegen gewesen, die Arbeit zu einem
schnellen (und wie sie meinten: vorläufigen) Abschluß zu bringen, um zwischen Veröffentlichung des Plans - und damit der konkreten Arbeit mit ihm - und den im Lauf
der Erstellung gefällten Entscheidungen keinen zu großen zeitlichen Abstand entstehen zu lassen. Daß Provisorien oftmals von penetranter Dauerhaftigkeit sind,
zeigt sich einmal mehr an den oftmals erhobenen Revisionsappellen zum ZFP[24].

Dieses kurze Streiflicht auf ein Stück Entstehungsgeschichte des ZFP zeigt zugleich einen bestimmten Ausschnitt religionspädagogischer Entwicklung der letzten
Jahre.

2. Die Frage nach dem religionsdidaktischen Ansatz

Mit der skizzierten Entstehungsgeschichte stellt sich zugleich die Frage nach der
Eigenart dieser Pläne dieser Art von ihrer religionspädagogischen Seite her. Was
soll Priorität haben in diesem "neuen" Religionsunterricht: die Probleme der Jugendlichen oder die Glaubenstradition der Kirche? Schon eine solche Fragestellung
scheint manchem heute verwerflich. Vielleicht ist diese Alternative tatsächlich
falsch, zeigt sie doch deutlich, wie leicht wir von einer Einseitigkeit in die
andere fallen. Das Problem scheint eher das der adäquaten Vermittlung der Botschaft des Evangeliums zu sein, und zwar so, daß es den Schüler wirklich trifft,

und so, daß gleichzeitig das Spezifische des Christlichen nicht verlorengeht. Kann den Schülern die religiöse Dimension ihres alltäglichen Erfahrungsfeldes erschlossen werden, ohne in der "Banalität der sogenannten reinen Sachverhalte" (wie H. HALBFAS sagt) steckenzubleiben? Können dem Schüler glaubwürdige Modelle christlichen Glaubens angeboten werden, mit denen er sich identifizieren kann, in denen ihm wenigstens eine Ahnung vom "Möglichen-Mehr" seines Lebens aufgeht? Wie kann der Schüler für Transzendenzerfahrungen sensibilisiert werden, so daß die christlichen Antwort- und Deutemodelle ihm nicht wie "aufgesetzt", "angeklebt" erscheinen? Gelingt es uns, die Schüler für religiöse Fragen zu öffnen, sie sensibel zu machen für Sinn- und Wertfragen, um sie zu persönlicher Entscheidung zu motivieren und sie auf dieser Basis fähig zu machen zu einem vom christlichen Glauben geprägten Leben?

3. Vermeidung von Einseitigkeiten

Der Synodenbeschluß zum Religionsunterricht (1974) ist hinsichtlich der oben gestellten Antworten auf die Fragen wesentlich nüchterner und realitätsnäher als manche jüngere Verlautbarung. Doch wir können es nicht als unsere Entdeckung verbuchen, dieses Problem zu sehen. Schon die induktive Didaktik der sechziger Jahre ging von der Leitfrage aus: Wie kann ich alltägliche Schülererfahrungen didaktisch so erschließen, daß eine Offenheit für (religiöse und spezifisch-)christliche Antworten entsteht? Zu dieser Fragestellung gibt es aus jener Zeit beachtliche Ergebnisse. Doch ein konsequent induktives Vorgehen birgt die Gefahr, daß die Botschaft des Evangeliums in ihrer provozierenden Ganzheit nicht zur Sprache kommen kann; denn sie wird nur "mit der Brille" der Schülererfahrung betrachtet; was diesen Horizont überschreitet, wird nicht thematisiert (weil nicht "gefragt").

Eine ähnliche Einseitigkeit wird auch spürbar beim sogenannten problemorientierten Religionsunterricht, wie er Ende der sechziger Jahre im Raum der evangelischen Religionspädagogik aufkam und Anfang der siebziger Jahre in den katholischen Religionsunterricht übernommen wurde. Bibel und überlieferter Glaube wurden weithin als Problemlösungspotential für Alltagsfragen angesehen. Es entstand ein nicht nur didaktisch wenig fruchtbares, sondern auch theologisch sehr kurzschlüssiges Frage-Antwort-Modell, das das Überraschende, menschliche Fragen immer Übersteigende, menschliches Einzelschicksal Umgreifende christlicher Botschaft einebnete. In dieser oft sehr einseitig angegangenen religionspädagogischen Fragestellung und teilweise sogar im Vorausgriff zu ihr ist der Zielfelderplan entstanden.

In diesem Zusammenhang erwähnt man gerne das sogenannte "Konvergenzmodell", wie es - auf K. E. NIPKOW fußend - der Synodenbeschluß zum Religionsunterricht skizziert:

"Der hier konzipierte Religionsunterricht liegt in der Schnittlinie von pädagogischen und theologischen Begründungen"[25], die Synode will also einen Religionsunterricht, der "pädagogisch und zugleich theologisch verantwortbar" ist. Diese (bildungspolitische) Konvergenzargumentation für das Schulfach Religionslehre gibt für unsere (religionspädagogische) Frage jedoch nur den Rahmen ab; für das Problem selber wird dadurch die Lösung noch nicht gezeigt. Wenn theologische und pädagogische Argumente für unser Fach zur Konvergenz gebracht werden können, so trägt das etwas aus zur Begründung des Religionsunterrichts als Schulfach, und es trägt etwas aus für die Kriterien, nach denen demzufolge die Ziele dieses Fachs umschrieben werden müssen. Die Konkretisierung dessen ist ein weiterer Schritt.

4. Korrelation als didaktischer Ansatz

Der ZFP für die Sekundarstufe I verstand sich von Anfang an als Verständigungsbasis, um verschiedene, zum Teil einseitige Positionen wieder miteinander ins Gespräch zu bringen und die zur Entstehungszeit des Plans aufbrechende Polarisierung zwischen einem "nur" theologischen (= dogmatischen bzw. kerygmatischen) und "nur" anthropologischen Ansatz abzuschwächen. "Es gibt nicht den entweder theologischen oder anthropologischen Religionsunterricht, sondern nur einen Religionsunterricht, der beiden Aspekten in je reziprokem Verhältnis gerecht wird. Ein Religionsunterricht, der seine Themenstellung aus 'theologischem' Horizont wählt, muß sie auf eine 'anthropologische' Zielrichtung hin erschließen. Ebenso aber gilt umgekehrt: ein Religionsunterricht, der 'anthropologisch' formulierte Themen wählt, muß diese auf ein 'theologisch' ausgewiesenes Zielspektrum hin interpretieren. Dieses Ineinander-verschränkt-Sein von Zielen und Inhalten in theologisch-anthropologischer bzw. anthropologisch-theologischer Reziprozität soll durch den Zielfelderplan deutlich gemacht werden. Er will die Aufgabe des Religionsunterrichts aufzeigen: einerseits Glauben und Selbstverständnis der Kirche in ihrer heutigen Bedeutsamkeit darzustellen und andererseits den Schüler zu befähigen, aus seiner eigenen Situation heraus zu einer persönlichen Glaubensentscheidung zu finden."[26]

5. Ideal und Wirklichkeit

Zwischen dem, was die Planmacher intendierten, und dem, was schließlich auf dem Papier stand, mag ein großer Abgrund klaffen. Vieles an Kritik haben die Autoren auf den letzten Seiten der Grundlegung[27] mitgeliefert, auf denen sie den Kritiker direkt ansprechen. Vielleicht war es Illusion, zu hoffen, daß Kritiker das ernst nehmen. Flächenabdeckend zu planen für alle Schuljahre und alle Ziel- und Inhaltsbereiche fordert von Schritt zu Schritt Entscheidungen, die - so der Scharfblick der Macher es überschaut - solche des kleineren Übels sind. Aber ein Übel sind sie, vor allem wenn auf solchen - üblen - Entscheidungen andere (logischerweise noch üblere) fußen.

Die hinlänglich bekannten Kritikpunkte brauchen hier nicht noch einmal aufgezählt zu werden: vom fragwürdigen Erfahrungsbegriff bis zur merkwürdigen Verwendung des Begriffs Strukturgitter, vom hochgestochenen (und oft trotz vieler Worte mißverständlichen) Vokabular bis zu den nicht konsequent korrelativ formulierten Zielen, von den zwar vorausgesetzten, aber nicht zu Papier gebrachten theologischen Vorgaben bis zur (zumindest im ZFP '73) nicht deutlich formulierten korrelativen Didaktik - von der Vieldeutigkeit dessen, was mit Korrelation zu verstehen ist, ganz zu schweigen. Nicht nur ein Blick in die Literatur, sondern auch Diskussionen zwischen "denen, die es wissen müßten" - das spiegelte sich auch bei der Herbsttagung 1979 in Brixen wider[28] -, zeigen, wie wenig geklärt, oder besser gesagt: wie breitgefächert diese Option zu verstehen ist. Es hat den Anschein, als müsse die Didaktik der Korrelation noch auf ein Stück theologischer Vorarbeit warten.

6. Zielfelderplan Grundschule

Der ZFP für die Grundschule[29] von 1977 hat manche der genannten Probleme, wenn auch nicht gelöst, so doch deutlicher gesehen und angesprochen. Die Einzelkritik ZFP '73 hatte vor allem das Themenangebot getroffen. Wenn die Intention des Strukturgitters nicht wahrgenommen wird und unberücksichtigt bleibt, werden die einzelnen Themenfelder isoliert, die Frage nach der Verbindung von "situativen" Themen aus der Umwelt der Schüler mit jenen "theologischen" Themen kirchlicher Tradition, die immer schon zum Religionsunterricht gehörten, wird dann im besten Fall additiv gelöst. Hier wurde bei der Erarbeitung des ZFP für die Grundschule konstruktiv weitergedacht.

Bei der grundsätzlichen Frage nach der Korrelation: wie heutige menschliche Situation und überlieferter christlicher Glaube vermittelt werden können, spielte bei der Grundschulkommission auch die Auseinandersetzung um den Religionsbegriff eine Rolle. Zwei Aufsätze in den "Katechetischen Blättern" können als "Meilensteine" für die Richtung der Lehrplan-Arbeit angesehen werden. Sie geben Aufschluß über die Auseinandersetzungen in der Grundschulkommission: Das ist zunächst ein Beitrag von GÜNTER LANGE: Religion und Glaube[30]. G. LANGE faßte darin die Diskussion der Kommission zusammen und brachte durch seinen Beitrag Profil und Ordnung in die teilweise noch nicht abgeklärten Gedankengänge. Es geht in dieser Darlegung vor allem um die Weisen, in denen Wirklichkeit erfahren werden kann. Denn - so wird das Ergebnis dann im Grundschulplan zusammengefaßt - "die Erfahrung von Wirklichkeit ist mehrdimensional; sie ist mehrschichtig und vieldeutig"[31]. Aus dem Lange-Aufsatz stammen die religionspädagogisch berühmt-(berüchtigten) Chiffren X, Y, Z, mit denen der Grundschulplan die Erfahrungsdimension der Wirklichkeit bezeichnet.

Für einen zweiten Ansatz, der die didaktische Linie des Grundschulplans geprägt hat, lieferte GOTTHARD FUCHS mit seinem Beitrag "Glaubhaft ist nur Liebe"[32] die Begründung. Hier wird das skizziert, was in das Einleitungskapitel des Grundschulplans[33] einging und in der Folgezeit "Didaktik der Korrelation" genannt wird. Das Übersichtsblatt des Grundschulplans faßt das Ergebnis dieser beiden Überlegungen so zusammen.

"Der Grundschulplan geht von zwei Voraussetzungen aus:
1. Die Erfahrung von Wirklichkeit ist mehrdimensional; sie ist mehrschichtig und vieldeutig. Das soll heißen: Das Erfassen von Tatsachen und Fakten vermittelt noch nicht die ganze Wirklichkeit; auch Religion und Glaube sind Dimensionen, in denen Wirklichkeit erfahren werden kann.
2. Die christliche Botschaft steht in Wechselbeziehung (Korrelation) zum menschlichen Leben. Das soll heißen: Der Gott des christlichen Glaubens ist da für die Menschen, und die Menschen sind in ihrem Suchen verwiesen auf die christliche Botschaft."[34]

Diese beiden Thesen müssen auch für das rechte Verständnis und die Interpretation des ZFP '73 geltend gemacht werden. Sie sind - meiner Ansicht nach - auch für eine Revision dieses Planes notwendige Richtmarken.

7. Perspektiven

Ein Plan, der nach der Intention der Macher für zwei Jahre zur Erprobung zugelassen werden sollte - so lautete die Empfehlung der Kommission, die den ZFP '73 erstellt hat -, ist jetzt endlich (seit Ende 1979) in der Revision. Die oben angedeutete Schlußfolgerung aus dem Grundschulplan will nichts festlegen hinsichtlich einer künftigen Aufzeichnungsart des Plans; es ist auch nichts gesagt über die in einem zukünftigen Plan zu verwendende oder zu vermeidende Terminologie. Was auch immer für neue Pläne gefordert werden mag, wie auch immer die Richtlinien und Vorstellungen aussehen mögen, nach denen neue Lehrpläne für die Zukunft konzipiert werden sollen - eines sollten auch strenge Kritiker dieser Pläne und der ganzen "Richtung" sehen: Es sollte ein Stück Kontinuität gewahrt werden.
Haben wir mit den durch die religionspädagogische Diskussion und Bemühung seit Beginn der siebziger Jahre angestoßene Entwicklung einen Teil der Religionslehrer (noch) nicht erreicht, stoßen wir vor allem bei den Eltern der Schüler auf Unverständnis, so könnten wir durch abermalige totale Richtungsänderung (wohin? wie?)

riskieren, zur einen durch die neuen Pläne verärgerten Hälfte der Lehrer auch noch die zweite Hälfte durch noch neuere Pläne zu verärgern.

Anmerkungen:

1) Zielfelderplan für den katholischen Religionsunterricht der Schuljahre 5-10 (Sekundarstufe I). Grundlegung. Erarbeitet von einer Kommission des Deutschen Katecheten-Vereins e.V. in Zusammenarbeit mit der Bischöflichen Hauptstelle für Schule und Erziehung. München 1973 (Auslieferung: Deutscher Katecheten-Verein e.V., 8000 München 80, Preysingstr. 83 c).

2) Zielfelderplan für den katholischen Religionsunterricht in der Grundschule. Grundlegung. Herausgegeben im Auftrag der Bischöflichen Kommission für Erziehung und Schule von der Zentralstelle für Bildung der Deutschen Bischofskonferenz (Auslieferung: Deutscher Katecheten-Verein e.V., 8000 München 80, Preysingstr. 83 c, München 1977). - Ebenfalls als ZFP konzipiert wurde der: Grundlagenplan für den katholischen Religionsunterricht an Beruflichen Schulen, hrsg. von der Zentralstelle Bildung der Deutschen Bischofskonferenz (Auslieferung: Deutscher Katecheten-Verein e.V., 8000 München 80, Preysingstr. 83 c, München 1980).

3) Rahmenplan für die Glaubensunterweisung, mit Plänen für das 1-10. Schuljahr; hrsg. von den katholischen Bischöfen Deutschlands durch den Deutschen Katecheten-Verein (München) 1967.

4) Rahmenplan für den katholischen Religionsunterricht an den Gymnasien in der Bundesrepublik Deutschland. Erarbeitet im Auftrag der Deutschen Bischofskonferenz von einer vom "Bund katholischer Religionslehrervereinigungen" gebildeten Kommission. München 1969.

5) Bis 1976 war "Schulbischof" Dr. Johannes Pohlschneider, Bischof von Aachen; seit 1976 ist dies Dr. Johannes Joachim Degenhardt, Erzbischof von Paderborn.

6) Seit 1976 übergeleitet in die Zentralstelle Bildung der Deutschen Bischofskonferenz.

7) Herausgegeben vom DKV, erschienen in den Jahren 1967 und 1968. Katechetische Beihefte zu jedem Schuljahr.

8) Themenfeldskizzen der Schuljahre 5/6; 7/8; 9/10 zum ZFP für den katholischen Religionsunterricht der Schuljahre 5-10. Auslieferung: DKV. Impressum wie beim ZFP (vgl. Anm. 1).

9) Herausgegeben von der Zentralstelle Bildung der Deutschen Bischofskonferenz; erschienen als Teil II des Zielfelderplans für den Katholischen Religionsunterricht in der Grundschule: 1978 Unterrichtsplanung 1; 1979 Unterrichtsplanung 2 und 3; 1980 Unterrichtsplanung 4.

10) Mit einer derartigen Schwierigkeit haben wohl alle Lehrpläne zu kämpfen, die mehr sind als nur "Stoffangaben" auf dem Hintergrund einer allgemein akzeptierten inhaltlich bestimmten Systematik.

11) Informationen. Zeitschrift für den Religionsunterricht. Hrsg.: S. VIERZIG - H. HEINEMANN, Hannover. Oktober 1970, 18-25.

12) F. KASPAR und G. MILLER; der Modellideenplan für den katholischen Religionsunterricht wurde nie gedruckt; er war aber als vervielfältigtes Manuskriptblatt (ohne Kommentar) weit verbreitet.

13) Eigenart dieser Unterrichtsmodelle war vor allem ihre Lernziel- und Schülerorientierung. Allerdings war dies oft nur ein formales Kennzeichen; die Ausführungen zur "Schülersituation", zur "Ausgangslage" der Schüler waren oft

austauschbare Pflichtübungen, die Lernziele umformulierte Inhaltsangaben.

14) Es waren mehrere hundert Religionslehrer (verschiedenster Ausbildungsgänge), vor allem aus der Diözese Rottenburg; alle Schulstufen, Schultypen berücksichtigend. Die Fragen lauteten u.a.: Welche Unterrichtseinheiten haben Sie in den letzten Wochen (in Klasse ...) behandelt? - Welche UE halten Sie für diese Klassenstufe für wesentlich? - Auf welche UE im Lehrplan würden Sie verzichten? - Sind Sie dabei, ein Unterrichtsmodell vorzubereiten? Thema?

15) Bei der Namensfindung für diese Arbeitsgemeinschaft Religionspädagogischer Projektentwicklung war die oben genannte Option für den bescheideneren Titel "Unterrichtsmodell" noch nicht gefallen.

16) Ergebnis aus einer Arbeitsgruppe unter FRANZ KASPAR und GABRIELE MILLER.

17) Dr. DORIS KNAB, Direktorin am Deutschen Institut für Wissenschaftliche Pädagogik Münster, führte dieses Werkstattseminar (Einführung in die Problematik der Curriculum-Entwicklung) zusammen mit Mitarbeitern ihres Instituts für Religionslehrer aus der Diözese Rottenburg in der Karwoche 1972 durch.

18) Becker, Boll, Miller, Niehl, Niggemeyer, Quadflieg (vgl. die Mitarbeiterliste in ZFP, Grundlegung 1973, 84-85).

19) Blessenohl, Boll, Manderscheidt, Miller, Ruf.

20) Vgl. dazu ZFP, Grundlegung S. 26 und Übersichtsblatt.

21) Auf den mißverständlichen Gebrauch des Begriffs "Didaktisches Strukturgitter" kann hier nicht eingegangen werden.

22) Vgl. Anm. 2.

23) Vgl. ZFP '73, Grundlegung: die Liste der Mitarbeiter auf den Seiten 84-85.

24) Die Ende 1979 vom Schulbischof berufene neue Kommission zur Revision des ZFP '73 oder zur Erstellung eines neuen Plans für die Sekundarstufe I wird sich möglicherweise im Laufe des Jahres 1981 auf ein neues Konzept einigen können.

25) Der Religionsunterricht in der Schule. Ein Beschluß der Gemeinsamen Synode der Bistümer in der Bundesrepublik Deutschland. Heftreihe: Synodenbeschlüsse 4, hier 2.1.

26) G. MILLER, Einführung in den Zielfelderplan. Seine Entstehung und seine Struktur, in: R. OTT und G. MILLER, Zielfelderplan. Dialog mit den Wissenschaften, München 1976, 15.

27) Grundlegung, 76-83: "Anmerkungen für den Kritiker", von den Adressaten kaum je beachtet!

28) Vgl. KBl 1980, 84-121 130-148.

29) Vgl. Anm. 2. - Der oft kritisierten Gruppe der Planmacher tat es gut, aus der französisch-sprechenden Westschweiz im Sommer 1980 den Grundschulplan in französischer Übersetzung präsentiert zu bekommen mit dem Siegel: Wir haben uns auf dem europäischen Markt umgeschaut und nach langem Suchen den besten Plan genommen.

30) G. LANGE, Religion und Glaube. Erwägungen zum Gegenstand des Religionsunterrichts, in: KBl 1974, 733-750.

31) Vgl. Übersichtsblatt zum Zielfelderplan Grundschule.

32) G. FUCHS, Glaubhaft ist nur Liebe. Theologische Anmerkungen zu Ansatz und Perspektive des Zielfelderplans für die Primarstufe, in: KBl 1977, 371-377.

33) Vgl. Grundlegung, S. 13-20.

34) Vgl. Übersichtsblatt des Grundschulplans; vgl. auch Grundlegung, S. 53.

Curriculare Lehrplanentwicklung in Bayern.
Darstellung der Theorieansätze und Praxisprobleme bei der Erstellung der Bayerischen Lehrpläne für den katholischen Religionsunterricht

Wilhelm Albrecht

Noch scheint es zu früh, ein abgewogenes Geschichtsblatt der religionspädagogischen Entwicklungen in den vergangenen zwei Jahrzehnten zu schreiben. Eines jedoch ist heute bereits abzusehen: Die Öffnung für die Curriculumdiskussion war für das Schulfach Religionsunterricht von einem nicht leicht zu überschätzenden Gewicht. Es gingen von diesem Schritt entscheidende Anstöße für die Bewältigung verschiedener prekärer Situationen aus, und die religionspädagogische Fachwissenschaft verdankt ihm weichenstellende Orientierungen. Natürlich blieb vieles unvollendet, wurden hochfliegende Hoffnungen enttäuscht, hat sich manche Skepsis bestätigt. Dennoch erbrachte die intensive Auseinandersetzung mindestens zweierlei: Dem curricularen Denken kam eine Kompaßfunktion bei der Erneuerung des Religionsunterrichts im Geflecht von Gesellschaft - Bildung - Schule - Wissenschaft zu, ebenso eine Koordinierungs- und Entscheidungsfunktion in Fragen der Unterrichtsplanung.

Das Folgende siedelt vorwiegend im Umkreis des letztgenannten Gesichtspunktes. Bei dem wechselseitigen Zusammenhang der Binnen- und der Außenstruktur curricularer Sachverhalte verwundert es aber nicht, wenn unvermeidlicherweise auch Aufschlüsse über erstgenannte Bezugspunkte gegeben werden. Insgesamt möchten die Ausführungen einen Beitrag liefern zu einer Bilanzierung curricularer Wirkungen im heutigen Religionsunterricht[1].

1. Theorieansätze und Entwicklungsprobleme des curricularen Lehrplansystems (CuLp)

Träger der Curriculumreform im Freistaat Bayern war von Anfang an ein zentrales "Staatsinstitut für Schulpädagogik (ISP)". 1971 gegründet, war es aus einem seit 1966 bestehenden "Staatsinstitut für Gymnasialpädagogik" hervorgegangen. Bereits diese institutionelle Setzung läßt deutliche Besonderheiten im Vergleich zu anderen Curriculuminstanzen der Bundesrepublik erkennen:

a) Von Anfang an verstand sich das Wirken des ISP in der Weise einer Zusammenführung und einer gleichmäßigen Berücksichtigung von wissenschaftlicher Forschung, von Schulpraxis und administrativer Schulverwaltung[2]. Damit sollte ein mißliches Nebeneinander oder gar ein störendes Gegeneinander verhindert werden, "Reibungsverluste", die die Gefahr beinhalten, in isolierten Projekten oder in unausgewogenen Prioritätssetzungen steckenzubleiben. Andererseits ist freilich auch zu sehen: Das hohe Maß an kontinuierlichem Vorgehen tendiert zu einer Einschwörung auf die Linie, es begünstigt nicht freie Initiativen, und noch allfällige Revisionen des Systems werden zentral angegangen.

b) Die maßgebende Perspektive der inneren Schulreform des bayerischen Schulwesens geht von der Gymnasialreform aus. Am Anfang steht die Neubildung der Kollegstufe. Es folgen, stufenweise fortschreitend, die Mittel- und Unterstufe des Gymnasiums, Real- und Berufsschule und schließlich Grund- und Hauptschule. Das bedeutet: Die (für alle Schularten) grundsätzlich einheitlich gefaßten curricularen Grundsätze werden erst im Zuge ihrer Praxisbewährung auf die Erfordernisse des eigenständigen Volksschulwesens hin modifiziert.

Kennzeichnend für die bayerische Lehrplanarbeit ist, daß sie sich von Beginn an unter realitätsnahe Bedingungen stellte. Sie hatte die pädagogisch-didaktische Dimension des Bildungsprozesses mit der Dimension politisch-administrativer Lenkung zusammen im Auge. Dahinter steht ein bestimmtes <u>Verständnis von Schule</u> als eines vielgliedrigen, in die gesellschaftlichen Bedingungen eingebetteten Teilsystems: Schule dient der Durchführung von Bildungsprozessen, die einem verfassungsmäßigen Auftrag entsprechen und mit darauf bezogenen administrativen Mitteln garantiert werden soll. Lehrpläne bringen deshalb das Wechselwirkungsverhältnis zwischen der zu bildenden heranwachsenden Generation und der bestehenden und sich weiterentwickelnden Soziokultur zum Ausdruck. Das CuLp-Modell dient demnach "sowohl der bildungspolitisch-administrativen Lenkung als auch der pädagogisch-didaktischen Grundlegung des Unterrichts und der Erziehung"[3].

Versucht man, dieses Modell in die Bildungsdiskussion des vergangenen Dezenniums einzuordnen und vor die bildungspolitische Gretchenfrage "offene oder geschlossene Curricula" zu stellen[4], dann erkennt man, daß es sich jeder eindeutigen Zuschreibung an theoretisch vorgedachte und vorentworfene Muster entzieht. Auch das hängt vor allem mit der unmittelbaren Praxisnähe bayerischer Modellentwicklung zusammen. Zugleich macht es auch deutlich, daß nicht allein das Prinzip einer Neukonstruktion tragend werden sollte, sondern daß "Wahrung von Kontinuitäten" zu den charakteristischen Eigenheiten bayerischer Lehrplanentwicklung zählt. Ein curricularer Lehrplan "soll einerseits die Distanz gegenüber früheren, in Form und Inhalt veralteten Lehrplänen betonen"[5] und andererseits sich abgrenzen von einer einseitig vorherrschenden Zieldominanz. Es handelt sich beim CuLp infolgedessen um ein <u>Mischprodukt,</u> um eine nach curricularen Grundlagen durchforstete und aufgebaute Lehrplangrundlage. "Der Vorteil des Lehrplans, die größere Handlungsfreiheit von Schülern und Lehrern soll verknüpft werden mit den Vorteilen des Curriculum, nämlich der eindeutigen Präzision der Lernziele und der stärkeren Hilfen für den Lehrer."[6]

Von diesen Gesichtspunkten her ist die besondere Beschreibungsform des CuLp-Systems zu erklären:

a) Das Formular hält sich an die sogenannte "Spaltenordnung". Es umfaßt die Kategorien 'Lernziele - Inhalte - Unterrichtsverfahren und Lernzielkontrollen (Ergebnissicherung)'. Es bringt damit die vier Grundbestandteile jeder verantwortlich reflektierten Unterrichtsplanung zum Ausdruck. Insofern weiß es sich klassischen didaktischen Vorbildern verpflichtet. Vorstellungen einer strengen "input-output"-Verknüpfung sind unzutreffend.

Vorgaben und Anregungen, Verbindliches (Lernziele und Inhalte) und Wählbares (Unterrichtsverfahren und Lernzielkontrollen) zusammen scheinen bereits im Beschreibungsgefüge auf. Das gilt auch für die modifizierte Form des Grundschul- (und Sonderschul-)plans, deren Spaltentexte 'Lernziele - Lerninhalte - Empfehlungen zur Unterrichtsgestaltung' benannt sind.

b) Alle Angaben des Formulars bewegen sich auf dem Niveau einer bestimmten Abstraktionsstufe, der sogenannten "Grobzielebene". Es handelt sich folglich um Aussagen, die zwingend einer weiteren didaktischen Übersetzung und Elementarisierung bedürfen. Im Brückenschlag von der "Grobziel- zur Feinzielebene", vom "Text" zum Milieu und den Situationsbedingungen einer konkreten Klasse lokalisiert sich die didaktische Kompetenz und der Freiheitsspielraum des Lehrers.

c) Zielformulierungen fallen nicht beliebig aus, sondern sie haben Signalwert innerhalb einer bei allen Fächern einheitlichen Zielmatrix (vgl. Übersicht S.118).

In der Horizontalen weist die zweidimensionale Anlage der Zielmatrix die grundlegenden Lernprozesse aus, in der Vertikalen die unterschiedlichen Anforderungs- oder Intensitätsgrade des Lernens. Solche Zuschreibungen wehren eine unscharfe oder konfuse Begrifflichkeit ab. Sie fördern zugleich nicht unbeträchtlich die Klarheit der Lernaktivitäten. Bei allen Zielformulierungen geht es übrigens um relativ ergebnisoffene Lernimpulse. Deren Angaben verstehen sich entwicklungs- und förderungsorientiert am Kind - nicht etwa ergebnis- oder produktorientiert.

d) Sowenig das Selbstverständnis des CuLp davon abläßt, ein "Grobgerüst" oder eine "Rahmenrichtlinie"[7] darzustellen, sowenig will er extensiv die volle Unterrichtszeit eines Schulfaches in Beschlag nehmen. Man wird ihn somit auf "Minimalisierung" hin lesen: Ausdrücklich wird darauf gedrungen, einen pädagogischen Freiraum vom 20 % der Unterrichtszeit eines Schuljahres nicht zu unterschreiten.

Übersicht über die Lernzielbeschreibungen

Zielklassen → / Anforderungsstufen

	WISSEN Information	KÖNNEN Operation	ERKENNEN Probleme	WERTEN Einstellungen
	<u>Einblick:</u> (in Ausschnitte eines Wissensgebiets) beschreiben erste Begegnung mit einem Wissensgebiet	<u>Fähigkeit:</u> bezeichnet dasjenige Können, das zum Vollzug von Operationen notwendig ist.	<u>Bewußtsein:</u> Die Problemlage wird in ihren wichtigsten Aspekten erfaßt.	Offenheit Interesse Neigung ....
	<u>Überblick:</u> (über den Zusammenhang wichtiger Teile)		<u>Einsicht:</u> Eine Lösung des Problems wird erfaßt bzw. ausgearbeitet.	Achtung Freude ....
	<u>Kenntnis:</u> verlangt stärkere Differenzierung der Inhalte und Betonung der Zusammenhänge	<u>Fertigkeit:</u> verlangt eingeschliffenes, fast müheloses Können		Bereitschaft ....
	<u>Vertrautheit:</u> bedeutet souveränes Verfügen über möglichst viele Teilinformationen und Zusammenhänge	<u>Beherrschung:</u> bedeutet souveränes Verfügen über die eingeübten Verfahrensmuster	<u>Verständnis:</u> Eine Lösung des Problems wird überprüft und ggf. anerkannt.	Entschlossenheit ....

Arbeitsergebnisse mit diesen Vorgaben sollen in eine handliche und praktikable
Form gebracht werden. Ein Plan will bewußt die Schulrealität im Auge behalten. Das
bedeutet auch: alle bildungstheoretischen und bildungspraktischen Fragen sollten
vorab in einem Plangefüge so geklärt sein, daß die Lehrer ein vernünftiges und
durchschaubares Instrument erhalten. Denn nicht jeder Lehrer ist Lehrplanexperte
oder braucht es zu sein. Der Schwarze Peter der Lehrplanentscheidungen soll jedenfalls nicht von den Theoretikern den Praktikern zugeschoben werden.

Bislang war ausschließlich vom curricularen Typ und von didaktischen Vorstellungen
die Rede, die eine eindeutig schulpädagogische Akzentuierung aufweisen. Es war
eine weittragende <u>Entscheidung der kirchlichen Verantwortungsträger</u> für den Religionsunterricht, sich ohne Vorbehalt auf diesen Rahmen einzulassen. In Anforderung
und Niveau sollte der Religionsunterricht ein konkurrenzfähiger Partner unter den
Schulfächern werden - eine Option, die sich bereits aus dem Synodenbeschluß zum
Religionsunterricht herleitet. Kein Bundesland jedoch hatte auf der Lehrplanebene
so entschieden die allgemeine "Paßform" der Fächerkonzeption für den Religionsunterricht übernommen, wie es in Bayern geschah. Das Besondere des Schulfaches Religionsunterricht sollte innerhalb des allgemeinen Ganzen einer einheitlichen Schul-
konzeption zum Ausdruck kommen.

Gewinn und Gefahr eines solchen Schrittes liegen auf der Hand: Die Erneuerung des
Religionsunterrichtes erfolgt als Teil der gesamten inneren Schulreform Bayerns.
Sie erreicht noch die "letzte Schule", sie kann sich auf eine breite generelle Zu-
stimmungsbereitschaft der Lehrer stützen, sie eignet sich den Standard an ver-
gleichbarer didaktischer Programmatik und Reflexion zu. Verliert der Religionsunterricht indessen nicht zwangsläufig Profil und Eigencharakter, wenn er sich so
weitgehend angleicht und egalisiert? Läßt sich die eigenständige Kontur religiöser
Lernprozesse nahtlos in eine allgemeine Lernzielmatrix eintragen? Können Theologie
und religionspädagogische Fachdidaktik dem Gewicht der schuldidaktischen Rahmen-
vorgaben standhalten und ihr eigenes Proprium behaupten? Eine zureichende Antwort
kann nicht in einem bloßen, rigiden Ja oder Nein bestehen. Sie wird hinter der Bewertung des Produkts die Bedingungen seines Entstehungs- und Entfaltungsprozesses
mitbedenken. Denn: "Die Entwicklungsverfahren prägen ein Produkt."[8] Das kann in
seltener Klarheit an der Entstehung des curricularen Lehrplans für das Fach Katholischer Religionsunterricht abgelesen werden.

2. Die religionspädagogische Profilgebung des Curricularen Lehrplans

Die Lehrplankommission für den Religionsunterricht an Grund- und Hauptschulen be-
gann 1975 mit ihrer Arbeit. Die Leitung des Arbeitskreises lag bis zur Fertigstellung einer Roh- oder Entwurfsfassung des Planes (1977) beim Staatsinstitut für

Schulpädagogik. Das Ausgangsmaterial der Arbeitsgruppe bestand in einer kritischen Sichtung der bewährten und vorliegenden Unterrichtsmaterialien und Lehrplanprodukte. Da die Mitglieder der Kommission ausschließlich Experten der Praxis waren, kamen als weitere Ausgangspunkte die Ergebnisse und Erfahrungen des eigenen Unterrichts hinzu. Bei ihrem vorwiegend intuitiven Vorgehen bewiesen die Mitglieder vor allem ein großes Gespür für induktive Ansätze. Ein ausgewiesenes religionspädagogisches Konzept lag nicht vor; humanwissenschaftliche Einsichten waren zugeschnitten und konzentriert auf die Forschungsergebnisse E. ERIKSONs[9]. Die Rohfassung des zu erstellenden Plans war überwiegend "von unten" her entstanden aus zusammengefaßten und assoziativ komponierten Unterrichtselementen.

Das vorläufige Produkt wurde einem doppelten Härtetest unterzogen: In einer umfangreich und sorgfältig angelegten Praxiserprobung, welche Hunderte von Unterrichtsstunden in allen bayerischen Diözesen umfaßte, wurde die Entwurfsfassung über ein halbes Jahr hin vor Ort geprüft. Zugleich ging der Plan an die fachlich interessierten Institutionen. Zu nennen sind hier vor allem die zentrale Curriculumkommission der deutschen Bischöfe, die verschiedenen Standes- und Berufsverbände der Lehrerschaft und des Klerus, Fachvertreter der bayerischen Hochschulen und die Verantwortungsträger in der kirchlichen Hierarchie.

Was die Organisation der Planentwicklung anlangt, so wechselte zu Beginn dieser Phase die Leitung an das Regionale Religionspädagogische Zentrum in Bayern, ein Institut in kirchlicher Trägerschaft. Auf das RRPZ kamen <u>drei grundlegende Aktivitätsrichtungen</u> zu:

1. Die Vollendung des Wegs "von unten": Rückmeldungen aus der Praxis waren zu prüfen, Kontakte mit den zu konsultierenden Institutionen herzustellen und deren Ergebnisse einzuarbeiten.
2. Auf dem Weg "von oben" galt es, eine systematische Fundierung der religionspädagogischen Struktur des Planes sicherzustellen.
3. Das Erprobungsergebnis und das institutionell Gebilligte einerseits mußten mit dem religionspädagogischen Theoriekonzept andererseits miteinander verschränkt werden.

Das Hauptproblem der Erarbeitung "von oben" (vgl. Abb. 1, S.121) läßt sich in das Stichwort fassen: Entwickeln und Systematisieren von theologischen und anthropologischen Leitlinien mit dem Ziel, eine Korrelationsdidaktik im Curricularen Lehrplan selbst zu verankern. Der Systemgesetzlichkeit des CuLp-Ansatzes zufolge mußte das Prinzip der Wechselwirksamkeit bis in die Grobziel-Ebene und in die Themenbereiche des Planes hinein zum Ausdruck kommen - also bis an die Türschwelle des Klassenzimmers hin.

Abb. 1   MODELL DER CURRICULAREN LEHRPLAN-KONSTRUKTION RU

Reflexionspotential
der Lehrplangestalter

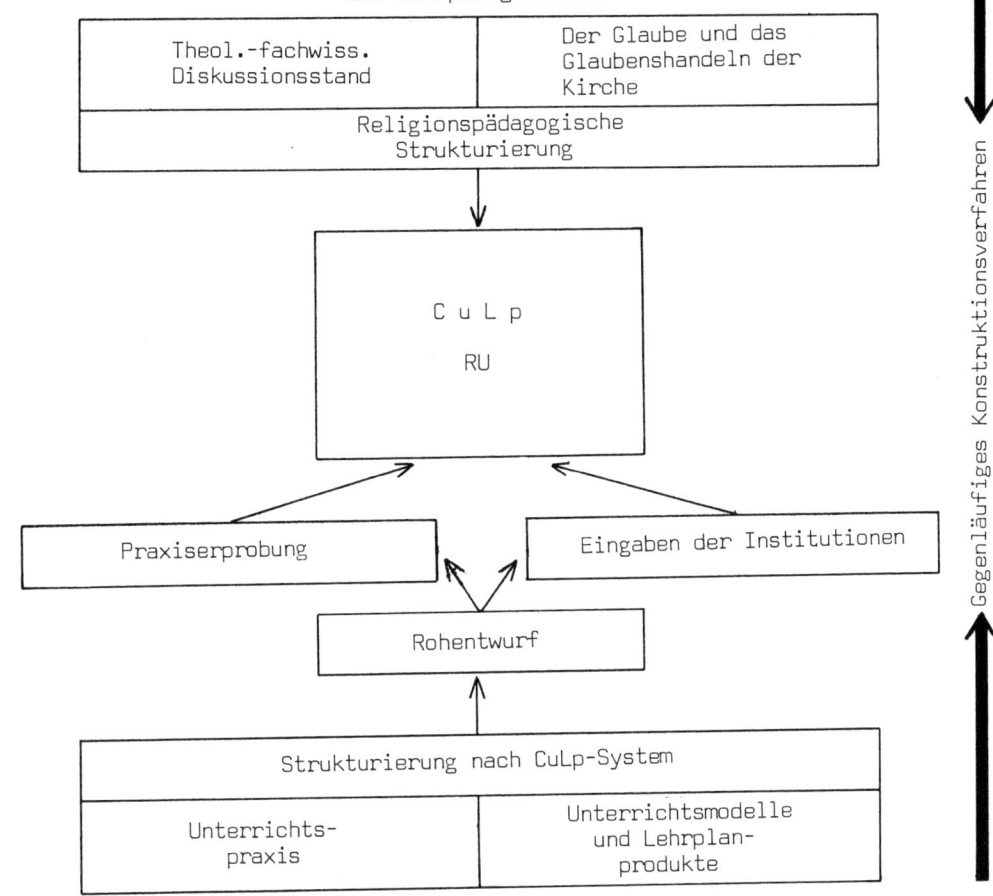

Theol.-fachwiss. Diskussionsstand	Der Glaube und das Glaubenshandeln der Kirche
Religionspädagogische Strukturierung	

↓

CuLp RU

↗   ↖

Praxiserprobung   Eingaben der Institutionen

↖   ↗

Rohentwurf

↑

Strukturierung nach CuLp-System	
Unterrichts- praxis	Unterrichtsmodelle und Lehrplan- produkte

Praktisches Handlungspotential
der Lehrplangestalter

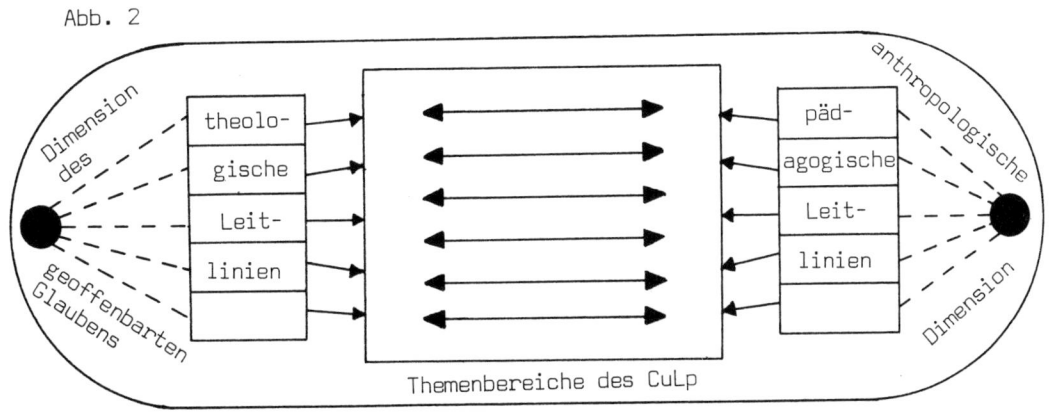

Gegenläufiges Konstruktionsverfahren

Abb. 2

Dimension des geoffenbarten Glaubens — theologische Leitlinien → Themenbereiche des CuLp ← pädagogische Leitlinien — anthropologische Dimension

Der Entwicklung von Leitlinien lag der fachwissenschaftliche Diskussionsstand des konvergenztheoretischen Vermittlungsmodells zugrunde[10]. Zugleich bestand das religionspädagogische und kirchenpolitische Anliegen, die Ergebnisse des Synodenbeschlusses zum Religionsunterricht zu vitalisieren und in der praktischen Unterrichtsarbeit zu verankern. Den Ausgangspunkt bildet dementsprechend ein zweidimensionales Konzept. Sein Spannungsbereich beleuchtet den Gesamthorizont für alle zu erstellenden inhaltlich-fachwissenschaftlichen Vorgaben des Lehrplans. Deshalb gibt auch dieser "architektonische Grundriß" den letztendlichen Interpretationsrahmen ab für alle Fragen des Lehrers, die sich im Gang der praktischen Realisierungsvorhaben von Religionsunterricht ergeben können.

Von den beiden Polen: die Dimension des geschenkten, geoffenbarten Glaubens der Kirche und die Dimension menschlicher Grunderfahrungen und der heutigen Lebenswelt, von diesen Polen leiten sich die ausformulierten, religionspädagogisch-intentionalen Schwerpunktsetzungen in den Leitlinien ab (vgl. Abb. 2, S.121). Ihnen kommen verschiedene Aufgaben zu:

1. Sie haben Bindegliedfunktion zwischen den beiden Dimensionen und den zu erstellenden Themenbereichen.
2. Sie lassen die theologisch und die anthropologisch ausgewählten Präferenzen nochmals im Plan aufscheinen als schrittweise einzulösende intentionale Reihen über einen konstanten Zeitraum von neun Schuljahren hinweg.
3. Sie stellen die religionspädagogisch geformten und verantworteten Schwerpunkte aus dem Ganzen des Glaubens und aus dem Ganzen der anthropologischen Dimension dar. Als solche bilden sie die inhaltlichen und formalen Grundvoraussetzungen für die weitere Elementarisierung auf der Ebene der Ziele und Inhalte in den Themenbereichen.

Die Entstehung und Strukturierung der <u>theologischen Leitlinien</u> erfolgte unter Mitwirkung einer wissenschaftlichen Begleitgruppe, die aus Vertretern der religionspädagogischen Studiengänge an bayerischen Hochschulen bestand. Das Ziel war, eine angemessene und praktikable Repräsentanz der Glaubensgehalte für den Raum der Schule sicherzustellen. Drei inhaltliche Kriterien wurden aufgestellt:
- Der Glaube sollte als sinnerhellende und lebengestaltende Kraft sichtbar werden;
- der Weg zur Kirche als dem je gegenwärtigen interpersonalen Ort der Realisierung von Glauben sollte ermöglicht werden;
- die jeweilige anthropologische Reichweite der Intentionen sollte deutlich werden.

Dazu kamen zwei eher formale Gesichtspunkte:
- Von jedem Schwerpunkt, also von jeder Leitlinie aus sollte die Beziehung zu den anderen Schwerpunkten ausziehbar sein, so daß eine systematische Zusammenschau

des Glaubensganzen möglich wird;
- die altersgemäßen Lernmöglichkeiten und das Lernfeld Schule (in Abhebung und Zuordnung zu Gemeindekatechese, religiöse Familienerziehung, Jugendarbeit u.a.) sollten als Auswahlgesichtspunkte dienen.

Wenn gesagt wurde, die Strukturierung der Leitlinien erfolgte als Konstruktionsaufgabe "von oben her", dann ist das nunmehr zu präzisieren. Die Leitlinien entstanden nämlich in einer ständigen und korrespondierenden Zusammenschau von theologisch-reflektiertem Glauben und Leben der Kirche einerseits und den aus der praktischen Unterrichtserfahrung heraus entstandenen Themenvorlagen andererseits. Leitlinien sind also genauerhin die wechselseitig erhobenen Dominanten und vordringlichen Akzentsetzungen. Als solche bringen die theologischen Leitlinien eine elementar-pragmatische Theologie für Kinder und Heranwachsende aus der Hand des Religionspädagogen zum Ausdruck.

Entsprechendes gilt für die pädagogischen Leitlinien. Hier waren die Problemstellungen eher noch größer. Denn eine einheitlich systematische, philosophische oder pädagogische Anthropologie konnte aus den bekannten Schwierigkeiten heraus nicht zugrunde gelegt werden. Die klassische Trias der Selbst-, Sozial- und Welterfahrung, auf die hin der Glaube auszulegen war, bildete den Ausgangspunkt zur weiteren Entfaltung auf die Zehnzahl der Leitlinien hin. Die Kriterien ihrer Auswahl waren folglich:
- Sie sollten die menschliche Existenz im individuellen, gemeinschaftlichen und gesellschaftlichen Bereich aufzeigen;
- sie sollten die Tiefendimension des Menschen und seiner Welt aufschließen;
- sie sollten humane Verhaltensweisen grundlegen und einüben;
- sie sollten die jeweilige theologische "Reichweite" in ihrer Schwerpunktsetzung mitbedenken;
- sie sollten die altersgemäßen Lernmöglichkeiten und das Lernfeld Schule berücksichtigen.

Auch bei diesen Leitlinien handelt es sich um elementar-pragmatische Intentionen aus der Hand des Religionspädagogen. Ihre Quelle bildet einerseits eine systematische Sichtung der in der pädagogischen und religionspädagogischen Literatur erhobenen und verhandelten Grundbedürfnisse, -erfahrungen und der lebensweltlichen Phänomene der Gegenwart sowie andererseits die vorläufigen Ergebnisse aus den Themenvorlagen des Plans. Gewisse dezisionistische Abgrenzungen sind bei diesen Verfahren wohl unvermeidlich und nicht zu umgehen.

Die Kernaufgabe der Planbegründung war es, die beiden je für sich stehenden Strukturergebnisse zu verbinden und miteinander zu vermitteln. Dieser Vermittlungsprozeß ist zu verstehen als ein eigenständiger theologischer Vollzug, wie er der Religionspädagogik als Verbundwissenschaft zukommt. Religionspädagogik wird so zur elementaren Theologie, weil und insofern sie Intentionen der christlichen Botschaft auf Intentionen und Tendenzen der Lebenswelt von Kindern und Heranwachsenden bezieht und auslegt.

Die nachstehende Abbildung stellt somit den Legitimationsausweis des bayerischen Plans dar. Er versucht auf seine Weise einzulösen, was die "Grundlegung" des ZFP fordert: Es "sollen überliefertes Glaubensverständnis und heutige Erfahrungen so einander gegenübergestellt und miteinander 'verknüpft' werden, daß sie in ihrer jeweiligen Besonderheit zur Geltung kommen und sich gegenseitig gerade nicht nur bestätigen oder ausschließen, sondern schöpferisch in Bewegung bringen"[11].

Das Zueinander der theologischen und der pädagogischen Leitlinien

Theologische Leitlinie		Pädagogische Leitlinie
GOTT UND MENSCH	→	Sich von einer letzten, transzendenten Beziehung her verstehen
"Gnade"	←	DASEINSFREUDE UND VERDANKTES LEBEN ERFAHREN
PERSON UND WERK JESU CHRISTI	→	Zu entscheidenden Begegnungen kommen
"Glauben"	←	VERTRAUEN UND ANVERTRAUEN
ERLÖSUNG UND HEIL	→	Sich sehnen nach Ganzheit
"Endlichkeit"	←	GRENZERFAHRUNGEN, ANGST UND LEID BESTEHEN
DIE BIBEL ALS GLAUBENSBUCH	→	Sich auf immer wieder bewährte Erfahrungen einlassen
"Glaube und Wissen"	←	SACHWISSEN ERWERBEN UND SYMBOLVERSTÄNDNIS AUSBILDEN
KIRCHE ALS GEMEINSCHAFT DER GLAUBENDEN	→	Sich selbst finden im Zusammenleben
"Liebe"	←	ZUSAMMEN LEBEN UND EINANDER LIEBEN
SAKRAMENTE ALS WIRKSAME ZEICHEN DES HEILS	→	Sich in Symbolen verständigen und darin einander mitteilen
"In Gott ist Heil"	←	VERSÖHNEN UND HEILEN
LEBEN AUS DEM GLAUBEN	→	Werten und Entscheiden
"Der Mensch im Bund mit Gott"	←	LEITBILDER ANNEHMEN - EIGENVERANTWORTLICH HANDELN
DAS GEBET IM MENSCHLICHEN LEBEN	→	Sich öffnen und hingeben
"Hoffnung"	←	NICHT STEHEN BLEIBEN - NEU ANFANGEN
FESTE UND ZEITEN IM KIRCHENJAHR	→	Für den Zeitablauf eine Sinnordnung finden

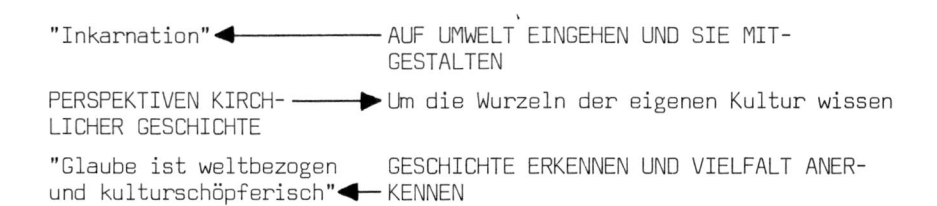

"Inkarnation" ◄─────────── AUF UMWELT EINGEHEN UND SIE MIT-
                           GESTALTEN
PERSPEKTIVEN KIRCH- ──────► Um die Wurzeln der eigenen Kultur wissen
LICHER GESCHICHTE
"Glaube ist weltbezogen   GESCHICHTE ERKENNEN UND VIELFALT ANER-
und kulturschöpferisch" ◄─ KENNEN

Was die Leitlinien intendieren, das kommt zur Wirkung in den Sachgehalten der Themenbereiche. Diese sind der thematische Ort, der Träger, an denen die Intentionen aufeinandertreffen. Zwar stellen auch die Themenbereiche, für sich genommen, relevante exemplarische Inhalte des Religionsunterrichts dar mit einer eigenen Sachgesetzlichkeit und einer eigenen Sachentwicklungslogik. Insofern kommt ihnen Eigenständigkeit zu. Zugleich wird aber ein Thema von den Leitlinien her beleuchtet. Vom Thema her entscheidet sich die Auswahl je einer theologischen und anthropologischen Leitlinie. Auf diese Weise kommt es zu dynamisch wechselnden Verknüpfungen der Intention.

Sofern der Curriculare Lehrplan gleichermaßen ein Begründungs- und ein Planungsinstrument des Religionsunterrichts sein will, bedeutet das: Unter dem Gesichtspunkt von miteinander verknüpften Leitlinien werden die Themen legitimiert. Unter dem Gesichtspunkt ihrer Verknüpfung werden sie vom Lehrer in allen anstehenden Entscheidungen von Unterrichtsplanung letztlich interpretiert.

3. Der Curriculare Lehrplan Religionsunterricht im religionspädagogischen Diskussionsstand der Gegenwart

Bei dem eigenständigen bayerischen Weg ging es um nicht weniger als um die offenkundige Gefahr, daß ein neuer "Lehrplandschungel" (G. BAUDLER) drohend heraufzog. Das mochte für die Art der Beschreibungsformulare von Plänen noch hingehen. Ungleich gravierender für die deutschsprachige Religionspädagogik mußte es sich jedoch auswirken, wenn es damit in einer Kette von Folgewirkungen auch zu einer Spaltung in der gemeinsamen Sicht der religionspädagogisch anstehenden Probleme käme, wenn man den anfallenden Fragen und Schwierigkeiten des Religionsunterrichts im Zusammenhang von Plan und Unterricht jeweils anders begegnen wollte. Deshalb galt es, eine <u>Didaktik der Korrelation</u> als verbindendes Kernstück aller deutschen Lehrplanformulare für den katholischen Religionsunterricht auf jeden Fall zu halten. Ein solches Modell der Wechselbeziehung erscheint aus grundlegenden hermeneutischen Gründen unverzichtbar, es verfügt über ein gediegenes theologisches Fundament[12], es ist kirchenamtlich gebilligt (das Wort des Papstes von der "doppelten Treue" in "Catechesi tradendae" stehe hierfür als Beispiel), und es ist religionspädagogisch-didaktisch zumindest fruchtbar und letztlich ohne Alternative.

Allerdings ergab sich im Blick auf das CuLp-System sofort die Frage: Bis zu welchem Punkt kann Korrelation vorangetrieben werden, ohne daß der Anschein erweckt wird, das Gemeinte wäre ein für allemal fixierbar und damit gleichsam dingfest gemacht? Die sogenannte "Grobzielebene" stellt einen Verbindlichkeitsrahmen dar, der auf mittlerer Ebene liegt und tolerierbar ist. Das bedeutet: Für die eigene lebendige Begegnung von Schüler und Glaube kommt die didaktische Unterrichtskompetenz des Lehrers auf. Er selbst muß die Grundhaltung einer ständigen, nicht automatisierten, einer wechselseitigen Begegnung arrangieren und frei verantworten.

Die gefällte Entscheidung, im CuLp-System als Beschreibungsebene des Korrelationsanliegens den Themenbereich zu wählen, ist nicht zuletzt auch im Blick auf den Abnehmer gefallen. Sie zwingt dazu, die Planvorgaben so hinreichend präzise zu formulieren, daß auch weniger qualifizierte Lehrer eine eindeutige Verknüpfungsvorgabe der religionspädagogischen Intentionen vorfinden und daß der leidige Auseinanderfall von Glaubensrepräsentanz und Lebensrelevanz möglichst verhindert werden kann.

Nach nicht einmal zweijähriger Arbeit mit dem CuLp zeigt es sich heute, daß er einen hohen Grad von Zustimmung in der Lehrerschaft gefunden hat. Es wird anerkannt, daß er das didaktische Handwerkszeug für den täglichen Unterricht praktikabel zur Verfügung stellt, und es wird gewürdigt, daß er die Kernpunkte seines religionspädagogischen Theoriehintergrundes so transparent macht, daß deren Anliegen weithin verstanden werden. Weil diese Kernpunkte zugleich bis zur Konkretionsstufe vorangetrieben sind und möglichst umsetzungsnah angeboten werden, darum besteht einige Gewähr dafür, daß der Religionsunterricht im großen und ganzen einer einheitlichen Grundrichtung folgen wird. Wesentliches wird darüber hinaus von Schulbüchern abhängen, die zum Teil bereits vorliegen oder im Erscheinen begriffen sind. Von Konzept und Akzentsetzung her belegen sie ihrerseits die Variabilität, die die Arbeit mit dem CuLp zuläßt[13].

Die Praktikabilität, Effektivität und Akzeptanz des CuLp beruhen vorwiegend darauf, daß die Plankonstruktion im Ansatz einen Überhang an reflektierter Praxis aufweist, daß also die Entscheidungswege sorgfältiger und umsichtiger auf den Gang "von unten" Bezug genommen haben als auf die Fachreflexion "von oben". Zum Teil hängt das von einer pragmatischen Eile ab, mit der immer noch Lehrpläne für die Schule erstellt werden müssen. Zum Teil hängt es auch damit zusammen, daß das CuLp-System insgesamt eher auf die Karte maßvoller Kontinuität in der Weiterentwicklung als auf experimentelles Risiko setzt. Nicht zuletzt aber kann man sagen, daß der Wille zum Produkt, zu einem Lehrplan, der dem CuLp-System folgt, die entsprechende Prozeßstrategie seiner Entwicklung fast zwangsläufig erforderlich macht.

Das sogenannte "gegenläufige Verfahren", also das Vorgehen von oben und unten zugleich in gegenseitiger Annäherung und schließlicher Verschränkung, ist sicherlich theoriegerecht und sacherforderlich. In der Praxis aber läßt es sich nur mühsam im Gleichklang erreichen. Meist kommt es zu einem so oder so gearteten Nacheinander mit seinerseits notwendigen Nachholprozessen der anderen Seite. Im schlechten Fall entstehen völlig theorielastige oder völlig pragmatische Pläne. Für beides gibt es Beispiele.

Überblickt man die gegenwärtig vorliegenden Lehrplanprodukte für den Religionsunterricht insgesamt aus bayerischer Sicht, so wird das Kernproblem der Lehrplanfrage vor allem darin liegen, daß es noch nicht befriedigend gelungen ist, sämtliche maßgeblichen Curriculumdeterminanten miteinander gleichmäßig zu verknüpfen. Wo etwa die Stärke des Zielfelderplans liegt, dort wünscht man sich eine stärkere Ausarbeitung beim CuLp und umgekehrt. Dem Vorzug des Zielfelderplans, seiner durchreflektierten und umsichtig abgewogenen religionspädagogischen Begründung, steht eine nicht voll befriedigende Akzeptanz gegenüber. D.h., das Reflexionsniveau überfordert den Lehrer und macht den Plan im Gebrauch unhandlich. Die hohe Praktikabilität des CuLp hingegen ist erkauft um den Preis einer Beschränkung und Konzentrierung auf das substantiell Unverzichtbare an fachwissenschaftlicher Legitimation.

<u>Anmerkungen:</u>

1) Für die generellen Wirkungen und Ergebnisse der Curriculumarbeit im deutschen Bildungsbereich liegt ein Überblick vor: D. KNAB, Curriculumreform zwischen theoretischem Anspruch und Realisierungsproblemen. Versuch einer Zwischenbilanz für die Bundesrepublik Deutschland, in: W. HÖRNER - D. WATERKAMP (Hrsg.), Curriculumentwicklung im intentionalen Vergleich, Weinheim - Basel 1981, 177-217.

2) K. WESTFALEN, Praxisnahe Curriculumentwicklung. Eine Einführung in die Curriculumreform am Beispiel Bayerns, Donauwörth, 6., neubearbeitete Auflage 1978, 12ff.

3) L. BITTLINGER, Elemente einer Theorie des Bildungsprozesses und der Curriculare Lehrplan, München 1978, 316, vgl. insgesamt 296-320.

4) H. RUMPF, Divergierende Unterrichtsmuster in der Curriculumentwicklung, in: ZfP 19 (1973) 391ff.; G. BRÜGELMANN, Offene Curricula, in: ZfP 18 (1972) 95ff.; neuerdings: R. NEHLES - J. RUHLOFF, Vom "Geschlossenen" zum "Offenen" Curriculum - ein pädagogischer Fortschritt?, in: Vj wP 57 (1981) 79-89.

5) K. WESTFALEN, Curriculumarbeit in Bayern - eine Zwischenbilanz, hrsg. vom Staatsinstitut für Schulpädagogik, München 1971, 17.

6) K. WESTFALEN, Praxisnahe Curriculumentwicklung, a.a.O. 26.

7) K. WESTFALEN, a.a.O. 27.

8) L. HERMANUTZ, Idee, Chance und Probleme des Curricularen Lehrplans. Zur Einführung des neuen CuLp RU-Realschule, in: Einführung in den Curricularen Lehrplan für den RU an Realschulen, hrsg. vom Kath. Schulkommissariat II in Bayern, München 1978, 48.

9) Vgl. Einführung in den Curricularen Lehrplan."Entwurf", hrsg. vom Kath. Schulkommissariat I in Bayern, München 1977.

10) Zuerst bei K.E. NIPKOW, Grundfragen der Religionspädagogik, Bd. 1 und 2, Gütersloh 1975.

11) Zielfelderplan für den katholischen Religionsunterricht in der Grundschule, Teil I: Grundlegung, München 1977, 18.

12) Vgl. neuerdings W. KASPER, Autonomie und Theonomie. Zur Ortsbestimmung des Christentums in der modernen Welt, in: D. MIETH - H. WEBER (Hrsg.), Anspruch der Wirklichkeit und christlicher Glaube, Düsseldorf 1980, 17-41.

13) Die ersten vorliegenden Bände aus den geplanten Schulbuchreihen: Religion in der Hauptschule 7, München 1980; Religionsbuch für die Hauptschule 5 und 6, Donauwörth 1980.

Lehrplan Katholische Religionslehre Grundschule; Handreichungen zum Lehrplan Katholische Religionslehre Grundschule; Handreichungen 2 zum Lehrplan Katholische Religionslehre Grundschule.
Curricularer Lehrplan Katholische Religionslehre Hauptschule; Handreichungen zum Lehrplan Katholische Religionslehre Hauptschule; Handreichungen 2 zum Lehrplan Katholische Religionslehre Hauptschule.
Hrsg. Kath. Schulkommissariat I in Bayern, München 1979/1980.

Katholische Religionslehre in der Mainzer Studienstufe.
Theorie- und Praxisprobleme bei der Entstehung des Lehrplans für die katholische Religionslehre in der Sekundarstufe II der Gymnasien von Rheinland-Pfalz

Franz W. Niehl

Vorbemerkung: In wenigen Monaten wird die Revision der Lehrpläne in der Mainzer Studienstufe abgeschlossen. Die Endredaktion und die kirchlichen bzw. staatlichen Genehmigungsverfahren stehen noch aus. Dennoch darf man vermuten, daß die Struktur des Lehrplans sich nicht mehr grundlegend ändert. Einzelne Festlegungen, die ich hier charakterisiere, können aber durchaus noch modifiziert werden. Im folgenden hebe ich das nicht mehr ausdrücklich hervor.

1. Vom Nutzen des langen Atems

Zu den Besonderheiten der rheinland-pfälzischen Lehrplanarbeit für die Oberstufe des Gymnasiums gehört wohl ein formaler Aspekt, der dem lesenden Betrachter zunächst gar nicht auffällt: Die Lehrpläne wurden über lange Zeit erarbeitet und stetig weiterentwickelt. Nach einer hektischen Anfangsphase hat das Kultusministerium beharrlich der Versuchung widerstanden, schnelle Endergebnisse von den Lehrplankommissionen zu fordern. Ausdrücklich wurde eine lange und intensive Erprobungsphase angesetzt:
- In Gruppen wurden die Fachlehrer aller Gymnasien in die neuen Lehrpläne eingeführt.
- Nach einer vorläufigen Erprobung wurden Rückmeldungen erbeten, und es fanden erneut ganztägige Einführungen in die Lehrpläne statt.
- Durch Fachberater wurden Fachkonferenzen ermutigt, sich mit dem Lehrplan auseinanderzusetzen und ihre Kritik einzubringen.
- Es wurden Gespräche mit Fachwissenschaftlern ermöglicht.

Darüber hinaus gab es Veranstaltungen der Institute für Lehrerfortbildung, und die Fachdidaktischen Kommissionen waren gehalten, die Ergebnisse der Lehrplanarbeit in anderen Bundesländern zu sichten und auszuwerten.

So war eine Erprobung und Evaluation aller Lehrplanelemente in mehreren Durchläufen gesichert. Wir können heute auf mehr als ein Jahrzehnt kontinuierlicher Lehrplanarbeit für die Oberstufe des Gymnasiums verweisen. Für das Fach Katholische Religion wurde zudem die Curriculumentwicklung gestützt durch die Schulabteilungen der Generalvikariate und den Materialdienst des Katechetischen Instituts Trier. -

Selbst wenn man einräumt, daß zwischen der vollkommenen Lösung und der Realität immer eine nennenswerte Differenz besteht, läßt sich vermuten, daß die rheinland-pfälzischen Lehrpläne einen beträchtlichen Reifegrad erreicht haben, den sie nicht zuletzt der Besonnenheit staatlicher Dienststellen verdanken. Einseitigkeiten und überzogene Zielvorstellungen haben sich abgeschliffen; die ständige Konfrontation mit den ausübenden Religionslehrern hat zu einer beträchtlichen Praxisnähe der Lehrplanelemente geführt.

Ehe aber Euphorie ausbricht, muß eine nennenswerte Einschränkung gemacht werden: Die Lehrplankommission setzte sich vorwiegend aus Kollegen zusammen, die nur wenige Entlastungsstunden erhielten. Die Grenze ihrer Belastbarkeit wurde zu den Grenzen des Lehrplans. Eine nennenswerte Hilfe durch zentrale Einrichtungen für die Lehrplanarbeit hat die Fachdidaktische Kommission nicht erhalten.

2. Schwierigkeiten mit der Einteilung der Welt

Jeder weiß es, aber niemand will es glauben: Den Archimedischen Punkt zur Ordnung der Wirklichkeit gibt es nicht. Gleitend sind die Übergänge und interdependent alle Einzelaussagen. Dennoch muß ein Lehrplan ein Gliederungsschema aufweisen, das die Strukturierung des Unterrichts ermöglicht und legitimiert. Die mystische Dichte des christlichen Glaubens muß aufgelöst werden zugunsten schulisch vertretbarer Kategorien. Es bietet sich an dieser Stelle an, Gliederungskonzepte der theologischen Wissenschaften zu übernehmen, also sich an den Disziplinen oder an den Traktaten der Dogmatik zu orientieren. Diesen Weg sind wir nicht gegangen; denn durch ihn würde die Versuchung, wissenschaftliche Denkergebnisse im Unterricht einfach abzubilden, noch verstärkt. Man muß ja bedenken, daß die Theologie bei weitem nicht unter den gleichen Vermittlungsforderungen steht wie der Religionsunterricht. Schüler, die kaum noch Beziehung zur christlichen Tradition haben, sollen vom Religionsunterricht ebenso getroffen werden wie jene Schüler, die sich in christlichen Gemeinschaften engagieren. Religionsunterricht bildet daher am ehesten eine fundamentale Theologie ab, das heißt: er betreibt die Legitimation des Glaubens angesichts einer säkularisierten Welt. Binnentheologisch und innerkirchlich bedeutsame Probleme verlieren dabei vielfach ihren Streitwert.

Von da aus hat sich für uns eine Gliederung bewährt, die sich in der folgenden Fragekette spiegelt:

a) Wie wirkt sich die christliche Religion für unsere Gesellschaft und für das individuelle Bewußtsein aus? - Wie prägt sie die Wahrnehmung der Wirklichkeit? - Und wie wird umgekehrt die christliche Religion gefordert durch unsere geistesgeschichtliche und gesellschaftliche Situation? - Welchen Bereich der Wirklichkeit erschließt und interpretiert der religiöse Glaube? - Worin besteht die

Eigenart und die existentielle Notwendigkeit religiöser Erfahrung?
(Didaktischer Bereich I: Mensch und Glaube)

b) Religiöser Glaube bedarf der (sprachlichen) Vergewisserung in der Kommunikationsgemeinschaft. Welches sind die charakteristischen Ausdrucksformen des Glaubens? - Welche Dimension der Erfahrung erschließen sie? - Wie wirkt sich der neuzeitliche Wandel des Weltbilds aus auf die Interpretation von Glaubensaussagen? (Problem der Entmythologisierung) - In welchem Zusammenhang stehen Erfahrung, Erzählung und Dogma? - Was bedeutet die Pluralität der Theologien für die Auslegung des Glaubens?
(Didaktischer Bereich II: Glaube und Bekenntnis)

c) Wie verändert sich der Glaube durch seine Institutionalisierung in der Kirche? - Entspricht die Kirche ihren jesuanisch-neutestamentlichen Intentionen? - Wie können charismatischer Neubeginn und strukturelle Sicherung jeweils miteinander versöhnt werden? - Welche Probleme ergeben sich für die Institution Kirche angesichts der modernen Industriegesellschaft?
(Didaktischer Bereich III: Glaube und Institution)

d) Biblische und kirchliche Tradition zielen nicht allein auf Änderung des Bewußtseins, sondern auf Umgestaltung der Welt. - Welche Impulse für erfülltes Leben ergeben sich aus der christlichen Tradition? - Welche Perspektiven für Gesellschaft und Staatengemeinschaft? - Wie korrespondieren christlich begründete Zielvorstellungen und profane Deutungsentwürfe und Handlungsmodelle? - Welche Beispiele geglückter Praxis demonstrieren die gegenwärtige Bedeutsamkeit des Christentums? - Unter welchen Bedingungen stehen ethische Entscheidungen angesichts der heutigen geistesgeschichtlichen Situation?
(Didaktischer Bereich IV: Welt und Lebensgestaltung)

Diese vier didaktischen Bereiche sind im Lehrplan ausführlich erläutert, in einer Qualifikation und durch einen Strang von Richtzielen entfaltet; die Richtziele sind jeweils kommentiert.

Beispiel für eine Qualifikation und die Richtziele eines didaktischen Bereichs

Didaktischer Bereich II: Glaube und Bekenntnis
Beabsichtigte Qualifikation:
Der Schüler soll die Vielfalt der Möglichkeiten wahrnehmen, in denen sich Glaube artikulieren kann, wichtige Ausdrucksformen und zentrale Texte christlichen Glaubens in ihrer formalen, geschichtlichen und gesellschaftlichen Eigenart verstehen, ihre Interpretationsbedürftigkeit berücksichtigen und die Bedeutung für das Christsein erfassen.

Richtziele:

1. Aufzeigen, daß Deutung des Lebens eine Bedingung für Selbstannahme und Lebensgestaltung ist;
2. Verstehen, daß Glaube als offener Prozeß auf Erfahrung und Deutung angewiesen ist;
3. Erkennen, daß Ausdrucksformen des Glaubens sich in Gemeinschaft bilden;
4. Verschiedene Ausdrucksformen des Glaubens unterscheiden und auf ihren Sinngehalt hin untersuchen;
5. Den historischen und gesellschaftlichen Hintergrund als Verstehenshilfe für Bekenntnisformeln aufzeigen;
6. Erzählung und Bekenntnisformel als alternative Formen des Redens von Transzendenz charakterisieren und abgrenzen;
7. Die Frage nach dem Wirklichkeitsgehalt religiöser Rede in ihrer Bedeutung erfassen;
8. Das Problem der Entmythologisierung skizzieren und Lösungsversuche vereinfacht darstellen;
9. Den Glauben an Gott als zentrale christliche Grundlage zur Deutung der Welt und zur Gestaltung des Lebens wahrnehmen;
10. Den Glauben an Jesus Christus als Schlüssel für christliches Glaubensverständnis bewerten;
11. Die Vielfalt unterschiedlicher theologischer Entwürfe wahrnehmen sowie Berechtigung und Notwendigkeit der Pluralität anerkennen;
12. Verschiedene Ausprägungen gläubigen Lebens wahrnehmen und in ihrer Legitimität gelten lassen.

Diese didaktischen Bereiche als zentrale Gliederungselemente werden ergänzt durch zwei didaktische Prinzipien:

a) das christologische Prinzip: Bei der Planung jedes Kursthemas ist zu bedenken, welche Deutungen und Wertungen aus der Interpretation Jesu Christi erwachsen: In welcher Weise kritisiert jesuanisch-neutestamentliche Tradition die herrschende Religion und welche Vorstellung von Religion ergibt sich daraus? - Wie verändern Jesus und die von ihm ausgelöste Wirkungsgeschichte das Reden von Gott? - Welche Perspektiven für kirchliche Gemeinschaft und kirchlichen Weltauftrag ergeben sich aus dem Neuen Testament? - Wie wirken sich die ethischen Implikationen der Reich-Gottes-Botschaft aus für christliche Lebensentwürfe?

b) das dialogische Prinzip: Der christliche Glaube artikuliert sich heute als Teilvollzug; er ist eingebettet in wissenschaftliche, politische und künstlerische Bemühungen um Erkenntnis und Menschenwürde. Diese Grundannahme schließt ein, daß auch konkurrierende Anschauungen Wahrheit erschließen und daß die Glaubensgemeinschaft erst in fruchtbarem Dialog ihre eigene Position klären kann, daß dabei auch Auffassungen hilfreich werden, die zunächst außerhalb der Kirche formuliert wurden. Die Rollen des Gebenden und des Nehmenden können dabei ständig wechseln. Insbesondere im Blick auf die Schüler, die ja vor dem pluralen Meinungshintergrund ihre Identität erwerben, sollen daher außerchristliche Gesprächspositionen ständig in den Religionsunterricht einfließen.

Man kann nun kräftig darüber streiten, ob und warum es klug ist, zwischen didaktischen Bereichen und didaktischen Prinzipien zu unterscheiden. Die verwendeten Begriffe sind ja nicht präzise abgegrenzt. Am deutlichsten tritt der Unterschied vielleicht hervor, wenn man das didaktische Prinzip "Dialog" etwas genauer bedenkt: Den dialogischen Charakter von Lebensdeutung und Glaubensauslegung kann man ja auf keinen Fall thematisch isolieren (also: ein Kurshalbjahr mit dem Schwerpunkt "Dialog"), vielmehr muß zu jedem Thema bedacht werden, an welcher Stelle Positionen gegeneinander stehen und mit welchem Geltungsanspruch jede Partei ihren Standpunkt vertritt. Die Wahrheitssuche gewinnt damit dialogischen Charakter. Demgegenüber können Inhalte der didaktischen Bereiche weitgehend zum thematischen Schwerpunkt eines Kurses werden. Chemisch rein freilich ist diese Unterscheidung nicht gültig.

3. Der strukturierte Unterricht

Aus diesen zentralen Setzungen des Lehrplans ergeben sich zwei wichtige Konsequenzen für die Strukturierung des Unterrichts: Zunächst werden die didaktischen Bereiche wirksam als Lernzielstränge: Eine Sequenz von Lernzielen gibt an, welche Perspektiven des Unterrichts im Laufe der Oberstufe verfolgt werden. - Sodann ist jeder didaktische Bereich mindestens einmal der thematische Schwerpunkt eines Kurshalbjahres. Formal ergibt sich daraus der in Abbildung 1, S. 134 dargestellte Ablauf.

Aus dem Zusammenwirken der didaktischen Bereiche und der didaktischen Prinzipien ergibt sich darüber hinaus eine didaktische Struktur für jedes Kurshalbjahr, entsprechend der Abbildung 2, S. 134.

Die didaktische Struktur des Religionsunterrichts wird damit - ergänzt durch die didaktischen Prinzipien - zugleich zur Binnenstruktur jeder Unterrichtsreihe. (Der Zielfelderplan grüßt von ferne!) So soll der korrelative Akzent des Unterrichts gesichert werden. Jedes theologische Thema soll vermittelt werden im Hinblick auf menschliche Grunderfahrungen und Lebensgestaltung. Und umgekehrt soll jede anthropologische Fragestellung erschlossen werden von Glaubensinhalten her.

Konkreter ergibt sich damit für jedes Kursthema folgende Fragekette:
a) Wie ist das Thema verwurzelt in der Suche nach Sinn und Identität? - Welchen Stellenwert hat es angesichts der heutigen geistigen und gesellschaftlichen Situation?
b) Welche zentralen Glaubensüberlieferungen tragen zum Verständnis des Themas bei? - Welche Interpretationsprobleme werfen sie auf? - Welche Aussagekraft geht von ihnen aus?

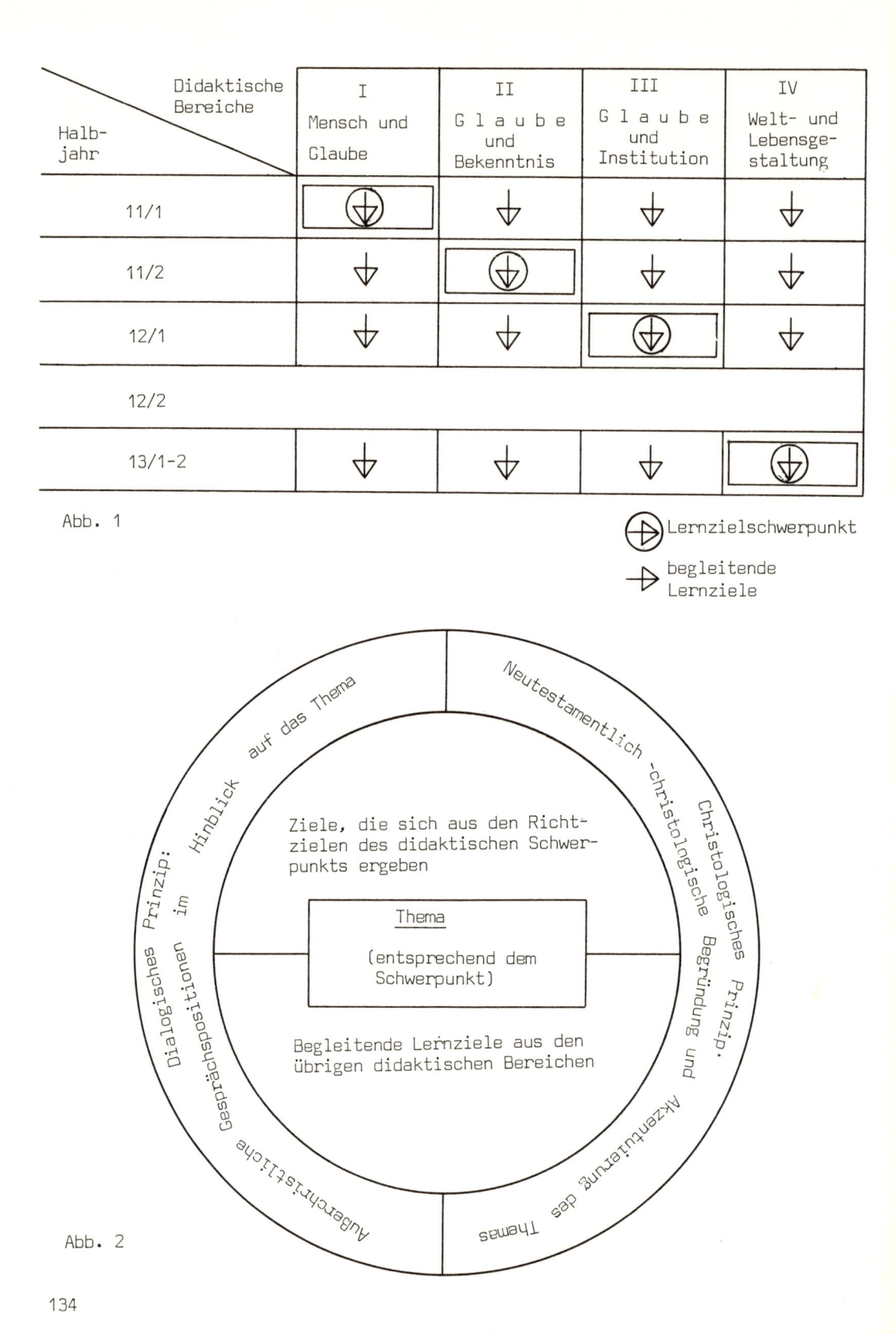

Halb-jahr	Didaktische Bereiche	I Mensch und Glaube	II G l a u b e und Bekenntnis	III G l a u b e und Institution	IV Welt- und Lebensgestaltung
11/1		⊕	↓	↓	↓
11/2		↓	⊕	↓	↓
12/1		↓	↓	⊕	↓
12/2					
13/1-2		↓	↓	↓	⊕

Abb. 1

⊕ Lernzielschwerpunkt

↓ begleitende Lernziele

Abb. 2

Ring (im Uhrzeigersinn):
- Dialogisches Prinzip: im Hinblick auf das Thema
- Neutestamentlich-christologische Begründung und Christologisches Prinzip: Akzentuierung des Themas
- Außerchristliche Gesprächspositionen

Zentrum:
- Ziele, die sich aus den Richtzielen des didaktischen Schwerpunkts ergeben
- Thema (entsprechend dem Schwerpunkt)
- Begleitende Lernziele aus den übrigen didaktischen Bereichen

c) Wie konkretisieren sich diese Glaubensaussagen im Selbstvollzug der Kirche? - Welche Postulate an die Kirche ergeben sich daraus - und welche Impulse gehen von der kirchlichen Praxis aus?

d) Welche Folgen für Lebensentwürfe und ethisches Handeln ergeben sich aus der Gesamtproblematik? - Wie wirken Glaubensüberzeugungen sich aus auf die Gestaltung der menschlichen Beziehungen und der gesellschaftlichen Verhältnisse?

e) Welche außerkirchlichen Gesprächspositionen müssen anregend und kritisch in die Reflexion aufgenommen werden?

f) Welche Perspektiven ergeben sich für das Thema aus neutestamentlichen Quellen und der Wirkungsgeschichte Jesu?

Diese Fragereihe wirkt an dieser Stelle (notwendig?) abstrakt und blutarm. Vielleicht macht sie aber dennoch sichtbar, daß der Religionsunterricht sich nicht auf binnenkirchliche oder philosophisch-theologiegeschichtliche Erörterungen zurückziehen darf. Und ebensowenig darf der Religionsunterricht sich der profanen Situation anpassen und nur Problemdiskussion angesichts des säkularisierten Bewußtseins betreiben. - Für den praktizierenden Religionslehrer in Rheinland-Pfalz werden diese Forderungen aus ihrer Abstraktheit herausgenommen, da er für jedes Halbjahr der Oberstufe mindestens ein ausgearbeitetes Kursbeispiel im Lehrplan findet.

4. Festlegungen, aber keine Uniformität

Man weiß, daß ein guter Lehrplan Zwang und Freiheit glücklich versöhnt. Der Lehrer sollte eine Vorgabe erhalten, welche die Entscheidungslast über Ziele und Inhalte verringert, gleichzeitig aber sollte er Handlungsfreiheit behalten, damit er seine Prioritäten setzen und flexibel auf die Schulsituation eingehen kann. So soll der Unterricht vor Beliebigkeit bewahrt werden - und zugleich darf er die Bedürfnisse der Adressaten nicht verleugnen. - Es sollte noch hinzugedacht werden: Vielleicht ist der eine oder andere Lehrer klüger als das Kollegium der Fachdidaktischen Kommission, und dann sollte es ihm unbenommen sein, seine Erfahrung und seine Problemsicht in den Unterricht einzubringen - über die Setzungen des Lehrplans hinaus.

Der rheinland-pfälzische Lehrplan versucht diesen Zielkonflikt durch gestufte Verbindlichkeit zu lösen:

1. Verbindlich ist die didaktische Struktur des Religionsunterrichts vorgeschrieben. Durch die genannten didaktischen Bereiche, didaktischen Prinzipien und die Richtziele ist die Perspektive des Unterrichts formuliert. Innerhalb dieser Struktur ist eine Vielzahl von theologischen Akzentuierungen möglich.

2. Die Reihenfolge der didaktischen Schwerpunkte ist festgelegt.

3. Mindestanforderungen sichern den Lernfortschritt und sind ebenfalls verbindlich formuliert.
4. Relative Freiheit besteht in der Wahl der Themen für die Kurshalbjahre.
    a) Über die Themenfolge verständigt sich die Fachkonferenz.
    b) Das Kurshalbjahr 12/2 ist thematisch freigegeben ("Verfügungssemester"). Jeder Fachlehrer entscheidet - zusammen mit seinen Schülern - über das Thema.
5. Die methodische und inhaltliche Feinstruktur des Unterrichts liegt im Ermessen eines jeden Kollegen.

Wie diese gestufte Verbindlichkeit sich konkret auswirken kann, zeigt der Verlaufsplan des Oberstufen-Unterrichts im Fach Katholische Religion an einem Gymnasium (vgl. Übersicht).

Verbindliche Vorgabe	In der Fachkonferenz abgesprochene Themenfolge		
Didaktische Schwerpunkte	Religionslehrer A	Religionslehrer B	Religionslehrer C
11/1 MENSCH UND GLAUBE	Christentum als Religion	Ausdrucksformen des Glaubens	Zugänge zur Wirklichkeit
11/2 GLAUBE UND BEKENNTNIS	Gott und Gottesbilder	Was heißt: Jesus Christus ist Gottes Sohn?	Das Glaubensbekenntnis
12/1 GLAUBE UND INSTITUTION	Wollte Jesus diese Kirche?	Kirche in der modernen Gesellschaft	Mission als Grundvollzug der Kirche
12/2 (Verfügungssemester - freie Festlegung des Themas durch den Fachlehrer)	Tod und Auferstehung	Atheismus und Gottesglaube	Mystik und Meditation
13/1 WELT- UND	Glück und christliches Leben	Dekalog und modernes Bewußtsein	Sexualethik in der heutigen Diskussion
13/2 LEBENSGESTALTUNG	Freiheit - Norm - Gewissen	Die christliche Soziallehre	Christentum und ökologische Krise

Wie ein Blick auf dieses Übersichtsblatt zeigt, ist damit ein relativer Gleichschritt im Unterricht ermöglicht, aber dennoch behält jeder Religionslehrer viel Gestaltungsfreiheit. Da für die einzelnen Kurse eine didaktische Struktur vorgegeben ist und da Mindestanforderungen die Lernabschnitte konturieren, ist gesichert, daß zentrale Ziele in allen Kursverläufen erreicht werden. Auch alle wichtigen Inhalte des Fachs Katholische Religionslehre werden angeboten. Dadurch ist es zudem ermöglicht, daß Schüler im Laufe des Oberstufen-Unterrichts den Religionskurs wechseln; sie bleiben dennoch in der Kontinuität des Lernprozesses.

Eine Besonderheit unseres Lehrplans ist wohl das Verfügungssemester. Die Anregung dazu verdanken wir Herrn Prof. G. STACHEL, der kirchlich und pädagogisch schon mehrfach als Anwalt der Freiheit gewirkt hat. - Das Verfügungssemester will keine Einladung sein, theologische Hobbies zu kultivieren (etwa: Altorientalische Parallelen zum Dekalog und ihre Wirkung auf den Hellenismus). Ebensowenig ist ein gelegenheitsbenutzender Diskussionsunterricht empfohlen! Vielmehr soll der Unterricht im Halbjahr 12/2 genauso sorgfältig geplant und didaktisch strukturiert sein wie in den übrigen Halbjahren auch. - Für die inhaltliche Füllung aber besteht eine breitere Auswahlmöglichkeit:

- Es kann leicht sein, daß ein Religionslehrer - auch im Hinblick auf seine Schüler - den Eindruck gewinnt, daß die Gewichtungen des Lehrplans unbefriedigend sind. Entsprechend seinem Selbstverständnis und seiner Situation kann er dann einen Schwerpunkt doppeln. (Beispielsweise ziehen es einige Kollegen vor, für das Halbjahr 11/2 das Kursthema "Jesus Christus" zu wählen; in 12/2 behandeln sie dann die Gottesfrage.)
- Obwohl der Lehrplan relativ flexibel ist, gibt es einige Themen, die nur schwer im Raster des Lehrplans zu berücksichtigen sind, aber dennoch gewichtig und dem Religionsunterricht in der Schule angemessen sind. Themen dieser Art können in 12/2 vorgesehen werden (Beispiele: Ordensgründer und Orden; Reformation und Konfessionen in Deutschland; Was ist Glück?; Leiden; Hoffnung als Grundstruktur menschlichen Lebens ...).
- Die aktuelle Diskussion in Kirche und Gesellschaft lädt häufig dazu ein, bestimmte Themen aufzugreifen und zu vertiefen. Verfasser von Lehrplänen können solche Entwicklungen nicht voraussehen, aber der Religionsunterricht sollte sie berücksichtigen. (Beispielsweise fiel in das Jahr 1980 der Papstbesuch in Deutschland. Er konnte Anlaß sein, über Amt und Leitung der Kirche ausführlicher nachzudenken. - In den Jahren davor hat die Abtreibungsproblematik Gesetzgeber und öffentliche Diskussion bewegt. - Die ökologische Krise tritt gegenwärtig schärfer ins Bewußtsein. - Als der Film "Holocaust" gezeigt wurde, bot sich das Thema "Kirche und Judentum" in besonderer Weise an.)
- An Schulen, an denen Kurswahl möglich ist, kann das Halbjahr 12/2 auch speziellere Themen aufgreifen, die sonst nur in Arbeitsgemeinschaften behandelt werden können (z.B.: Psychoanalyse und christlicher Glaube; Bibel und moderne Literatur; Biologie und Ethik ...). Solche Themen bedürfen aber der Absprache in der Fachkonferenz und setzen ein entsprechendes Interesse der Schüler voraus.

5. An den Brüsten der Wissenschaft

In manchem Gymnasiallehrer steckt ein verhinderter Professor. Vor allem die sogenannten Nebenfächer leiden darunter, daß sie vom Doktoranden-Kolloquium so weit weit entfernt sind. Hier witterte nun mancher Studienrat einen Klimaumschwung, als in der Oberstufe reihum ehemalige Nebenfächer zu Leistungsfächern aufgewertet werden konnten. Das bisherige Aschenbrödel der gymnasialen Bildung schreitet von nun an als fünfstündiges Kernfach durch die Schule - und ist in Leistungsnachweisen und Notenwert den bisherigen Prinzessinnen gleichgestellt. So fehlte es auch nicht an Versuchen, universitäre Proseminare in Inhalt und Stil zu kopieren. Solche Aktionen zur Aufwertung der Lehrerrolle wollten wir nicht durch den Lehrplan absichern. Ausdrücklich sind zwei mögliche Ausprägungen des Leistungskurses abgelehnt:
a) Der Leistungskurs Katholische Religionslehre ist keine Einführung in das Theologiestudium.
b) Der Leistungskurs kommt nicht zustande durch eine Addition möglicher Themen der Grundkurse.

Was ist der Leistungskurs aber dann? - Vorsichtig gesagt: Er hat die Aufgabe, Themen aus Glaube, Kirche und Theologie angesichts des heutigen Bewußtseins vertieft zu klären. Freilich keine akademisch abgelegenen Themen, sondern genau jene zentralen Fragestellungen, die auch für den Grundkurs bestimmend sind. -

Das heutige Bewußtsein artikuliert sich nun aber in hohem Maß als Ergebnis wissenschaftlichen Denkens. Infolgedessen ist der Leistungskurs didaktisch umschrieben wie der Religionsunterricht im Grundfach, aber erweitert durch Zugänge aus jenen Disziplinen, die der Theologie benachbart sind. Diese sind zugleich geeignet, die theologisch-kirchliche Problemstellung zu erweitern und gründlicher aufzuhellen. Wenn man verkürzt sagen darf, daß es im Religionsunterricht im ganzen um "Theologisches Verstehen" geht, so wird im Leistungsfach dieses Verstehen erweitert durch die Schnittmengen, die sich zwischen Theologie und Kirche und den wichtigsten wissenschaftlichen Disziplinen ergeben (vgl. Graphik).

Konkret bedeutet das etwa: Die Gottesfrage wird im Leistungskurs stärker unter psychologischen und philosophischen Fragestellungen bedacht als im Grundkurs. Durch diese Festlegung soll der Religionsunterricht im Leistungsfach beitragen zu einer allgemeinen Bildung der Schüler und zugleich deren Studierfähigkeit fördern. Für das Verständnis von Glaube, Kirche und Theologie ergibt sich ein besonderer Gewinn: Die Einbettung und der Geltungsbereich des Glaubens in der heutigen Kultur treten deutlicher hervor. Im Idealfall bringt der Leistungskurs Abiturienten hervor, die der Enkulturation des Christentums als Staatsbürger wie als Christen aufgeschlossen und kenntnisreich zugewandt sind. Es bleibt zu erwähnen, daß inzwischen mehr als 50 Leistungskurse im Fach Katholische Religionslehre in Rheinland-Pfalz genehmigt sind.

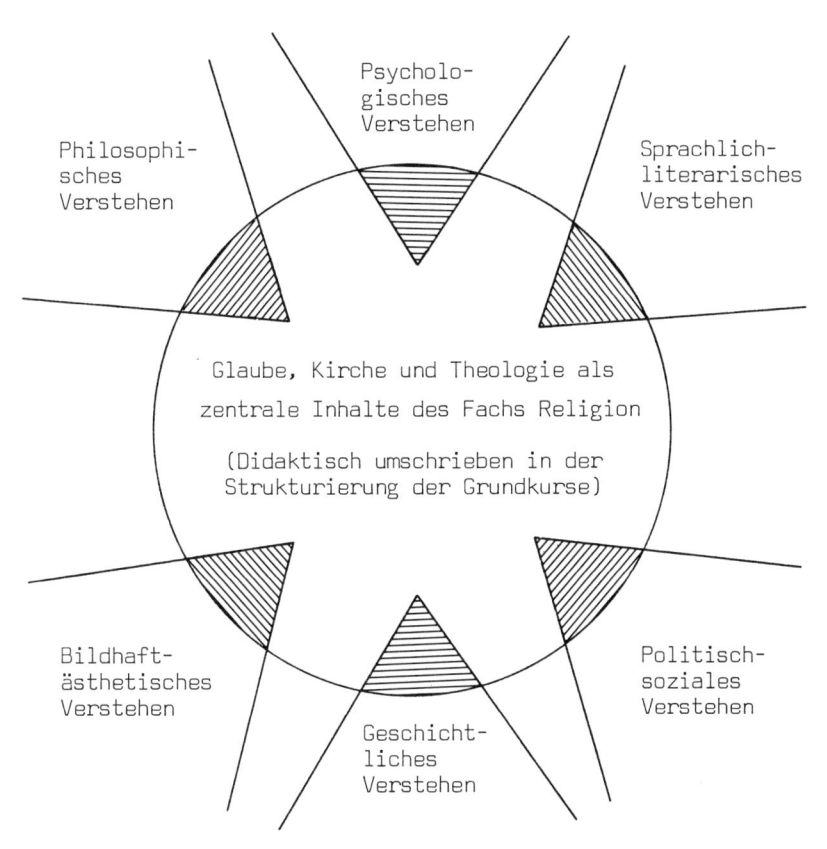

```
                    Psycholo-
                    gisches
                    Verstehen
  Philosophi-                          Sprachlich-
  sches                                literarisches
  Verstehen                            Verstehen

         Glaube, Kirche und Theologie als
         zentrale Inhalte des Fachs Religion
         (Didaktisch umschrieben in der
         Strukturierung der Grundkurse)

  Bildhaft-                            Politisch-
  ästhetisches                         soziales
  Verstehen                            Verstehen
                    Geschicht-
                    liches
                    Verstehen
```

Die gestrichelten Felder bezeichnen die Lernzielbereiche, die für den Leistungskurs charakteristisch sind.

Zur Genese des Lehrplans für das Fach katholische Religionslehre der Gymnasien im Land Baden-Württemberg

Alwin Renker

1. Die Anfänge

Unternimmt man es, sich die Anfänge des Lehrplans Sekundarstufe II für das Fach Katholische Religionslehre (Klasse 11, Jahrgangsstufe 12 und 13) in Baden-Württemberg zu vergegenwärtigen, wird man sich sinnvollerweise auf einige Faktoren beschränken.

Welches waren die treibenden Kräfte und Erfordernisse, die zur Abfassung des Unterrichtsplans in seiner heutigen Gestalt führten? Man könnte leicht bei einer wenn auch nur im Überblick gehaltenen Suche nach Ursachen und bei der Beurteilung der treibenden Kräfte im Sinne einer Faktorenanalyse, schließlich bei der Einschätzung von Erfordernissen für das unterrichtliche Geschehen in der neugestalteten Oberstufe unvermeidlich in den Strudel der religionspädagogischen Kontroversen über den Sinn und die Verwendung von Lehrplänen überhaupt gezogen werden.

Der nachfolgende Beitrag will sich zunächst in dieser Hinsicht auf keine Diskussion oder gar Rechtfertigung bzw. nicht auf die Frage nach der Legitimation des Lehrplans einlassen, sondern mehr referierend das Bedingungsgefüge abbilden, unter dem der Lehrplan Sekundarstufe II kath. Religion stand und nach wie vor steht.

Der Lehrplan Sekundarstufe II kath. Religion litt nicht entscheidend unter den allgemeinen Kontroversen um die Lehrpläne. Die Tatsache, daß ein Vorgänger vorhanden war, aus dem er weiterentwickelt wurde, mag auch den kritischen Anfragen von seiten der Curriculum-Theorie[1] vorläufig genügen. Diese Vorlage zum heutigen Plan verdient eine kurze Charakterisierung.

1.1 Die Vorlage des Lehrplans

Eine aus evangelischen und zugewählten katholischen Religionslehrern bestehende kirchliche Subkommission war mit Beginn des Jahres 1971 vom Kultusministerium Baden-Württemberg als staatliche Lehrplankommission berufen worden. Sie legte knapp zwei Jahre später einen Lehrplanentwurf (1. 12. 1972) vor, der für zwei Jahre ad experimentum an den wenigen baden-württembergischen Schulen mit reformierter Oberstufe für den Religionsunterricht als Theorievorgabe und Entwicklungsinstrument dienen sollte. Die Anlage des Plans sah konfessionell-kooperativ geltende Ziele und gemeinsame Unterrichtseinheiten vor, die aber im konkreten Unterricht konfessionell profiliert werden mußten. Der Plan enthielt nur Angaben von mittlerer Konkretion, machte allerdings zu jedem Thema ein großes Medienangebot (Titelverzeichnis von Unterrichtsmodellen, AV-Medien und Literatur). Am 22. August 1974 war dieser Vorgänger des heutigen Lehrplans Sekundarstufe II kath. Religion amtlich vom Kultusministerium veröffentlicht worden, und er galt bis zu seiner Ablösung im März bzw. Oktober 1977[2]. Allerdings muß man sich klarmachen, daß in den Geltungsbereich dieses konfessionell-kooperativen Plans zunächst nur die Versuchsschulen gehörten.

Der katholische Religionsunterricht an der gymnasialen Oberstufe aller übrigen Gymnasien des Landes wurde ab dem Schuljahr 1974/75 vom Unterricht nach dem <u>Rahmenplan</u>[3] in modifizierter Weise auf den neuen "vorläufigen Lehrplan" umgestellt. Der Rahmenplan konnte "zur konfessionellen Profilierung durchaus weiterhin benützt werden"[4].

Es ist bemerkenswert und verdient Beachtung, daß mit dieser Einschätzung des Lehrplanentwurfs durch die katholische Kirchenbehörde man dem zweifellos fortgeschrittenen Entwicklungsstand gegenüber dem Rahmenplan der deutschen Diözesen von 1969/70 Rechnung trug, wenn auch die konfessionelle Problematik ungelöst blieb und erst 1976 in einer Vereinbarung zwischen den vier Kirchenleitungen des Landes[5] geregelt wurde. Aus schuljuristischer Perspektive betrachtet, machte die Versetzungserheblichkeit der Note im Fach Religion, die seit dem Schuljahr 1974/75 für die Klasse 11 bestand, "einen lernzielorientierten Lehrplan notwendig" (Amtsblatt der Erzdiözese Freiburg).

1.2 Die neu zu gestaltende unterrichtliche Situation

Neben diesem schulrechtlichen Erfordernis, auf einen curricularen Lehrplan umzustellen, war es dann die neu zu gestaltende unterrichtliche Situation überhaupt, auf welche man von der Seite der <u>Lehrplanung</u> her reagieren mußte. Die erste bereits erwähnte Maßnahme der Kultusbehörde war wie für alle Fächer so auch für das Fach Religion eine Lehrplankommission Sekundarstufe II, die sich aus Praktikern zusammensetzte, zu berufen. Eine zweite mehr komplementäre Maßnahme ging auf eine Initiative der kirchlichen Institute der ev. Landeskirchen bzw. des kath. Religionslehrerverbandes der Erzdiözese Freiburg und dessen Vorsitzenden Msgr. M. FAULER zurück[6].

In Kooperation mit den Kirchen rief am 29. 5. 1972 das Kultusministerium eine Zentrale Planungskommission für ein religionspädagogisches Forschungsprojekt in

Baden-Württemberg ins Leben. Von dieser Zentralen Planungskommission wurde der Fachbereich der Religionslehrer am Keplergymnasium Freiburg, einer Versuchsschule mit reformierter Oberstufe, zur Mitarbeit an einem Projekt[7] Religionsunterricht an der Sekundarstufe II gewonnen, während die wissenschaftliche Begleitung dieses Projektes das Pädagogisch-Katechetische Seminar der Universität Freiburg unter der Leitung seines Direktors Prof. Dr. G. BIEMER übernahm unter der zeitweisen Mitarbeit von Prof. Dr. D. BENNER, der am Seminar für Philosophie und Erziehungswissenschaft der Universität Freiburg lehrte (seit 1973 ist Prof. Benner Ordinarius in Münster).

Der Lehrplankommission diente das Projekt Ev.-Kath. Religionsunterricht Sekundarstufe II Keplergymnasium Freiburg als Praxisorientierung und Erprobungsfeld für den neu zu planenden Religionsunterricht auf der gesamten Oberstufe einschließlich der Abiturprüfung im Fach Religion der neugestalteten gymnasialen Oberstufe.

Die wissenschaftliche Begleitung seitens der Universität erstreckte sich auf die Grundlagenforschung[8], den Entwurf eines Fragebogens, die Durchführung und die Ergebnisbeschreibung einer erstmals in Baden-Württemberg wissenschaftlich gesicherten Schülersituationsanalyse in Klasse 10 im Jahre 1973[9] und in allen drei Jahrgängen der Oberstufenschüler im Jahre 1975[10] sowie auf ausgedehnte Unterrichtsbeobachtungen im Rahmen des Religionsunterrichts am Keplergymnasium Freiburg.

1.3 Lehrplan-Vorgaben aufgrund bildungs- und schulpolitischer Entscheidungen

Mit dem Abitur in Religion an den Versuchsschulen der reformierten Oberstufe in den Jahren 1974 und 1975 war eine endgültige Marke in der Entwicklung und Erprobung des Lehrplanentwurfs für die Sekundarstufe II im Fach Religion gesetzt.

Bei der Gestaltung des Lehrplans, der ja als permanent zu revidierendes Curriculum auf diese Weise wenigstens grundsätzlich curricular angelegt war, mußte auf die zentrale Abiturprüfung (ähnlich wie im Land Bayern und im Saarland) eingeschwenkt werden. An sich ist ein Lehrplan auch nach dem damaligen Verständnis mehr als nur die Anleitung und Hinführung zum Ausbildungsziel Abitur am allgemeinbildenden Gymnasium. Vor der "Vereinbarung der Bundesländer zur Neugestaltung der gymnasialen Oberstufe" vom 7. 7. 1972 besaß der Lehrplan-Entwurf keine Prüfungsziele, die ausgesprochen auf eine Schlußprüfung im Abitur abhoben. Nach der Ländervereinbarung waren die Leistungsanforderungen in den Grund- und Leistungskursen sowie in der separaten Abiturprüfung formell klar umrissen. Sie mußten nun auch inhaltlich gefüllt werden. In dieser Zeit zwischen den curricular geplanten Anfängen und den sich allmählich immer deutlicher abzeichnenden neuen Erfordernissen der Prüfungsjahrgänge 12 und 13, insbesondere der abschließenden Abiturprüfung mit ihren vier

Prüfungsfächern, wurde eine neue Plangestalt, d.h. eine neue Beschreibung und Aufzeichnungsweise der Lehrplan-Elemente, vom Kultusministerium gefordert.

Die Kultusbehörde bestand außerdem ab 1975 aus schuljuristischen Gründen und aus Gründen einer einheitlichen Gestalt der Lehrpläne aller Fächer[11] darauf, daß neben den Unterrichtszielen die Unterrichtsinhalte klar im Plan ausgewiesen sind. Nur diese beiden Elemente, die Ziele und ganz besonders die Inhalte, galten als justitiabel, während alle anderen Hinweise (methodische Hinweise) und Zusätze im Lehrplan als rechtlich unerheblich betrachtet wurden. Natürlich muß diese unterschiedliche Gewichtung der (rechtlich) erheblichen Elemente und der didaktisch-methodischen Elemente im Lehrplan nicht notwendig besagen, daß man jetzt innerhalb des Lehrplans zwischen Teilen, die wesentlich waren, und solchen, die mehr das beiläufige Rankenwerk bildeten, unterschied. Doch ist nicht zu leugnen, daß die Lehrplankommission und auch die religionspädagogische Theoriebildung an den Inhalten des Unterrichts ein neues Interesse gewann[12].

Hinzu kam, daß für die vier Halbjahre bis zu ihrem Abschluß im Abitur und besonders für diesen Abschluß und für die Gestalt der Prüfung Unterrichtsplanungen nach Art von Studiengängen neben dem Lehrplan erforderlich wurden. Denn es macht einen erheblichen Unterschied, ob der Kursteilnehmer eines Halbjahres nur den Kurs erfolgreich abschließt, oder ob er am Ende einer Sequenz von vier Halbjahren in die schriftliche (3. Prüfungsfach) oder mündliche (4. Prüfungsfach) Abiturprüfung geht. Speziell für die schriftliche Abiturprüfung entwickelte die Lehrplankommission, die bis Mitte 1975 aus evangelischen und katholischen Mitgliedern bestand, seit 1973 gemeinsam sog. Prüfungsfeldbeschreibungen, die aus den zentralen Einheiten des Lehrplans mittels weiterer Konzentration ("gestauchtes" Prüfungsfeld) für die Kurse in Religion erstellt wurden.

Das Verhältnis dieser kleineren Prüfungseinheiten zum Gesamt des Lehrplans und seiner Themenfelder[13], der ja auch Prüfungsinstrument ist, bildete sich in der Folge dahin aus, daß die Abiturvorbereitung sich auf ursprünglich drei, dann auf zwei Themenfelder beschränkte.

Im Juni 1975 verlangte die Kultusbehörde von Baden-Württemberg als einschneidende Maßnahme der Lehrplanung des Religionsunterrichts Sekundarstufe II die Zusammenlegung der Lehrplaneinheiten aus dem UIV-Bereich, d.h. dem Bereich der beruflichen Gymnasien, für die eine eigene Lehrplankommission bestand, mit dem UIII-Bereich der allgemeinbildenden Gymnasien.

In einer Koordinierungssitzung am 18. und 19. Juni 1975 im Religionspädagogischen Institut der Badischen Landeskirche in Karlsruhe, an der evangelische und katholische Mitglieder aus den beiden Lehrplankommissionen teilnahmen, einigte man sich auf sechs Grundthemen des Lehrplans, von denen jeweils zwei in einem rollierenden

System bei der Abiturprüfung jedes Jahr zum Zug kommen sollten. Der Plan ist damit in drei Abiturjahrgängen durchlaufen.

Im Vergleich mit anderen Abiturfächern war diese Themenbegrenzung im Abitur ein Novum. Begründet wird sie damit, daß die ganze Breite der theologischen Themen unmöglich in einem Fach behandelt werden kann, das gegenüber den meisten anderen Abiturfächern im Grundkurs nur zweistündig unterrichtet wird. Zudem erschien es auch für die Leistungskurse in Religion ratsam, die Intensität des Wissens zu fördern, anstatt auf Vollständigkeit und Beherrschung des gesamten theologischen Lernstoffs abzuzielen.

An dieser Stelle des Überblicks über die Entwicklung des Lehrplans Sekundarstufe II kath. Religion (ev. Religion) gilt es festzuhalten, daß die Themen Gottesglaube (und Religionen/Atheismus), Jesus Christus, Kirche (in der Welt), Theologische Anthropologie (Freiheit - Verantwortung - Schuld) sowie Glaube und Wissen (Naturwissenschaft) sich als die Themenfelder der inzwischen neuesten Auflage des Lehrplans (1977) durchgehalten haben. Im Rückblick auf die curricularen zielorientierten Anfänge und den curricularen Anspruch, der bereits ein halbes Jahrzehnt, d.h. von 1970 bis 1975, das religionspädagogische Feld beherrschte, muß man feststellen, daß diese Akzentuierung einer themenorientierten Anlage des Lehrplans eine nicht zu übersehende Realität geworden war. Die zunächst theoretisch angenommene Möglichkeit, aus den obersten Bildungszielen der Schule und näherhin des Religionsunterrichts an der Staatsschule über einen Fächer verschiedener oberer und unterer Zielbereiche (Richtziele usw.) deduktiv zu immer konkreteren Zielen (und Themen) zu kommen[14], war schon im Lehrplanentwurf aus dem Jahre 1972 nicht in die Praxis umgesetzt worden.

Die letzte wichtige bildungs- und schulpolitische Einflußnahme auf die Gestalt des Lehrplans Sekundarstufe II kath. Religion ging vom Beschluß aus, den die Kultusministerkonferenz der Länder zu einer "Vereinbarung über die Anwendung einheitlicher Prüfungsanforderungen in der Abiturprüfung"[15] getroffen hatte. Danach sollten Kommissionen für alle Fächer sog. Normenbücher ausarbeiten, und diese Normen sollten in den Bundesländern bei der Abiturprüfung erprobt werden, was in den Jahren 1975 und 1976 auch geschah und gleich wieder zu einer Revision dieser Normenbücher führte. Die Absicht der Normenbücher war es, die Chancengleichheit der Abiturienten in der Abiturprüfung und besonders beim Hochschulzugang (Numerus clausus) sicherzustellen. Es war zu erwarten, daß die Beschreibung bundeseinheitlicher Leistungsanforderungen nicht ohne inhaltliche Festlegung geschehen kann. Angesichts verschiedener bereits bestehender Lehrpläne für das Fach Religion in der Sekundarstufe II[16] beschritt man in der katholischen Normenbuchkommission einen mittleren Weg, indem man die Inhalte nach Bereichen aufzeichnete. Für die Länderlehrpläne, die nach wie vor maßgeblich blieben, versprach man sich durch diese Mustervorlage einer genormten Abiturprüfung (Rahmenabiturprüfungsordnung) einen vereinheitlichenden Effekt. Einen nachhaltigen Eindruck, so wird man heute feststellen, haben nach der heftig geführten Diskussion über die Normenbücher und ihre revidierte Form (Einheitliche Prüfungsanforderungen im Abitur = EPA Rel)[17] nur die Aufgabenbeispiele und die Maßstäbe hinterlassen, die die Anforderungen und Lernerfolgskontrollen sowie überhaupt das Bemühen um mehr Transparenz in den Bewertungen der Schülerleistung erfassen und beschreiben wollen[18].

Der Lehrplan Sekundarstufe II kath. Religion erhielt aufgrund der vereinbarten einheitlichen Anforderungen in der Abiturprüfung einen von den evangelischen und katholischen Kommissionsmitgliedern gemeinsam erstellten und verantworteten "Leitfaden zur Erstellung und Bewertung von Abituraufgaben" (letzter Revisionsstand 2. 9. 1977)[19] an die Seite. Am Schluß der Ausführungen zu den Lehrplan-Vorgaben, denen sich der Lehrplan Sekundarstufe II kath. Religion gegenübersieht, soll noch die institutionalisierte Praxisüberprüfung des Lehrplans berührt werden. Sie stellt insofern eine Vorgabe für jeden Lehrplan und seine revidierte Fassung (permanent zu revidierendes Curriculum) dar, als ein fester Bedingungszusammenhang besteht zwischen den sechs Pflichteinheiten des Lehrplans und den daraus gewonnenen jeweiligen Prüfungsfeldbeschreibungen der Abiturjahrgänge[20].

In enger Orientierung an der Prüfungsfeldbeschreibung, jedoch nicht mechanisch, konstruieren die Abitur-Aufgabenersteller ihre Aufgabenvorschläge. Die ausgewählten Abituraufgaben erweisen zu einem erheblichen Grad die Brauchbarkeit des Lehrplans, wenn sie durch eine Erst-, Zweit- und Drittkorrektur erfolgreich hindurchgegangen sind. Hat sich nun ein Lehrplan als brauchbar und in seiner Steuerung des Abiturs als leistungsfähig erwiesen, dann ist dies zwar einerseits erfreulich. Es darf aber andererseits nicht übersehen werden, daß ein solcher Effekt ein ganz bestimmtes Lern- und Leistungsgefüge festschreibt und von sich aus nicht ohne weiteres in der Lage ist, auf gewandelte Ansprüche von seiten der Schüler wie auch auf neue Entwicklungen in der Gesellschaft und der Fachwissenschaft angemessen zu reagieren.

Um einerseits den Lehrplan wirksam in den Einsatz zu bringen, andererseits aber seinem Verhärtungseffekt im Abitur entgegenzuwirken, wurden ab 1974 bis heute ununterbrochen vom Kultusministerium Baden-Württemberg zentrale Werkstattseminare eingerichtet, auf denen jeweils das zurückliegende Abitur durch erfahrene Religionslehrer überprüft und die Vorlage für eine verbesserte Prüfungsfeldbeschreibung der zwei zurückliegenden Abiturthemen erarbeitet wurde[21]. Mit der Herbeiführung jeder neuen Entwicklungsstufe des Lehrplans waren die zentralen und regionalen Lehrerfortbildungsveranstaltungen gekoppelt[22]. Dabei wurden zunächst die sechs

Pflichteinheiten des Lehrplans mit Hilfe von Handreichungen, welche die religionspädagogischen Institute der vier Kirchen des Landes Baden-Württemberg herausbrachten, in Angebote für die konkrete Unterrichtsplanung umgesetzt[23]. Ebenso erprobte man die Richtlinien und Muster zur Überprüfung von Schülerleistungen.

Verschiedene Entwicklungen in der Schulpolitik und der Lehrplanszene auf Bundesebene und nicht zum wenigsten die Tatsache, daß es seit 1974 eine katholische und evangelische Normenbuchkommission gab, veranlaßten die Kirchenbehörden in Baden-Württemberg, die Initiative zu einer Neukonstituierung von konfessionell getrennten Lehrplankommissionen für den Religionsunterricht Sekundarstufe II zu ergreifen. Die ins Auge gefaßte neue katholische Lehrplankommission konstituierte sich am 31. Mai 1975 im Priesterseminar in St. Peter/Schwarzwald. Die Kommissionsmitglieder der ehemaligen[24] Kommissionen aus dem UIII- und UIV-Bereich setzten sich lediglich in neuer Gruppierung wiederum an einen Tisch, wobei die feste Zahl der durch das Kultusministerium noch zu berufenden Mitglieder angereichert wurde durch sog. kooptierte Mitglieder, die gleichwohl Beamte im staatlichen Schuldienst sein konnten. Diese Hilfe und Verstärkung der Arbeitskapazität der neuen Kommission, die nun aus 16 katholischen Mitgliedern bestand, ermöglichte es, binnen Jahresfrist eine völlige Umarbeitung des Lehrplanentwurfs aus dem Jahre 1972 vorzunehmen.

2. <u>Die derzeitige Gestalt und Bedeutung des Lehrplans für das Fach Katholische Religionslehre Klasse 11 und Jahrgangsstufen 12 und 13 der Gymnasien, Grund- und Leistungskurse</u>

Die auffälligen Unterschiede des neuen Lehrplans im Vergleich zum Lehrplanentwurf liegen:
a) in seiner konsequent durchgeführten konfessionellen Profilierung[25],
b) in seinen Inhalte-Angaben, die in der horizontalen Aufzeichnungsebene neben die Ziele-Angaben treten, und
c) in seiner Abhebung von Pflichtunterrichtseinheiten gegenüber Wahlunterrichtseinheiten einerseits und andererseits in einer schärfer markierten Zäsur zwischen der Klasse 11[26], die ja bekanntlich Gelenkfunktion besitzt, gegenüber den Abiturjahrgangsstufen 12 und 13.

Übersicht über die Inhalte des Lehrplans Sekundarstufe II katholische Religion

Die Inhalte des Faches Katholische Religionslehre Klasse 11 und der Jahrgangsstufen 12 und 13 sind auf sechs Themenfelder bezogen und in die nachfolgend aufgeführten Unterrichtseinheiten gegliedert:
A. Gott und Religionen
 - Religion - Illusion (Täuschung) oder Wirklichkeit (Wahrheit)? (A 1)[x]
 - Weltreligionen (A 2)[x]

- Judentum (A 3)ˣ
- Gottesglaube/Atheismus (A 4)
- Machbarkeit der Welt (A 5)
- Christentum - Religion der Zukunft (A 6)

B. Jesus Christus
- <u>Jesus Christus</u> (B 1)
- Tod und Auferstehung Jesu (B 2)

C. Kirche - Zeichen des Heils
- <u>Kirche - Zeichen des Heils</u> (C 1)
- Gesellschaft - Staat - Kirche (C 2)
- Missionarischer Dienst an der Welt (C 3)
- Meditation und Gebet (C 4)
- Eine Kirche - viele Konfessionen (C 5)

D. Menschliche Existenz - Christliche Anthropologie
- <u>Die Sinnfrage als Zugang zur religiösen Frage; die Sinnantwort als Zugang zur Handlungsorientierung (Normen)</u> (D 1)ˣ
- Leid und Tod (D 2)ˣ
- <u>Freiheit - Verantwortung - Schuld</u> (D 3)
- <u>Recht und Sittlichkeit</u> (D 4)
- Zur Freiheit berufen (D 5)
- Menschenwürde - Menschenrechte (D 6)
- Liebe - Partnerschaft - Ehe (D 7)
- Strukturen christlichen Lebens (D 8)

E. Soziale Gerechtigkeit - Theologische Ethik
- Krieg und Frieden (E 1)ˣ
- <u>Soziale Gerechtigkeit</u> (E 2)
- Christentum - Marxismus (E 3)

F. Die Theologie und die Wissenschaften
- <u>Einführung in den sachgemäßen Umgang mit der Bibel</u> (F 1)ˣ
- <u>Glaube und Wissen</u> (F 2)
- Kommunikation und Kooperation (F 3)

Pflichtunterrichtseinheiten sind unterstrichen. ˣ = Klasse 11

Auch sonst besitzt der Plan noch einige wichtige Verbesserungen, die hier summarisch angeführt sein sollen:

1) Jeder Unterrichtseinheit sind religionspädagogische Überlegungen beigefügt. Darin werden reiche und langjährige Unterrichtserfahrungen mit den sich wandelnden Schülersituationen in bezug auf das Unterrichtsthema der Einheit skizziert. Zugleich ist in diesen Überlegungen ein didaktischer Kommentar zu den Unterzielen der Unterrichtseinheit enthalten. Neben der ersten (Ziele-) und zweiten (Inhalte-) gibt es eine dritte, ebenfalls horizontal angeordnete (methodische) "Hinweise"-Kolumne.

2) Eine größere Anzahl von Wahlunterrichtseinheiten der Klasse 11(4)[27] und der Jahrgangsstufen 12/13 (14)[28] sichert die Chance, auch über die Beschäftigung mit den Zielen und Inhalten der Pflichteinheiten hinaus zu gegenwartsnahem Unterricht zu kommen.

3) Die drei Pflichteinheiten der Klasse 11 sind obligatorisch. Sie geben aber keinen Lernstoff ab, der Gegenstand der Abiturprüfung wird, sondern beim Schüler

sollen vorrangig die kommunikativen und instrumentellen Fähigkeiten ausgebildet werden. Ein vorurteilsfreier Blick auf Anlage und Charakter der Pflichtunterrichtseinheiten der Klasse 11 wird dies bestätigen.

Als Lernstoff in den Jahrgangsstufen 12/13 sind zusätzlich zu den zwei Pflichteinheiten, den "Sternchenthemen" im Abitur, aus der Gesamtzahl der sechs Pflichteinheiten des Lehrplans zwei Einheiten schwerpunktmäßig verbindlich vorgeschrieben. Es ist aber auch hier zu beachten, daß die legitime Chance besteht, diese zusätzlichen Pflichteinheiten durch eigens angegebene Äquivalente aus dem Wahlbereich zu ersetzen, z.B. kann die zusätzliche Pflichteinheit "Jesus Christus" durch "Tod und Auferstehung Jesu" adäquat ersetzt werden (siehe Ziff. 07 des Lehrplans: Die schriftliche Abiturprüfung im Fach Katholische Religionslehre).

Der neue Lehrplan Sekundarstufe II kath. Religion ist zunächst ohne Zweifel in seiner schulpolitischen Bedeutung zu sehen - ein Faktum, das im Streit um die pädagogisch-katechetische Effizienz des Lehrplans, und näherhin bei Leuten, die den Plan einseitig kritisieren, zumeist übersehen wird. Dabei ist die fraglos bedeutende kirchenpolitische Leistung sowohl der Evangelischen Landeskirche als auch der beiden Diözesen Freiburg und Rottenburg von der Regierung in Stuttgart, näherhin dem Kultusministerium unter dem damaligen Kultusminister Prof. Dr. Wilhelm Hahn, klar erkannt worden.

Hatte man noch in der Versuchsphase zur Einführung der neugestalteten Oberstufe, die ja in Baden-Württemberg wie kaum in einem anderen Bundesland - nur noch vom Stadtstaat Bremen unterboten - äußerst zögernd anlief[29], sich mit dem für viele anstößigen konfessionell-kooperativen Lehrplanentwurf oder vorläufigen Lehrplan bescheiden müssen, so war mit dem neuen Lehrplan ab Schj. 1977/78 beim Eintritt aller Gymnasien des Landes in die Regelphase ein beiden Konfessionen dienliches unanfechtbares Lehrplaninstrument zur Hand.

Die Inhalte-Problematik, an welcher der neue Lehrplan wie andere Produkte der Lehrplanung (Unterrichtsmodelle), und selbst das Normenbuch bzw. die Prüfungsanforderungen im Abitur (EPA) partizipiert, ist in der Tat vielschichtiger, als gewöhnlich angenommen wird. Keineswegs ist es nur das oben (S.144) erwähnte juristische Erfordernis, das zwänge, in einem Lehrplan Lerninhalte auszuformulieren[30].

Zur "Fachrepräsentanz" äußerte sich Prof. Dr. M. SEYBOLD vom Fachbereich Katholische Theologie der Gesamthochschule Eichstätt in einem Gutachten wie folgt: "Es ist zu begrüßen, daß versucht wird, Prüfungsinhalte zu benennen, da katholische Religionslehre sich an den Vorgaben von Offenbarung und Glauben der Kirche zu orientieren hat, wenngleich beides im Horizont der "Zeichen der Zeit" je neues Bedenken erfordert."[31]

Dem Erfordernis von "Lebensrelevanz der Inhalte", insbesondere im Blick auf die "fundamental-anthropologischen Bestimmungen menschlicher Koexistenz"[32], versucht der neue Lehrplan in dem bescheidenen Maß gerecht zu werden, als es zum damaligen Zeitpunkt (Redaktionsschluß 1976) möglich war. Die Begleitung durch die Fachwissenschaft und Grundlagenforschung, repräsentiert im Pädagogisch-Katechetischen Seminar der Universität Freiburg, die seinerzeit bei der Abfassung des Lehrplan-Entwurfs zu Buche schlug, hielt mit dem Tempo nicht Schritt, mit dem der Lehrplan in eine Kodifikationsform (KNAB) gebracht werden mußte, wollte man den Anschluß an die Reform der gymnasialen Oberstufe in Baden-Württemberg nicht verlieren. Daß die Reform selbst zu sehr in die Richtung der Kultusbürokratie gelangte, ist wohl nicht ausschließlich die Schuld der Schulverwaltung.

3. Überblick über die theologischen Schwerpunkte des Lehrplans für das Fach Katholische Religionslehre Klasse 11 und Jahrgangsstufe 12 und 13 der Gymnasien in Baden-Württemberg

Bei dem nachfolgend skizzierten theologischen Durchblick durch den Lehrplan Sekundarstufe II kath. Religion ist seine umfassende Zielsetzung beiseite, wenn auch nicht ganz außer acht gelassen. Es ist selbstverständlich, daß angestrebte Befähigungen wie Kenntnis von "Mensch und Welt in ihrem Bezug zu Jesus Christus im Licht des kirchlichen Glaubens und Lebens"[33] in der "Schule für alle" (W. DIRKS) einen ganz bestimmten Unterricht erfordern.

Die Frage nach Gott muß geweckt, zumindest reaktiviert und reflektiert werden, Sinn- und Wertfragen müssen dort aufgenommen werden, wo der Religionsunterricht die dafür unterschiedlich aufgeschlossenen Schüler, zumal im Zwangsverband einer Schulklasse, antrifft.

Die Befähigungen zur Auseinandersetzung mit anderen Konfessionen und Religionen, Weltanschauungen und Ideologien wie auch die Motivation "zu verantwortlichem Handeln in Kirche und Gesellschaft"[34] erfordern im unterrichtlichen Gang eine besondere Anstrengung, weil sie nicht ohne angemessene Beschäftigung mit den einschlägigen Sachgebieten, d.h. den Weltreligionen, den anthropologischen Forschungsergebnissen, den Aussagen der Humanwissenschaften und der Naturwissenschaften zu leisten sind.

In der hier gebotenen Darstellung der theologischen Schwerpunkte, die im Lehrplan Sekundarstufe II kath. Religion gesetzt wurden, kann dieser "Weltstoff" (A. EXELER) höchstens den Hintergrund bilden. Die zahlreichen didaktischen Schritte, die an den <u>Zielkatalogen</u> einer jeweiligen Unterrichtseinheit abzulesen sind[35], und die auf einer erprobten Unterrichtserfahrung beruhenden <u>methodischen Hinweise</u> dazu, die in einer eigenen dritten Spalte des Lehrplans verzeichnet sind, bestätigen, daß in dieser Hinsicht die Aufgabe der Umsetzung der theologischen Inhalte in die Verstehens- und Handlungsebene der Schüler unternommen ist.

Umgekehrt werden im Lehrplan Sekundarstufe II kath. Religion die zahlreichen Handlungsfelder der heutigen religiösen sowie auch der christlich-kirchlichen Lebenspraxis in angemessener Theoriebildung erfaßt. Dies läßt sich leicht verifizieren sowohl an den 6(9) Pflichteinheiten als auch an den 14(18) Wahlunterrichtseinheiten. Hingewiesen sei wiederum nur auf die Abfolge in der Behandlung eines jeweiligen Themas. Jedesmal folgt auf die Grundlegung (z.B. bei der Einheit "Jesus Christus": Von der Botschaft Jesu zur Kirche Christi) die Strukturdarstellung (z.B. bei der Einheit "Kirche - Zeichen des Heils: Das Selbstverständnis der Kirche nach dem Vat. II; bei der Einheit "Soziale Gerechtigkeit" die Sozialprinzipien), schließlich wird noch die heutige Erscheinungsform des Themas in den Blick genommen (z.B. Erscheinungsform von Kirche im 20. Jh.).

In Übereinstimmung mit den damaligen Vorarbeiten des Pädagogisch-Katechetischen Seminars der Universität Freiburg, die unter Leitung von Prof. Dr. G. Biemer erfolgten und veröffentlicht wurden[36], ist der primäre Gegenstand des Religionsunterrichts, den der Lehrplan Sekundarstufe II katholische Religionslehre im Auge hat, der Anspruch und die Wirklichkeit des Christentums. Normgebender Ursprung ist der "Anspruch Jesu"[37]. Mit der Erschließung des heutigen Christentums durch die Freilegung der "Worte und Taten" Jesu sowie deren Wirkungsgeschichte ist ein offenbarungstheologischer Einsatz, näherhin die Erlösungsbotschaft (Erlösungstheologie) als erkenntnisleitendes Interesse gewählt worden. Dieses Interesse war insbesondere das Auswahlkriterium für die Anlage der sechs Pflichtunterrichtseinheiten.

3.1 Die Erlösungsbotschaft (Erlösungstheologie) als Argumentationsbasis in den 6 Pflichteinheiten des Lehrplans

1) Die Pflichtunterrichtseinheit "Jesus Christus", in theologischer Hinsicht betrachtet, zeigt das soteriologische Interesse sehr deutlich. Der irdische ("historische") Jesus wird im Christusglauben als "Kontinuität in Jesus" erfaßt. Praktisch bedeutet dies: Die Beschäftigung mit der geschichtlichen Gestalt Jesu von Nazaret, die die Pflichtunterrichtseinheit "Jesus Christus" vorsieht, ist für Christen wie Nichtchristen und auch für die in dieser Thematik bekanntgewordenen Atheisten (M. MACHOVEC, L. KOLAKOWSKI) unverzichtbar. Der ganzen Wirklichkeit von Jesus dem Christus gerecht zu werden gelingt aber, theologisch gesehen, nur, wenn auch der auferstandene Herr und der Tod Jesu in

seiner heilsmittlerischen Bedeutung[38] thematisiert werden. Obwohl nicht zu verkennen ist, daß "Jesus für Atheisten" bedeutsam ist, müssen sie ihn nach ihrer Auffassung historisch-kritisch um der geschehenen Deifikation willen aus dem urchristlichen Kerygma herauslösen. Auf diese Weise würde aber der Weg zu einer Erlösungstheologie abgeschnitten[39].

Die christologischen Hoheitstitel, unter denen die Titel "Messias" und auch "Menschensohn" den starken geschichts-soteriologischen Charakter aus dem Raum des Alten Testaments und der frühjüdischen Umwelt des Neuen Testaments bei der Übertragung auf Jesus behalten haben, stützen sich auf die heilsgeschichtliche Tat Gottes in Jesus; die christologischen Würdenamen Jesu können daher letztlich nur heilstheologisch begriffen werden.

Der Anspruch des vorösterlichen Jesus, der u.a. in seinen Wunderheilungen das Werk des versöhnungsbereiten Gottes auch in seiner Person und seinem Schicksal demonstriert, ist letztlich auch wieder nur auf der soteriologischen Argumentationsbasis einzuordnen, wenn gilt, wie 1 Kor 15, 28 sagt, daß "Gott (nach der Herrschaft des Sohnes) ... über alles und in allem (herrscht)".

2) Die Pflichtunterrichtseinheit "Kirche - Zeichen des Heils" ist, theologisch gesehen, wesentlich christologisch orientiert. D.h., wenn Kirche die durch die Erlösungstat Jesu und die durch die Predigt von Jesus dem Auferstandenen ins Leben gerufene Heilsgemeinde ist, dann ist sie es nicht allein für sich, sondern für alle Welt zum wirksamen (sakramentalen) Zeichen.

In dem Maß, wie die Kirche sich bei all ihrer irdischen Realität und Verflochtenheit in die Dinge der Welt auf das befreiende und erlösende Tun Jesu Christi besinnt und handelt, wie er handelte (Amt als Dienstamt), in dem Maß erfüllt sie ihren Sinn und ihre Aufgabe.

3) Die Pflichtunterrichtseinheit "Soziale Gerechtigkeit" behandelt im Blick auf die jeder Generation aufgegebene Lösung ihrer sozialen Frage zunächst in paradigmatischer Absicht die soziale Frage im 19. Jahrhundert. Die aus dem Geist des Evangeliums Jesu entwickelten Sozialprinzipien (Personalität, Subsidiarität, Solidarität und Gemeinwohlprinzip; siehe deren Verwurzelung in der Bergpredigt, Mt 5, 1-12, und in Mt 25, 31-46, in der Sozialkritik der alttestamentlichen Propheten und im biblischen Ethos überhaupt) ermutigen einerseits, über scheinbar "eherne Lohngesetze", wirtschaftliche Notwendigkeiten und Marktmechanismen hinaus den Vorrang des Menschen vor allen Wirtschaftsprozessen geltend zu machen. Die angezielte soziale Gerechtigkeit führt aber andererseits nicht wie in der marxistischen klassenlosen Gesellschaft zu weltimmanentem Heil. Die im Evangelium Jesu verkündigte Menschenwürde, die wahre Gerech-

tigkeit und die Menschenrechte für alle Menschen sind zwar eine unbeugsame strenge Forderung, doch ist soziale Gerechtigkeit nach theologisch-christlicher Auffassung nicht erzwingbar um den Preis neuer Ungerechtigkeiten. Das Vertrauen auf die Durchsetzungskraft der im christlichen Glauben gegebenen heilsvollen Wirklichkeit und der eschatologische Vorbehalt, d.h. die Überzeugung, daß zu den in der gegenwärtigen Welt bestehenden Verhältnissen nicht das letzte Wort gesprochen ist, setzt die Kraft zur Veränderung bestehender Unrechtsverhältnisse frei (vgl. u.a. die Verkündigung der kirchlichen Soziallehre in aller Welt und die kirchlichen Initiativen in der Entwicklungspolitik).

4) In der Pflichteinheit "Freiheit - Verantwortung - Schuld" sind beim Verständnis von Schuld und Erlösung die Argumentationsebenen von Schöpfungstheologie und Erlösungstheologie ineinander verschränkt, wie Röm 5 zeigt. Die Schuldverflechtung, in welche durch eine geschichtliche individuelle und freie Entscheidung des "Urmenschen" Adam jeder Mensch jeweils kommt, ist durch Gottes vorlaufende Erlösungsbereitschaft in seiner Gnade aufgehoben. Diese Theologie leitet den Verfasser der Paradiesgeschichte bei seiner Erschaffungs- und Sündenfallgeschichte Gen 2-3. Nach neutestamentlichem Glauben geschah Erlösung am Erweisfall in der vollkommenen Gehorsamstat Jesu. Erlösung für uns Menschen geschieht in der Einung mit Jesus Christus. Sie ist eine endzeitliche (eschatologische) Wirklichkeit.

3.2 Die Schöpfungsbotschaft (Schöpfungstheologie) als Argumentationsbasis in den 6 Pflichteinheiten des Lehrplans

Wichtige Themen und Fragestellungen in den übrigen Pflichteinheiten des Lehrplans Sekundarstufe II katholische Religionslehre erfordern zu ihrer sachgerechten Behandlung bzw. zu ihrer Problemlösung die Aussagen der Schöpfungstheologie. Dies soll nachfolgend noch in einem kurzgefaßten Problemüberblick nachgewiesen werden.

Im Problemkreis Gottesglaube/Atheismus wird man nicht nur die klassisch-philosophische Gotteserkenntnis (natürliche Gotteserkenntnis, Gottesbeweise) und auch nicht allein die phänomenologisch-existentialphilosophische oder die fundamentaltheologische Gottesfrage thematisieren. Die biblische Gottesvorstellung vom welttranszendenten Schöpfergott (vgl. Ps 102, 26-28) hat im Beweisgang dort ihre Einsatzstelle, wo theoretische Überlegungen zu einer hohen Wahrscheinlichkeit für die Annahme einer Existenz Gottes gelangen. Dann werden diese Überlegungen gleichsam zur "Vorgeschichte" angesichts des faktisch gegebenen Gottesglaubens der Bibel und der Offenbarung.

Ebenfalls wichtig ist das Argument biblischen (Schöpfer-)Gottglaubens bei der Bestreitung des Wirklichkeitsgehaltes jeglichen Gottglaubens, wie sie von der Religionskritik und dem Atheismus in allen Schattierungen vorgebracht wird.

Das Hauptargument in der Religionskritik lautet bekanntlich, Gott sei eine Idee, die der Menschengeist als Projektion seiner selbst (Homo homini Deus - der Mensch schuf Gott nach seinem Bild) betreibe und damit seine Selbstentzweiung leiste. Abgekürzt gesagt, es wird Theologie zur Anthropologie gekehrt.

Nun muß darauf hingewiesen werden, daß die Religionskritik berechtigte Kritik übt an einem falsch verstandenen Schöpfergott. Der Schöpfergott, verstanden als Weltverursacher im monokausalen Sinn, lähmt jegliche Eigeninitiative des Menschen, insbesondere macht er eine Freiheit des Menschen illusorisch. Ein Rückzug auf das deistische oder pantheistische Gottesbild ist keine Lösung; das haben die Religionskritiker scharf erkannt. Wenn Gott nur eine Weltmaschine in Gang gesetzt hat, die er dann ihrer Eigengesetzlichkeit überläßt, dann ist Gottes Schöpferwirklichkeit zu einem tatenlosen Schatten verblaßt, und ein tatenloser Schöpferglaube ist die Folge eines so vorgestellten Schöpfergottes. Die Eigengesetzlichkeit einer sich selbst überlassenen Welt rückt an die Stelle jenes Welt-Gott-Bezugs, um den immerhin der Mythos noch weiß. Die Stringenz (Beweiskraft) des biblischen Schöpfungsglaubens liegt nun darin, daß er diesen Verkürzungen im Welt-Gott-Verhältnis gegenüber seine tatsächlich vollzogene und stets weiter vollziehbare Orientierungsleistung geltend machen kann.

Der Glaube von Gott, dem Erschaffer des Himmels und der Erde, erfaßt größere Wirklichkeitsdimensionen. Zumindest kann man feststellen, daß der gelebte Schöpfungsglaube im Rückblick auf die hinter uns liegende Menschheitsgeschichte zwar nicht vor Verengungen und Verkürzungen sowie schrecklichen Mißverständnissen bewahrt hat, aber an seiner Realität und an seiner Ernsthaftigkeit wie auch an seiner geschichtlichen Wirksamkeit wird heute kein denkender Mensch vorbeigehen.

Dem aus der klassischen Religionskritik entwickelten atheistischen Marxismus gegenüber muß die Beziehung Schöpfer-Geschöpf herausgestellt werden, besonders das Geschöpf-Sein des Menschen und dessen unveräußerliche Personwürde. Im klassischen Marxismus gibt es keinen Vorrang der Person vor der Geschichte des Menschheitsganzen, d.h. der Weltwerdung dieser Geschichte (siehe Hegel).

Auf dem Hintergrund der Behauptung des Marxismus, der Mensch stehe in Totalverantwortung für sich und für die Welt, bringt der Glaube an Gott, den Schöpfer der Welt, wirksame Entlastung von einer unmenschlichen Zumutung und eröffnet ein geordnetes "natürliches" Verhältnis des Menschen zum Mitmenschen und zur Umwelt.

Zur Thematik Glaube und Wissen gehört der Schöpfungsglaube unverzichtbar als Musterfall oder Erweisfall von Glauben in der Gegenüberstellung zu Wissen.

Die Betrachtung der Formen von Wirklichkeitserfahrung (und Welterfahrung), wie sie dem objektivierenden Wissen eigentümlich sind, führen zur Einsicht, wie wichtig auch andere Zugänge zur Wirklichkeit sind. Diese Einsicht gelingt um so sicherer, je eher erkannt ist, daß die Wissensformen eine ungerechtfertigte Tendenz in sich tragen, von uns verabsolutiert zu werden (sog. exakte Wissenschaften).

Schon im zwischenmenschlichen Bereich erschließen wir uns durch die Erkenntnisformen von vertrauender Hingabe und eines Sich-Öffnens weite Bereiche der Wirklichkeit, die im Falle, daß wir über sie mit einem egoistisch-verfügenden Zugriff des Wissens (Bsp.: Wie weiß ich, daß ich jemand liebe?) verfügen wollten, sich uns verschließen würden.

Zu einer Wesenserhellung auf religionsphilosophisch-phänomenologischem Weg von dem, was personaler Glaube an Gott ist, tritt als Bestätigung und Erweis das Gegebene eines tatsächlichen und reflektierten Glaubens. Somit ist dieser ständig in Erweisfunktion nicht nur bezüglich des "Daß" des Glaubens, sondern auch bezüglich des "Wie" des Glaubens.

Bestätigt wird also, daß in diesem Glauben Wirklichkeitserfahrung vor sich geht; das kann sowohl am biblischen Glauben von Gott als dem Schöpfer der Welt als auch am biblischen Glauben von Gott als dem Retter (Heiland) der Welt dargetan werden.

In der weitläufigen Thematik Freiheit - Verantwortung - Schuld werden vorwiegend die Handlungsmuster der verschiedenen Schuld-Strafe-Erzählungen aus der biblischen Urgeschichte zur Sprache kommen müssen.

Die Freiheitskonzeption einer von Gott abgelösten totalen Freiheit, die angeblich dem Menschen aufgegeben sein soll (Existentialismus, Marxismus), wie auch der Determinismus, der jede Möglichkeit zu freiem Handeln leugnet, sind kritisierbar von der sittlichen Orientierungsgabe her, die in der biblischen Schöpfungsbotschaft, näherhin in Schöpfungs- und Urgeschichte, grundgelegt ist, indem diese Erzählungen sittlichen (Ur-)Stoff vorlegen (vgl. "Vorurteil").

Im einzelnen geschieht dies durch die Analyse der Menschenschöpfungserzählung, wo die Jahwe-Weisung (Gebot bzw. Verbot im Paradies) als sinnvolle Begrenzung wie Grenze des Menschen in seiner Geschöpflichkeit (vgl. G. S. Nr. 17 und Sir 15, 14) gefunden wird.

Die Kain-Abel-Erzählung zeigt, wie für die zwischenmenschliche Beziehung, aber auch für die Beziehung zwischen Gott und Mensch (Gen 3 und Gen 4 bilden unter diesem Gesichtspunkt eine thematische Einheit!) ein horizontal-vertikal strukturiertes Beziehungsgefüge besteht: Die verunglückte Beziehung zu Gott (Gen 3) läßt auch die Beziehung zum Mitmenschen (Gen 4) nicht glücken.

Musterhaft werden hier nun Erweisfälle von Gewissen und Abdrängung von Gewissensanruf (Eva dem Ansinnen der Schlange gegenüber, Kain dem Anruf Jahwes vor der Bluttat an Abel gegenüber) vorgeführt. In der christlichen Lehre vom Gewissen bilden diese Ansätze aus der biblischen Urgeschichte und die Vorstellung von der Würde des Menschen aufgrund seiner Erschaffung als Abbild Gottes elementare Bestandteile.

4. Gesichtspunkte einer künftigen Revision des Lehrplans Sekundarstufe II katholische Religion

In einem vierten und abschließenden Teil können nur noch einige Perspektiven in den Blick gerückt werden, die bei der Evaluation, heute weniger anspruchsvoll verstanden als Überprüfung des Lehrplans Sekundarstufe II kath. Religion auf seine Tauglichkeit und auf seine Revisionsbedürftigkeit, beachtet werden müssen. (Die nachfolgenden Ausführungen erheben nicht den Anspruch, vollständig zu sein.)

Man wird zunächst von der Annahme ausgehen, daß der Lehrplan seine erste Bewährungsprobe bestanden hat, wenn er, wie geschehen, die Vorbereitung und Durchführung der Abschlüsse in der Sekundarstufe II, näherhin das Abitur zweier Jahrgänge 1979/80 und 1980/81, reibungslos ermöglichte; verschiedentlich aufgetretene Schwierigkeiten sollen dabei keineswegs verniedlicht werden.

1) Die wichtigste Perspektive einer Revision besagt, daß man sich an der bislang geleisteten Realisation des Lehrplans orientiert, ohne dabei andere mögliche Wege und Potenzen, die noch im Lehrplan stecken, abzuschreiben. Mit anderen Worten:
- Die tatsächlichen Leistungen im Zeitraum der zusammengenommenen zwei Primajahre sind die realistische Maßgabe; sie geben einen Begriff vom künftig zu erwartenden Leistbaren hinsichtlich des Umfangs und des Anspruchsniveaus. Der Lehrplan war ja - und dies wird immer so sein - eine Planung, d.h. eine Vorgabe. Seine Revision müßte also mit einer sorgfältigen Sichtung der Abituraufgaben der zurückliegenden Jahrgänge, besonders mit denen der Regelphase[40], beginnen, wobei die Abiture der Versuchsphase als zusätzliche Orientierungsnorm dienen könnten.

2) Wie oben (S.144 und 146) bereits dargelegt, sind die ab 1975 alljährlich vorgenommenen Praxisüberprüfungen des Abiturs, die sich in andauernd revidierten Prüfungsfeldbeschreibungen niedergeschlagen haben, selbstverständlich in die Revision einzubeziehen. Die Aufgabe für eine Arbeitsgruppe zur Revision des Lehrplans, die neustens für die meisten Fächer im Gymnasium (und für einige Fächer der Grundschu-

le) vom Kultusministerium veranlaßt wurde[41], ist insoweit mit dem Instrument der permanent regulierten und genaueren Einstellung des Prüfungsfeldes im Abitur, das sich ja im gesteckten Rahmen des Lehrplans bewegen muß, bereits weitgehend geleistet. Dennoch wird man den Zielsetzungen für eine solche Arbeitsgruppe (Revisionsgruppe) sich auch im Fach Religion nicht verschließen, wenn es darum geht, "unter den Aspekten

- des Umfangs (unverzichtbare Inhalte innerhalb der zur Verfügung stehenden Stundenzahl)
- der Anforderungshöhe (Altersangemessenheit, Theorieüberhang usw.)
- der Verständlichkeit (überzogene Formulierungen, beispielsweise auch mit möglichen Auswirkungen auf Leistungsanforderungen, Breite des Inhalts usw.) die Lehrplanarbeit der vergangenen Jahre kontinuierlich fortzuführen"[42].

Man wird allerdings ein Fragezeichen hinter die Leistungsfähigkeit einer Revisionsgruppe setzen, die nur aus <u>drei</u> Leuten besteht, auch wenn diese Kommission für "Abschlankungsarbeit" mit einer "Steuerungsgruppe für die Revision der Lehrpläne im Ministerium für Kultus und Sport" in Kontakt ist und ihr ein "externer Beraterkreis", der aus hochangesehenen Fachleuten zusammengesetzt ist, zur Verfügung steht.

Nicht zuletzt müßte die Stellungnahme des Landeselternbeirats zum Gesamtkonzept für die Überprüfung und Korrektur aller Lehrpläne vom 30.7.1980 eingebracht werden. Der Landeselternbeirat stellt in seinem 9seitigen Papier einleitend fest, "daß in acht Jahren intensiver Lehrplanberatung[43] zwar manche Einzelheiten korrigiert werden konnten, eine auch nur annähernd den Empfehlungen des LEB entsprechende Gesamtkonzeption eines Lehrplans bisher nur für die Grundschule gelungen ist".

3) Der Vorsitzende der Lehrplankommission Sekundarstufe II evangelische Religionslehre, Gymnasialprofessor Hartmut Schmogro, Esslingen, weist in einer Stellungnahme zur Lehrplanrevision des Ministeriums für Kultus und Sport 1980[44] bei der Musterung der vom Ministerium ausgegebenen Kriterien der Lehrplanrevision nach, daß der Lehrplan Sekundarstufe II (ev.) Religion den meisten der aufgestellten Beurteilungskriterien standhält, was man in dieser Hinsicht wohl auch vom Lehrplan Sekundarstufe II kath. Religion sagen kann. Dem Kriterium der "Abstimmung im Querschnitt mit anderen Fächern" sowie der "Längsabstimmung innerhalb des Faches", besonders nach der Sekundarstufe I hin, genügt der Plan nur unzureichend.

Soweit der Lehrplan Sekundarstufe II kath. Religion schon in religionspädagogischen Beiträgen besprochen und gewürdigt wurde[45], muß besonders deren Kritik, etwa eines Überhangs an kognitiven Lernzielen ("Verkopfung"), berücksichtigt werden.

Schließlich gilt es, die derzeit vom Ministerium für Kultus und Sport und den Kirchen in Auftrag gegebenen Prüfungsfeldbeschreibungen für Leistungskurse so anzufertigen, daß sie eine präzisere Anleitung zum Gebrauch des Lehrplans im Leistungskurs abgeben, als dies bisher der Fall war.

Anmerkungen:

1) D. KNAB, Ansätze zur Curriculumreform in der BRD, in: b : e 4 (1971) H. 2, 15-28.

2) Amtsblatt des KM Baden-Württemberg K.u.U. Sondernummer 1 (Stuttgart 22. August 1974 23. Jahrgang).

3) Rahmenplan für den Religionsunterricht an den Gymnasien in der Bundesrepublik Deutschland, genehmigt zur Einführung im Schuljahr 1969/70 am 31. August 1969 von den deutschen Bischöfen ad experimentum für zwei Jahre.

4) Amtsblatt der ED Freiburg, 16. August 1974 S. 116. Das Urteil des Bundesverwaltungsgerichtes Berlin (Beschluß BVerwG VII C 36.71 vom 6. 7. 1973) über die Zeugnisnote im Fach "Religionslehre" stellt die grundsätzliche Möglichkeit, daß der Religionsunterricht bei der Versetzungsentscheidung berücksichtigt wird, in seinem Leitsatz Nr. 2 heraus; vgl. E. GROSS (Hrsg.), Die wichtigsten Gerichtsurteile zum Problem Religionsunterricht in der Schule, Kevelaer 1975, 91-101.

5) Vereinbarung zwischen den evangelischen und katholischen Kirchen in Baden-Württemberg zur Ausführung der Regelungen über den Besuch des Religionsunterrichts in den Jahrgangsstufen 11 bis 13 der Gymnasien vom 7. 7. 1976 (K.u.U. 15, 1976, 1430ff.) Vgl. auch die Rechtsverordnung des Kultusministeriums zur Oberstufenreform vom 10. März 1978 § 10 Abs.2 Ziff.1-4 (in der geänderten Form des Schr. d. MKS v. 14. 5. 1979 AZ - 3-3011/993).

6) M. FAULER, Die Zentrale Planungskommission für ein religionspädagogisches Forschungsprojekt - ein Stück Geschichte der neueren Religionspädagogik in Baden-Württemberg: RPA-Mitteilung 6 (1976) H. 1, 5-8; A. RENKER, 10 Jahre (1968-1978) Religionsunterricht in Baden-Württemberg, in: Religionsunterricht an höheren Schulen (rhs) 22 (1979) H. 6, 300-306 (305).

7) Über dieses Projekt sind drei Bände (unveröffentlichte MS) eines Abschlußberichtes mit zusammen 244 Seiten beim Vf. vorhanden.

8) Teilveröffentlichungen G. BIEMER - D. BENNER, Elemente zu einer curricularen Strategie für den Religionsunterricht in der Sekundarstufe II, in: Pädagogische Rundschau 27 (1973) 798-822; umfangreiche Publikation in RPA-Mitteilungen Freiburg 3 (1973) H. 4.

9) Unveröffentlichtes Ergebnispapier des Untersuchungsleiters Dipl.-Psych. N. Kleinalstette, Steinhalde 85a, 7800 Freiburg; M. OBERSCHMIDT, Einstellungen, Erwartungen und Interessen der Schüler als Intentionen an einem zukünftigen Religionsunterricht, Freiburg 1974 (MS).

10) M. THIEL, Die Einstellung der Schüler zum Religionsunterricht nach dem Kurssystem, Freiburg 1975 (MS).

11) Das sog. "Schülkepapier", interne Richtlinien zur einheitlichen Aufzeichnung von Lehrplänen, war vom heutigen Regierungsdirektor Dr. Schülke im Ministerium für Kultus und Sport verfaßt.

12) Vgl. A. RENKER, Begründung und Legitimierung der Inhalte im curricularen Religionsunterricht, in: Religionsunterricht an höheren Schulen (rhs) 20 (1977) H. 6, 231-235 (Literatur).

13) Die Themenfelder des Lehrplan-Entwurfs waren folgende Prüfungsfelder:
    A. Gott und die Religionen   A1 - A6
    B. Christus und die Kirche   B1 - B6
    C. Mensch und menschliche Existenz (Anthropologie)   C1 - C8
    D. Sozialllehre und Sozialethik (Gesellschaft und christ-
       liche Verantwortung)   D1 - D6
    E. Die Theologie und die Wissenschaften   E1 - E6
    Die Zahlen hinter den Großbuchstaben bezeichnen Varianten und Alternativen des jeweiligen übergreifenden Themas.

14) H.L. MEYER, Das ungelöste Deduktionsproblem in der Curriculumforschung, in: F. Achtenhagen - H.L. Meyer, Curriculumrevision, München 1971, 106-132.

15) Ständige Kultusministerkonferenz der Länder in der Bundesrepublik Deutschland (KMK), Vereinbarung über die Anwendung einheitlicher Prüfungsanforderungen in der Abiturprüfung der neugestalteten gymnasialen Oberstufe vom 6. 2. 1975. Vgl. Rechtsverordnung zur Durchführung des Staatsvertrags über die Vergabe von Studienplätzen vom 22. 3. 1973; P. MÜLLER, Das sogenannte Normenbuch, in: Religionsunterricht an höheren Schulen (rhs) 20 (1977) H. 6, 244-249.

16) Deutsches Institut für Wissenschaftliche Pädagogik, Synopse der Richtlinien und Richtlinienentwürfe für den Religionsunterricht an der gymnasialen Oberstufe, Münster/Westf. (o.J.), unveröffentlichtes Manuskript. Die Auflistung der "Großthemen", die diese Synopse vornahm, geschah in offensichtlicher Anlehnung an die Gliederung der Themen des Lehrplanentwurfs für Grundkurse in Ev. und Kath. Religionslehre auf der reformierten Oberstufe der Gymnasien in Baden-Württemberg (1. 12. 1972). Vgl. die Abfolge der Themen in der Synopse A Theologie, Religion, Wissenschaften, B Gott, C Jesus Christus, D Kirche, E Eschatologie - Zukunft, F Anthropologie, G Ethik mit der oben in Anm. 13 genannten Reihung des Lehrplanentwurfs und dem Inhaltskatalog der Urfassung des sog. Normenbuchs Kath. Religionslehre Juli 1975 (Hrsg. vom Sekretariat der Ständigen Konferenz der Kultusminster der Länder in der Bundesrepublik Deutschland, Hermann Luchterhand Verlag, 5450 Neuwied 1) 9f.

17) K.E. NIPKOW, Einheitliche Prüfungsanforderungen in der Evangelischen Religionslehre, in: A. Flitner - D. Lenzen (Hrsg.), Abitur-Normen gefährden die Schule, München 1977, 100-114 (Literatur).

18) Die im Frühjahr 1978 von der ev. bzw. kath. Kommission abgeschlossene Revision der Erstfassung der Normenbücher, die dann zu den Einheitlichen Prüfungsanforderungen in der Abiturprüfung (EPA) führte, erbrachte bis jetzt zwei Publikationen der EPA: eine Vorlage zur 220. Sitzung des Schulausschusses am 17./18. 5. 1979 und eine Überarbeitung als Beschluß der KMK vom 14. 9. 1979 (Hrsg. vom Sekretariat der Ständigen Konferenz der Kultusminister der Länder in der Bundesrepublik Deutschland, Nassestr. 8, 5300 Bonn, Postfach 2240).

19) Vergleichbare Anleitungen sind z.B. die vom Kultusministerium Rheinland-Pfalz herausgebrachten "Handreichungen zum lernzielorientierten Lehrplan Katholische Religionslehre" 5/1975, erarbeitet von der Fachdidaktischen Kommission Katholische Religion (Leiter F.W. Niehl). Diese Handreichungen (Hinweise zur Kursplanung) beziehen sich auf den Curriculum-Vorentwurf "Katholische Religionslehre" der Mainzer Studienstufe. Der niedersächsische Kultusminister (Hrsg.), Handreichungen für den Sekundarbereich II Gesellschaftswissenschaftliches Aufgabenfeld B, Hannover, Juni 1975, 3. Folge Kursangebot Sekundarstufe II: Kath. Religion.

20) Siehe oben Seite 144.

21) Die Beschreibung von Prüfungsfeldern des Abiturs hatte ab dem Jahre 1976 die Gestalt von "Hinweisen, Arbeitshilfen und Literaturangaben".

22) 1977 führte der Kath. Religionslehrer-Verband für Religionslehrer an allgemeinbildenden und beruflichen Gymnasien der Erzdiözese Freiburg eine Tagung (11.-14. 10. 1977) durch über die drei Pflichtthemen des Lehrplans Klasse 11; 1978 führte er zwei 4tägige (20.-23. 8. und 10.-13. 10. 1978) Fortbildungsveranstaltungen durch zum Lehrplan-Thema C 1 "Kirche - Zeichen des Heils".

23) Von der Religionspädagogischen Arbeitsstelle (RPA) der Erzdiözese Freiburg, Schoferstr. 1 (jetzt IRP Habsburgerstr. 107), 7800 Freiburg, wurden folgende Unterrichtshilfen zum Lehrplan herausgegeben:
1. "Glauben und Wissen", 1973, revidiert 1975 und 1979 (Lehrerheft/Schülerheft),
2. "Jesus Christus", 1976, revidiert 1981 (Lehrerheft/Schülerheft),
3. "Kirche der Zukunft", 1977 (in Revision),
4. "Soziale Gerechtigkeit", 1979 (Lehrerheft/Schülerheft).
Handreichungen zu den drei Pflichteinheiten der Klasse 11
Autoren:
1. P. Droll, H. Philipp, K. Fritz, H. Stritt, D. Zeller;
2. M. Fauler;
3. H. Frietsch, H. Stritt, D. Zeller alternativ H. Kurz.
Vom Schulreferat Rottenburg wurden die Ergebnisse der Fortbildungstagungen 1977 (zur 2. Pflichtunterrichtseinheit) und 1978 (Freiheit - Verantwortung - Schuld; Jesus Christus) ausgeliefert.
Aus einem vom Kultusministerium Baden-Württemberg und den Kirchen getragenen Projekt zur Pflichtunterrichtseinheit F 2 "Glaube und Wissen" erwuchsen Unterrichtsmaterialien (Teil I und Teil II: Autor W. Bange, Teil III: H. Stritt, UIV: H. Wörner - A. Baumeister).
Von der Landesstelle für Erziehung und Unterricht, Rotebühlstr. 133, 7000 Stuttgart 1, wurden innerhalb dieses Projektes Materialien zur Lehrerfortbildung herausgegeben als Rel 1 (Autoren: W. Bange, D. Marwinsky, A. Renker, H. Schmogro, U. Schott und G. Timmermann). Mit der Erstellung und fortlaufenden Revision dieser "Handreichungen" oder "Handlungsentwürfe" für den Unterricht unter möglichst breiter Beteiligung der Lehrer ist ein weiteres Stück der Legitimation des Lehrplans auf dem Weg der abgestuften Mitwirkung der Lehrer realisiert.

24) Mit einem allgemeinen Dankesschreiben vom 30. Nov. 1976 wurden seitens des Kultusministeriums pauschal alle Mitglieder der Lehrplankommission sämtlicher Fächer in Baden-Württemberg verabschiedet, und damit war die Auflösung der ersten Kommissionen signalisiert.

25) Nur die Wahlunterrichtseinheit "Judentum", ev. LP. A 2, wurde in den kath. LP. unter A 3 aus dem ev. Lehrplan übernommen.

26) Aus arbeitstechnischen Gründen ging man zunächst an die Fertigstellung des Lehrplans für Klasse 11 (K.u.U. LPH 1/1977, 59-108), der zum 27. April 1977 in der Lehrplanhefte-Reihe H. Nr. 1 erschien und für das Schuljahr 1977/78 in Kraft treten sollte. Der Lehrplan für die Jahrgangsstufen 12 und 13 wurde in der Folge fertiggestellt und erschien zum 11. Nov. 1977 in derselben Reihe als Nr. 2, 119-224; er trat zu Beginn des Schj. 1978/79 für die Stufe 12 und zu Beginn des Schj. 1979/80 für die Stufe 13 in Kraft.

27) Weltreligionen: Hinduismus - Buddhismus; der Islam. Judentum. Leid und Tod. Krieg und Frieden.

28) Kommunikation und Kooperation. Machbarkeit der Welt. Tod und Auferstehung Jesu. Gesellschaft - Staat - Kirche. Meditation und Gebet. Christentum - Marxismus. Recht und Sittlichkeit. Menschenwürde - Menschenrechte. Christentum - Religion der Zukunft. Missionarischer Dienst an der Welt. Eine Kirche - viele Konfessionen. Zur Freiheit berufen. Liebe - Partnerschaft - Ehe. Strukturen christlichen Lebens.

29) "Das Reform-Tempo läßt sich an der 'Umstellungsquote' in den einzelnen Bundesländern ersehen (Stand: Herbst 1974):

Berlin	98,6%	Hessen	22,7%
Hamburg	92,7%	Bayern	20,3%
NRW	83,2%	Saar	17,9%
Rheinland-Pfalz	60,5%	Niedersachsen	16,5%
S/Holstein	59,5%	Bremen	7,1%

BW hat - unter Einbeziehung der beruflichen Gymnasien - 15,4%." Quelle: A. SCHMID, Oberstufenreform - geht es nur um die Fassade?, in: Beiträge Pädagogischer Arbeit, hrsg. vom Leitenden Arbeitskreis der Gemeinschaft Evangelischer Erzieher in Baden 18 (1974) H. 4, 1-12 (8).

30) A. EXELER, Inhalte des Religionsunterrichts, in: E. Feifel u.a. (Hrsg.), Handbuch der Religionspädagogik, Bd. 2, Gütersloh/Zürich ^{1}1974, 90-118.

31) M. SEYBOLD, Theologische Anmerkungen für ein eventuelles Votum der Curriculum-Kommission (Internes Papier vom 28. 6. 1976), Kaiserstr. 163, 5300 Bonn.

32) G. BIEMER - A. BIESINGER, Theologie im Religionsunterricht, München 1976, 30.

33) Erklärung der Vollversammlung der Deutschen Bischofskonferenz vom 22./23. November 1972 in Königstein/Taunus, zitiert nach A. LÄPPLE, Der Religionsunterricht 1945-1975, Aschaffenburg 1975, 156. Vgl. den Lehrplan Katholische Religionslehre S. II Ziff. 0.2 sowie die "Vereinbarung zur Neugestaltung der gymnasialen Oberstufe in der Sekundarstufe II" der KMK vom 7. 7. 1972 Nr. 4.5, Lehrplan Katholische Religionslehre Sekundarstufe II Ziff. 0.1.

34) Ebd.

35) Maximal bis zu 16 Zielen; vgl. die Pflichteinheit "Glaube und Wissen".

36) Siehe Anm. 8.

37) G. BIEMER - A. BIESINGER, Theologie im Religionsunterricht, München 1976, 23ff.

38) Vgl. die zu "Jesus Christus" äquivalente Wahlunterrichtseinheit "Tod und Auferstehung Jesu".

39) Die Kontroverse, ob die Annahme einer Heilsgeschichte im Raum des Alten Testaments theologisch zu verantworten sei (F. HESSE), kann auf sich beruhen. Für den im Lehrplan Sekundarstufe II Katholische Religionslehre vertretenen neutestamentlichen Auslegungshorizont jedenfalls gilt, daß "viele Male und auf vielerlei Weise ... Gott einst zu den Vätern gesprochen (hat) durch die Propheten; in dieser Endzeit aber ... zu uns gesprochen (hat) durch den Sohn, den er zum Erben des Alls eingesetzt und durch den er auch die Welt erschaffen hat" (Hebr 1, 1f.).

40) Die Abituraufgaben der Jahrgänge 1975-1980 sind fortlaufend publiziert in: "Lehren und Lernen", Zeitschrift der Landesstelle für Erziehung und Unterricht, Stuttgart (Sonderheft) Neckarverlag 7730 Villingen-Schwenningen, Klosterring 1, Postfach 1820 (zus. Korrektur-Maßstäbe).

41) Schulintern Nr. 5, Informationen des Ministeriums für Kultus und Sport für Lehrer in Baden-Württemberg, Dezember 1980, 8f. (Postfach 480, 7000 Stuttgart 1).

42) Ministerium für Kultus und Sport, Baden-Württemberg (AZ-IV-1-3100/219, 24. 7. 1980, internes Papier).

43) Die Anstöße zu mancher Kurskorrektur in der Bildungskonzeption, die die Kultusminister der Länder in der Interpretation ihrer Kulturhoheit dem Bund gegenüber (vgl. aber GG Art. 91b) bei der Einführung der reformierten Oberstufe und auch den Eltern gegenüber vertreten, sind nicht zu übersehen. Anfänglich herrschte Unklarheit darüber, wie die Einflußnahme der Eltern bei der im wei-

testen Sinn genommenen Curriculum-Erstellung zu geschehen hat. Nach dem Beschluß des Verwaltungsgerichtshofs in Kassel (19. 8. 1976) und dem Urteil des Aachener Verwaltungsgerichts im selben Jahr, spätestens aber nach dem Scheitern des Versuchs im größten Bundesland, in NRW, die "kooperative Schule" (1977) gegen den Willen der Eltern durchzusetzen, sind die Länderparlamente auf ihre <u>Leitentscheidungs-Kompetenz</u> in der "Festlegung der Erziehungsziele in den Grundzügen" (Holfelder-Bosse) verwiesen. In Baden-Württemberg mußte eigens eine Gesetzesänderung im § 8 des Schulgesetzes (1976) vom 3. 5. 1977 vorgenommen werden mit der ausschließlichen Zielsetzung, "für die generelle Einführung der reformierten gymnasialen Oberstufe zum Schuljahr 1977/78 die gesetzliche Grundlage zu schaffen" (W. HOLFELDER - W. BOSSE, Schulgesetz für Baden-Württemberg, Stuttgart ^{5}1980, 27).

44) An den Evang. Oberkirchenrat, Postfach 92, 7000 Stuttgart 1 (internes Papier vom 21. Okt. 1980).

45) Siehe W. WIATER, Problemunterricht contra Bibelunterricht?, KBl 100 (1975) H. 3, 153-164 (154), der äußert: (eine) "Umorientierung der Inhalte des Religionsunterrichts, in der Theorie bereits seit längerem proklamiert, ist auch in den neuen Curricula für den Religionsunterricht (Sekundarstufe I und II) festzustellen". Die Rede ist von dem "problemoffenen Orientierungsunterricht", und zitiert wird in der Anm. 5 u.a. der Lehrplan Sekundarstufe II Baden-Württemberg (= Lehrplan-Entwurf).
A. BIESINGER, Die vergessene Kategorie des Emotionalen im Religionsunterricht, in: Religionsunterricht an höheren Schulen (rhs) 22 (1979) 155-161, bes. 159f. Biesinger führt unter der These: Die vernachlässigte Kategorie des Emotionalen aus: "Durch die verwissenschaftlichte Konzeption des Kurssystems in der Sekundarstufe II ist die Gefahr eines einseitig kognitiven Religionsunterrichts erheblich vergrößert worden"; und mit direktem Bezug auf die Pflichteinheit F 2 des Lehrplans Sekundarstufe II kath. Religion: "Die Zielformulierung der Unterrichtseinheit 'Glaube und Wissen' im baden-württembergischen Lehrplan für Katholische Religionslehre, Klasse 11 und Jahrgangsstufen 12 und 13 der Gymnasien Grund- und Leistungskurse, bleibt einseitig auf der kognitiven Ebene und tritt in direkten Widerspruch zu den dort anschließenden 'Religionspädagogischen Überlegungen' ... Weisen doch letztere darauf hin, daß es im Rahmen dieser Pflichtunterrichtseinheit darum gehe, 'einseitige Erkenntnishaltungen kritisch zu hinterfragen durch eine umfassende und komplementäre Sicht der Wirklichkeit ...'"

Lehrplanentwicklung aus der Praxis aufgrund einer Vortheorie. Das Modell des Progetto Uomo der Universität der Salesianer in Rom

Günter Stachel

1. Überblick über das Gemeinte

Ich möchte Ihnen Lehrplanentwicklung einmal andersherum skizzieren, einfach weil die bisherige Vorgehensweise nur zu kurzfristigen Ergebnissen geführt hat. Das Tempo, in dem wir Lehrplan- und Lehrbuchprodukte, in die wir sehr viel Energie investiert haben, bald danach wieder wegwerfen, ist beunruhigend.

"Lehrplanentwicklung andersherum" versucht den Stil des Arbeitens empirischer Wissenschaft abzubilden. Der erste Schritt wäre, daß eine Vortheorie als Basis der Weiterarbeit entwickelt wird. Das muß nicht unbedingt schriftlich geschehen, es kann auch in einem Gespräch erfolgen, nur sollte man die Resultate des Gesprächs dann so protokollieren, daß man sich selbst bezeugt, wirklich nachgedacht zu haben. - Als zweite Stufe schließt sich an die Entwicklung von Lehr-Lern-Materialien als Praxis der Lehrplanleistung. Und wenn das Material in einem Prozeß, der etwa drei Jahre in Anspruch nehmen wird, ausreichend erprobt ist, zunächst als Pilotprojekt, dann als großes Projekt, repräsentativ in unserem Land, wird es herausgegeben und wird aus ihm in einer abschließenden Arbeitsstufe, für die Günter Biemer den glücklichen Ausdruck "Reflexionsstufe" vorgeschlagen hat, ein Lehrplan oder ein Curriculum.

2. Der Stil katholischer Curriculum-Entwicklung in den siebziger Jahren

Von 1970 bis 1977 wurde in der katholischen Religionspädagogik, speziell bei der Entwicklung der Zielfelderpläne, das Robinsohnsche Modell der Curriculum-Reform zugrunde gelegt. Die Mitarbeiterin Robinsohns, Doris Knab, erhielt die für die Sache zuständige Direktorenstelle beim "Deutschen Institut für Wissenschaftliche Pädagogik". So bestand Hoffnung auf gute Curricula für den Religionsunterricht.

Aber der Zielfelderplan und andere Versuche haben meiner Ansicht nach dargetan, daß unter den bei uns herrschenden Gegebenheiten der Robinsohnsche Ansatz im Raum der Religionspädagogik nur teilweise realisierbar ist. Es wurde kaum mehr übernommen, als daß Inhalte zielorientiert zu formulieren sind (was schon Heimann und Schulz gesagt hatten) und die Vermittlung in Richtung auf angenommene Qualifikationen erfolgen soll. Die Schritte, die bei Erstellung eines echten Curriculums zu vollziehen wären: geduldiges Anhören von Experten, damit man die Situationen erkennt und die normativ wichtige Entscheidung für bestimmte Qualifikationen zu fällen vermag; die eigentlich nur in begleitender Schulpraxis durchzuführende Umsetzung der Qualifikationen in Curriculum-Elemente, mit denen zielorientiert gearbeitet werden kann, all das ließ sich in dieser Ausführlichkeit nicht durchführen.

Zudem übersah man (leider muß ich sagen: zum Teil gezielt!), daß auch im katholischen Raum schon durch Publikationen gefordert worden war, eine bestimmte Auswahl von Experten und Praktikern an der Curriculum-Reform zu beteiligen: Experten der Fachwissenschaften (der theologischen Disziplinen) und der Lernpsychologie fehlten völlig; kompetente wissenschaftliche Religionspädagogen waren in zu geringer Zahl zugezogen. Eine praktische Erprobung fand meines Wissens vor der Publikation überhaupt nicht statt. (Allerdings gab es eine - beim DKV zusammenlaufende - Entwicklung sogenannter Modelle des Religionsunterrichts, die an der Basis mit Begeisterung und viel Zeiteinsatz erarbeitet wurden!) Die Arbeit erfolgte in einem Schnellverfahren. Sie wurde eher intuitiv gesteuert. Bleibend ist dennoch an diesem Ansatz der "Zielfelderpläne": Die Situation gehört mit dem, was die Disziplinen uns didaktisch oder (im Fall der Theologie) gläubig-praktisch gefiltert zu sagen haben, ins Koordinatensystem der Entscheidung. Freilich wurden die Disziplinen nicht ausreichend konsultiert. Diese eher inhaltliche Entscheidungsebene wird auf der Ordinate eingetragen. Auf der anderen Ebene, der Abszisse, hätte erscheinen sollen: der Lernfortschritt in taxonomer Struktur. Dies ist leider unterblieben. Statt dessen hat man ein Strukturgitter beigegeben, mit dessen Hilfe die Lehrer selbst die einzelnen Unterrichtseinheiten in Richtung auf einen Lernzuwachs konstruieren sollten.

Für den deutschen Zielfelderplan hätte die von der Freiburger Arbeitsgruppe für Lehrplanforschung gesteuerte "Curriculum-Entwicklung 1972" (CE 72) Vorbild sein können. Die Schweizer notieren auf der Ordinate die "verschiedenen Lebenssituationen", und die "christliche Botschaft" wird auf der Abszisse markiert. In der Formulierung haben die Schweizer schon vorausberücksichtigt, was Langemeyer auf dieser Tagung gesagt hat: Nicht die theologischen Disziplinen, sondern die <u>christliche Botschaft</u> (mit der ihr eigenen Sprache und Absicht) ist bei der Lehrplanarbeit maßgebend[1].

Unsere Zielfelderpläne haben ihre Vorzüge und ihre Schwierigkeiten. In den Zielfeldern ist eingefangen worden, was im katholischen Religionsunterricht der Gegenwart inhaltlich bedeutsam ist. Dabei ist besonderes Augenmerk gerade auch auf den Lebenskontext oder die Problemsituation gerichtet worden. Wenn ich das Wort "inhaltlich" gebrauche, so verstehe ich die Intention, unter der die Inhalte formuliert werden, einschlußweise mit. Ich unterstelle also nicht, daß die Zielfelderpläne intentionslos erarbeitet worden wären.

3. Zu den Lernzielen

In Sachen "Lernziele" ist dem "Zielfelderplan 5-10" ein "error in principio"[2] unterlaufen. Es geht nicht an, daß man mit Zielen arbeitet, die nicht wirklich als Ziele formuliert sind; und es ist nicht gut, mit Zielen zu arbeiten, die der Kontrolle weitgehend entzogen sind. Inhalte, Methoden, organisatorische Voraussetzungen und Interaktionsstil des Lehrers, die im Unterricht zusammenwirken, wobei freilich die Entfaltung einer wissenschaftlichen Methodik ein Problem für sich ist, lassen sich am gehaltenen Unterricht auch analysieren. Was am schwersten zu analysieren ist, sind die Ziele, die sich Lehrer im Unterricht setzen. Sich diese Ziele von den Lehrern benennen zu lassen, erweist sich in der Praxis nicht als sonderlich nützlich. Zielformulierungen in unserem Bereich mißraten häufig zu unnützem Gerede. Außerdem wird nicht erkannt, daß man von Zielen nicht nur als von angestrebten Verhaltensänderungen zu reden hat. Von Zielen sprechen heißt zunächst einmal: die Funktionsziele des Unterrichts benennen. Funktionsziele begegnen, wenn man den Unterricht als Prozeß würdigt. Ein Zwischenziel im Prozeß, sagen wir im Unterrichtsglied c, ist funktional dafür, daß ich im nachfolgenden Lernschritt (Unterrichtsglied) das Ziel d erreiche: ohne c kein d. Und wenn der Unterricht mit dem ganzen Lernprozeß fertig ist, dann erst ist über mehrere Funktionsziele hoffentlich ein Lernprodukt erreicht, nämlich das Ziel einer Verhaltensänderung, die sich als kognitive Änderung mit Sicherheit prüfen läßt. Eine affektive Zielkontrolle ist möglich, aber schwierig. Angelsächsische Vorschläge liegen vor, zum Beispiel als Anhang zur "Taxonomie der Lernziele. Affektiver Bereich" von Krathwohl u.a. Verhaltensänderungen zu messen dürfte ausgeschlossen sein. Hier wird man sich aus dem Urteil der Umwelt der Schüler Effizienzvermutungen zur Verfügung stellen lassen müssen.

Ich fasse zusammen:
1) Ziele begegnen als Funktionsziele, die den Lernprozeß steuern. Als solche müßten sie bei der Lernplanung bereits berücksichtigt werden.
2) Ziele begegnen als Produktziele, als Endergebnisse eines Lernprozesses. Als solche sollten sie der Effizienzkontrolle unterworfen werden.

Wie schon erwähnt, ist vorherige Befragung des Unterrichtenden meist wenig ergiebig. Dabei wird häufig nur gegebene Zielunklarheit aufgedeckt. Mancher Unterricht "weiß nicht" von seinen Zielen. Jedoch läßt sich aus der Immanenz von Inhalt und Methode erheben, was der Lehrer (sei es auch unterschwellig) eigentlich gewollt hat. Da kommt zum Vorschein, wohin die so oder so arrangierten Schritte seines Unterrichts tendieren und ob die Schüler mitgehen oder eigenen Zielen folgen.

4. "Offenheit des Curriculums" als Belastung der Lehrer

Eine zu genaue Festlegung der Lernziele wird heute von vielen für unzulässig gehalten. Das gäbe, so sagt man, "geschlossene Curricula". Die Offenheit des Curriculums, die in der Phase der Entfaltung des Zielfelderplans postuliert wurde, hat sich verbunden mit der "Ideologie der Emanzipation". (Ich gebrauche das Wort "Ideologie" hier nicht abwertend. Eine bestimmte Emanzipation war unerläßlich. Allerdings ist jetzt ausreichend emanzipiert worden.) Das hat zu einem Lehrplan geführt, dem Zielfelderplan nämlich, der die Lehrer sehr stark anfordert.

1) Sie sollen selber ihren Glaubensstandpunkt orten, nämlich auf die Frage antworten: "Was glaube ich denn, und wie lebe ich denn als Christ?"

2) Sie sollen aus dem reichhaltigen Angebot des Curriculums (= der Zielfelderpläne) und der nach den Plänen gemachten Bücher, unter Benutzung eines gar nicht so praktikablen Strukturgitters ihre Unterrichtseinheit, ihre Unterrichtsstunde, das heißt: ihre Religionsstunde, didaktisch-methodisch selber verantworten.

Angesichts der Tatsache, daß die meisten Lehrer eher vor dem Problem stehen: "Wie komme ich über die nächste Stunde?", ist das ein zu hohes Anspruchsniveau.

Hierüber sollte eine Realitätskontrolle in Form von Dokumentation von Unterricht Auskunft geben. In Mainz wurde 1973/74 eine solche Dokumentation erstellt. Welche Ergebnisse kommen zum Vorschein?

1) Es ist eine Änderung des Religionsunterrichts eingetreten gegenüber 1968 und den nachfolgenden Jahren, als wir die große Abmeldewelle vom Religionsunterricht hatten. Durch Freundlichkeit und Offenheit haben die Religionslehrer die Aversion der Schüler gegen den Religionsunterricht aufgefangen. Der Interaktionsstil der Religionslehrer, den wir an einer Sample von sechzig Stunden untersucht haben[3], darf als günstig bezeichnet werden. (Die Befragung von Studenten, warum sie denn eigentlich zum Theologiestudium gekommen sind, ergibt in einer Vielzahl von Fällen, daß sie einen Religionslehrer hatten, dessen Umgangsstil mit seinen Schülern sie dazu motiviert hat, auch von der wissenschaftlichen Theologie einiges zu erhoffen.)

2) Religionsunterricht ist aber häufig eher Gerede über dieses und jenes als ein auf Lernfortschritt bedachter Vorgang. Wer offen und freundlich redet, erreicht dabei mindestens, daß beim Schüler emotionale Blockaden gelockert werden. Das kognitive Lernprodukt eines solchen Unterrichts ist allerdings fast null: kein Zuwachs an Wissen und Verstehen.

3) Viele Lehrer sind verwirrt und überfordert, und zwar sind sie theologisch beziehungsweise glaubensbezogen überfordert und sagen: "Das kann ich nicht alles selber entscheiden. Das kann ich nicht mehr verantworten. Mit diesem oder jenem Buch kann ich nicht arbeiten." Nun sind Bedenken und Schwierigkeiten in sich kein schlechtes Zeichen. Viele sind, gerade weil sie Bedenken haben und weil sie "nachdenken", die richtigen Lehrer für das Fach "Religion". - Andere Lehrer sind verwirrt und überfordert durch das, was sie didaktisch-methodisch alles selber leisten sollen. Die Pläne haben ja keine Lernstruktur; die meisten Bücher auch nicht.

5. Das Vorgehen des Istituto die Catechetica in Rom: Lernmaterialien statt Curricula

Ungefähr in dem gleichen Zeitraum, in dem unsere Pläne entstanden, wurden am Istituto di Catechetica der Salesianer-Universität in Rom Schülerhefte und Lehrerbücher erarbeitet. Der Vorteil der Salesianer ist es, daß ein religionspädagogisches Team zur Verfügung stand, das nicht in eine theologische, sondern eine erziehungswissenschaftliche Fakultät integriert ist und an dem geschulte Empiriker zur Begleitung der Arbeit zur Verfügung stehen. Schließlich lebt man ja auch zusammen und steht ausschließlich dieser ganz bestimmten Aufgabe zur Verfügung. Die Mitarbeiter des Istituto di Catechetica haben zusammen mit Turiner Salesianern im Verlauf der siebziger Jahre erarbeitet: eine Reihe für die Primarstufe (die in Italien fünf Jahre andauert), nämlich "Viva la vita" (Es lebe das Leben); eine Reihe für die "scuola media inferiore" (nämlich die Klassen 6-8), "progetto uomo" (Projekt Mensch), und jetzt abschließend ein Firmbuch, vielleicht die beste Publikation von allen, "profeti di una nuova speranza" (Propheten einer neuen Hoffnung).

Die römischen Salesianer sind nicht nur Religionspädagogen mit einem theologischen Teilstudium, sondern sie sind ausgebildete Volltheologen. Sie haben Kontakt mit Kollegen des theologischen Fachbereichs an ihrer Universität und mit anderen wissenschaftlichen Publikationen. Ihr theologischer Status ist also solide. In dogmatischen, ethischen und exegetischen Fragen denken sie "emanzipiert".

Das italienische Vorgehen strebt andere Arbeitsergebnisse an als wir. Es mag sein, daß die schul- und kirchenpolitische Situation anders ist als bei uns. Es werden bestimmte Auflagen nicht gemacht, die bei uns gemacht werden. Mit der Darstellung des italienischen Vorgehens sollen ja auch nicht bestimmte andere Leistungen kritisiert werden, sondern es soll nur die Möglichkeit der italienischen Vorgehensweise in den Blick gelangen. In gewisser Weise wollen die Römer weniger als wir, nämlich keinen offenen Plan zur eigenständigen Realisierung, sondern etwas Einfacheres und Konkreteres. Dafür soll aber alles, was man anbietet, zuverlässig (reliabel) und gültig (valide) und auf seine Effizienz hin repräsentativ kontrolliert werden.

1) In einer hausinternen Vortheorie wird festgehalten, was in den einzelnen Schuljahren gemacht werden kann und gemacht werden soll. Dabei gibt es theologische Überlegungen, und es wird überlegt: Was gehört an die Schule und was gehört in die Gemeinde? Es ist eine Auswahl nötig, und was dabei ausgewählt wird, ist, soweit ich es sehe, kaum anders als bestimmte Zielfelder des Zielfelderplans, manchmal bis hinein in die Schuljahrszuweisungen. Die Andersartigkeit der Italiener ist eher in der Freundlichkeit des Umgangs miteinander zu sehen. Auch sind italienische Kinder (Jugendliche) leichter zu begeistern und haben die herzlichere Kommunikation. Deshalb schreiben und sprechen sie auch anders als wir. Italienische Texte sind schwer ins Deutsche zu übersetzen.

2) In einer Gruppe, in der Praktiker und religionspädagogische Theoretiker sich zusammenfinden, wird Material für Unterricht als Pilotstudie erarbeitet, das durch befreundete römische Lehrer alsbald erprobt wird. - Für die empirische Erprobung ist übrigens ein Psychologe, nämlich Luigi Calonghi, zuständig, der bei der Deutsch-Italienischen Arbeitstagung 1978 in Brixen ein Referat über die empirischen Prinzipien der Arbeit an Lehrplänen und Lehrmaterialien gehalten hat. Sein abschließendes Postulat lautete sinngemäß: "Nichts darf in das endgültige Schülerarbeitsheft eingehen (es gibt Schülerarbeitshefte und Lehrerbücher), das nicht zuverlässig und gültig auf seine Effizienz an einem repräsentativen Querschnitt italienischer Schulen kontrolliert worden ist. Was, nachgewiesen durch die Effizienzkontrolle, durch die Schüler nicht gelernt wird, muß getilgt werden." Dieses Postulat sollte auch unsere Lehrplanarbeit anregen.

3) Auf der Basis der Erfahrungen in Rom wird das Material neu bearbeitet und in ganz Italien repräsentativ erprobt. Es erfolgt eine neue Bearbeitung des Materials, und es entsteht das endgültige "Schülerarbeitsheft". Dieses Heft ist für den Lehrer praktikabel erst zusammen mit dem "Lehrerhandbuch". Das Schülermaterial soll der Realität und den Möglichkeiten von Lehrern und Schülern gerecht sein[4]. Das Lehrerbuch zeigt dann auch die Theorie auf, die hinter dem Schülermaterial steht und die sich in den Vorversuchen bewährt hat oder die aufgrund von Nicht-Bewährung revidiert wurde. Das Lehrerbuch berichtet überhaupt von den Vorversuchen: Es dokumentiert die Reaktion der Schüler; Äußerungen von Schülern, die in der Gruppenarbeit der Erprobungsphase aufgefallen sind, gehen in die Bücher ein. So werden die besten Schüleraussagen der Erprobungsphase zur Basis neuer Gruppenarbeit. Auch das theologische, das anthropo-

logische, das psychologische und das erziehungswissenschaftliche Voraus steht im Lehrerhandbuch drin. Dieses Buch ist auch insofern besonders praktikabel, als es zu jeder Stunde, die gehalten werden soll, auf etwa zwei Seiten eine Art "Fahrplan" bietet, so daß der überlastete Lehrer keinen völlig verfehlten Unterricht hält, wenn er - selbst noch auf dem Weg zur Klasse - diese Seiten liest. Ein Horror für deutsche Didaktiker und Institutionen, aber leider auch Realität von Lehrersituation! Falls die Religionslehrer alles tun, was sie tun sollen, sind sie einigermaßen überlastet. Sie sollten ja auch den Ausfall an Jugendseelsorgern ersetzen helfen, nämlich: Seelsorger ihrer Schüler sein, soweit sie von den Schülern akzeptiert werden und sie die Begabung (Berufung) zur Seelsorge haben. Dann bleibt für die Unterrichtsvorbereitung noch weniger Zeit, und der Lehrer braucht noch mehr Hilfe, praktikable Hilfe, auf die er rasch zugehen kann.

Was hier geschehen ist, ist "Lehrplanrevision andersherum". In Italien wird übrigens kein Lehrplan (Curriculum) gefordert. Aber man könnte jetzt natürlich hingehen und die drei Schülerhefte von "progetto uomo" zusammen mit den Lehrerbüchern dazu verwenden, einen Lehrplan für die Schuljahre 6-8 auszuziehen.

Wenden wir dem dritten Heft von "progetto uomo" etwas Aufmerksamkeit zu. Wie schon erwähnt, ist ein Teil davon in deutscher Übersetzung publiziert (s. o.). Dieses für das 8. Schuljahr bestimmte Heft hat vier Unterrichtseinheiten: "Ich und meine Familie. - Ich und meine Freunde. - Ich und die Welt. - Das Manifest Jesu (= die Bergpredigt)". Der situative Kontext, die eigene Erfahrung und die Erfahrung anderer, wird von den Schülern in Einzelarbeit oder Gruppenarbeit beigebracht. Über das Ergebnis dieser Gruppenarbeit wird reflektiert - sei es wiederum in Gruppenarbeit (nach dem Angebot der Fragen des Schülerhefts), sei es anhand eines zusammenfassenden Lehrtextes, der auch den Übergang vom Anthropologischen in den Glauben markiert. Etwas, was man in der Realität tun kann, ein kleines Projekt, schließt jede Einheit ab.

6. Wie geht es bei uns vor?

Lehrplanrevision erfolgt durch Experten (die in der Regel zwischen Theorie und Praxis anzusiedeln sind) in Form einer theoretischen Kontroverse und auf der Basis ideologischer Kompromisse und praxisbezogener Vermutungen und unkontrollierter Behauptungen; Lehrplangenehmigung und Publikation "zur Erprobung" ist die nächste Maßnahme; in einzelnen Ländern werden Veränderungen vorgenommen, für die noch einmal Kommissionen an die Arbeit gehen; bestimmte Schulbuchlobbys engagieren sich und bringen Bücher heraus, die nach erfolgter Genehmigung durch Kirche und Staat die Praxis inspirieren.

Das ist, wenn ich mich nicht täusche, die Abfolge der Schritte bei uns. Nur manchmal läuft es in anderer Abfolge. Beim Grundschulplan waren zuerst das Erstklaßbuch von Biemer - Kern und die Bücher "Wie wir Menschen leben" sowie die Exodus-Bücher da. Dann hat man über den Lehrplan reflektiert und - die Kritik am Zielfelderplan 5-10 berücksichtigend - den Zielfelderplan für die Grundschule entwickelt. Man kann natürlich auch - in der Terminologie von Robinsohn - Knab gesprochen - bei den "Curriculum-Elementen" beginnen und fragen, welche "Lernziele" ihnen immanent sind und für welche "Situationen" man mit ihnen die Schüler "qualifizieren" möchte.

Auch ich schlage ja vor, es "andersherum" zu versuchen, nur auf der Basis einer soliden, wissenschaftlich fundierten Vortheorie und mit praktischer Erprobung des Lehrplans (des Materials) unter Beachtung der Regeln empirischer Forschungen!

7. Zusammenfassende Darstellung der "Lehrplanentwicklung andersherum"

Arbeitet man "andersherum", so geschieht das in folgenden Schritten:

1) Experten der Religionspädagogik, und zwar der Religionspädagogik als einer Theorie (Biemer - Biesinger, Paul, Feifel u.a.), und Experten der Praxis, Experten der theologischen Disziplinen (Dogmatiker, Fundamentaltheologen, Exegeten, Ethiker), auch der Humanwissenschaften müssen kooperieren und zuerst die Frage beantworten: Was kann und soll ein Kind, ein junger Mensch, religiös-gläubig lernen? Soweit es um schulischen Religionsunterricht geht, ist Glaube in die Erwägung einzubeziehen, je nachdem, wie stark man in einer bestimmten Region noch in der Lage ist, auch im Religionsunterricht katechetische Leistungen zu erbringen. In manchen Regionen ist hier noch viel möglich, während in anderen überhaupt nichts mehr geht. Wahrscheinlich brauchen wir alternatives Material und alternative Pläne. Das also ist die zu bewältigende Grundaufgabe: Was kann und soll ein Kind, ein junger Mensch, religiös-gläubig erkennen und verstehen (kognitives Lernen)? Wie soll er/es seine Wertakzente setzen (affektives Lernen)? Welches Konzept des Lebens und des Sterbens soll er/es internalisieren? Ich glaube (mit den Koexistentialien von Eugen Fink und mit der Mystik), daß unser Leben ein Leben ist, in dem wir fortgesetzt zu sterben haben, so daß "sterben lernen" zu den wichtigen religionsdidaktischen Leistungen gehört. Als letztes wäre zu fragen: Wie lernt er/es denn, religiös-gläubig zu handeln (operatives Lernen)? Kann die Schule, kann die Katechese hier noch Hilfe bieten? Was soll er/es denn eigentlich tun können?[5]

Auf der Basis einer Antwort auf diese Frage müssen nun die verschiedenen Lernbereiche (Familie, Schule, Gemeinde u.a.) ins Auge gefaßt werden. Das Konzept schulischen Lernens ist integriert zu sehen in ein Konzept des religiösen Lernens in seiner Gesamtheit. Selbst in einer Zeit, in der Schulgemeinde und Pfarrgemeinde nicht mehr identisch sind, muß es auf dem Weg über die (in der Ortskirche angesehenen und anerkannten) Religionslehrer möglich sein, zu einem Miteinander von Gemeinde und schulischer religionspädagogischer Arbeit zu gelangen. Auch müssen wir den Eltern wieder mehr an Verantwortung zuweisen, als daß sie selbst diejenigen sind, die bis ins Sterbealter katechesiert werden müssen (Johannes Paul II., De catechesi tradendae). Wenn deutlich wird, daß auch die erwachsenen Laien zur Hierarchie gehören, mithin Eltern hierarchische Befugnisse haben, dann kommt ihnen mehr zu, als einen Zubringerdienst zu leisten, nämlich die Kinder "in die Kirche zu bringen".

Das Konzept wird also unter Einbezug von Eltern und Seelsorgern auf das gesamte religiös-gläubige Lernziel hin entworfen. Das schulisch Realisierbare wird verknappend herausgezogen aus dem Gesamtkonzept. Der Anspruch an andere Lehr-Lern-Gruppen: Familie, Gemeinde u.a., wird artikuliert. Das Medium "Fernsehen" wird in den nächsten Jahren geschärfte Aufmerksamkeit nötig haben: Shows aus christlichem Geist, Religion à la Radio Luxemburg bitte nicht!

2) Das Wenige, was man an der Schule lehren/lernen kann, wird organisiert, erhält eine psychologisch- und theologisch-inhaltlich eindeutige Struktur, wird schließlich in Lehr- und Lern-Texten zu bestimmten Unterrichtseinheiten operational ausformuliert. Es wird eine sinnvolle Abfolge ins Auge gefaßt, wobei die Lernziel-Taxonomien von Bloom und Krathwohl[6] hilfreich sein können.

3) Die gewonnenen Einheiten werden im engeren Kreis der praktischen Mitarbeiter des Teams erprobt und verbessert. Das wäre eine Art Pilotstudie mit dem erarbeiteten Material.

4) Darauf erfolgt eine repräsentative Erprobung nach offengelegten Kriterien. In Analogie zur Standardisierung von Tests erhalten alle Lehrer das gleiche Material, die gleichen Vorgaben, so daß keiner bevorzugt oder benachteiligt ist. Alle, die mitmachen, haben auf die Fragebogen, die ihnen übergeben werden, vollständig zu antworten, sonst scheiden sie aus dem Erprobungsteam aus. Das gesamte Team erprobender Lehrer trifft sich zweimal im Jahr zu einer Konferenz, bei der ein Erfahrungsaustausch möglich ist, der über die Fragebogenantworten hinausgeht. In jeder Erprobungsklasse wird mit Hilfe von Testbögen, die von der Zentralstelle versandt werden, der Lernerfolg kontrolliert und rückgemeldet. Nach dieser "repräsentativen" Erprobung erfolgt eine erneute Überarbei-

tung des Materials, danach die endgültige Publikation.

5) Aus den gelungenen "Einheiten" lassen sich jetzt Inhalte und Ziele reflektierend erheben und festhalten. Warum diese neuerliche Reflexion? Zunächst um rückkoppelnd die theoretische Basis für den nächsten Versuch zu gewinnen. Aus dem Immer-neu-Machen kommen wir sowieso nicht heraus, nur sollten Kohärenz, gleichmäßiger Fortschritt ins Auge gefaßt werden. Die "zweite Theorie" kann dann auch die Gestalt eines Lehrplans annehmen. Es werden Inhalte und Ziele ausgewiesen, die der Genehmigung durch Kirche und Staat als Grundlage dienen und die Freiheit der Lehrbuchproduktion sichern.

8. Abschluß-Klage

Lehrplan- und Lehrbuchentwicklung sind an Institutionen und Personen gebunden. Einflußsphären sind zu sichern. Ganz bestimmte Lehrbuch-Reihen müssen revisionsfähig gehalten werden. Regionale und ideologische Differenzen, freie Initiative und institutioneller Auftrag suchen nach einem Ausgleich. Das gewohnte Schema des Vorangehens wird dabei wohl als letztes in Frage gestellt werden. Das bei uns eingespielte Verfahren wird also bleiben. Wenigstens sollten die Nachteile solchen eher deduktiven Vorgehens erkannt werden.

Anmerkungen:

1) CE 72 = Curriculum-Entwicklung 1972, entwickelt von der IKK Schweiz (Interdiözesane Katechetische Kommission der Schweiz).
2) Vgl. Thomas von Aquin, Beginn von "De ente et essentia".
3) Vgl. Hans SCHUH, Interaktionsanalyse, Zürich 1978.
4) Vgl. die Übersetzung eines Teils von "progetto uomo, 3" in: Katechetische Blätter (1979) 728-738.
5) Wir haben, glaube ich, bisher nicht den Mut, einmal ganz nüchtern zu sagen, was ein Christ von heute tun soll und was er unter keinen Umständen tun soll. Darf ich es einmal versuchen: Ein junger Christ soll nicht nur nicht Drogen konsumieren, sondern auch nicht literweise Bier am Tag trinken oder zwanzig Zigaretten rauchen. Das ist natürlich zunächst eine Sache des äußeren Verhaltens. Ihr entspricht eine 'Einstellung'. Im inneren Bereich gibt es etwa folgende Postulate: Der junge Christ sollte sehr viel partnerschaftlicher sein als andere Menschen, und das aus der Überzeugung und Kraft dessen, daß wir von Gott in Jesus Christus zuerst geliebt worden sind, oder (wenn das religionspädagogisch zu viel ist) aus der Erkenntnis heraus, daß nur Liebe weiterhilft und nur das Herz wirklich erkennt. Und er sollte um anderer willen sich einschränken können. Sein Zuhören oder Hinschauen sollte von einer meditativ-gläubigen (oder doch religiösen) Grundhaltung getragen werden. Es soll ihm mehr um Qualität als um Quantität gehen usw.
6) In deutscher Übersetzung erschienen unter dem Titel: "Die Taxonomie der Lernziele. Kognitiver Bereich" und "Affektiver Bereich" beim Beltz-Verlag, Weinheim.

Ergebnisse
Theorie-Elemente künftiger Lehrplanarbeit

Günter Biemer

1. <u>Erfahrungen aus der Praxis der Lehrplanerstellung und Lehr-Lernplanung</u>

Die vorliegenden Lehrpläne für den Religionsunterricht sind in relativ kurzer Zeit entstanden und haben noch keine lange Laufzeit. Einerseits zeigen sie im Vergleich zu früheren Stoffplänen gemeinsame Spuren der neuen curricularen Strategie. Andererseits zeigt sich deutlich, daß unterschiedliche Gewichtungen einzelner Lehrplandeterminanten (Fachwissenschaft, Gesellschaft, Schüler-Lehrer-Eltern) verschiedene Darstellungen zur Folge haben. Zur Offenlegung der Zusammenhänge, die zur Legitimation von Zielen und Inhalten führten, ist eine Deskription der Entscheidungen der Lehrplanentstehung unerläßlich. Dies ist die bestehende Situation. Wohin soll der Weg der Lehrplanerstellung gehen? Kann aus den verschiedenen Ausführungen von Lehrplänen ein integrierendes Geflecht von Curricula werden?

In Zukunft wird die Erfahrung der Lehrplanungspraxis eine wichtige Rolle für die Theorie spielen. Nicht nur weil dadurch Theorieelemente der Bewährung ausgesetzt werden (Tauglichkeit von Curriculumkonstrukten, von Konsultmodellen der Fachwissenschaftler bzw. Theologen, von Anthropologien, die jedem Lehrplan impliziert sind), sondern weil auch die faktische Einflußnahme und Einflußstärke von zugehörigen Institutionen (Kirchenbehörde, Kultusbehörde, Schulbehörde) faßbar wird.

Der eigentliche Ernstfall des Lehrplans ist sowohl für den Lehrplantheoretiker wie für den Lehrplaner die Unterrichtspraxis. Daneben aber muß für künftige Lehrpläne in unserer demokratisch strukturierten Gesellschaft beachtet werden, daß Lehrer, Schüler, Eltern sowie die Vertreter der Bildung, der Wirtschaft, der Politik u.a. als je verschiedene "Adressaten" an den Lehrplanzielen und -inhalten Interesse haben.

Wieviel Einfluß soll und darf ihnen gewährt werden, ohne daß Lehrpläne deformiert werden? - Wie realistisch ist das von der Sachlogik her einleuchtende Postulat eines praktischen Zirkels zwischen Lehrplanbenutzern, Lehrplantheorie und Lehrplanerstellung?

2. Zur Struktur künftiger Lehrpläne

Nur ein mehrstufiges Curriculum im Verbund kann den Anforderungen gerecht werden, die an einen Lehrplan künftig zu stellen sind. Das lehrt die bisher einseitige Verwirklichung bestimmter Anliegen der Curriculumreform. Soll einseitige Einflußnahme z. B. primär durch die Fachwissenschaften oder primär durch die Schülerinteressen oder primär duch politische Instanzen auf die Ziel- und Inhaltsbestimmung in Zukunft vermieden werden, so müssen für die Lehr-Lern-Planung verschieden "Texte" geschaffen werden. Dazu sollten gehören:

2.1 (Rahmen-)Richtlinien, die eindeutig Ziele und Inhalte festlegen und beschreiben. Sie dienen der Steuerungs- und Kontrollfunktion. Ihre Position ist im Schnittpunkt von Schule und Öffentlichkeit. Sie soll deshalb auch für ein disperses Publikum, d.h. für die ganze gesellschaftliche Öffentlichkeit lesbar und diskutierbar sein. (Dieser Stufe käme am ehesten der Bayerische Lehrplan für den Religionsunterricht nahe.)

2.2 Lehrpläne im Sinne von Kommentaren, die die Zusammenhänge der Lehr- und Unterrichtsplanung offenlegen und den Lehrer in die Zusammenhänge der didaktischen Legitimation einführen, die infolgedessen deshalb auch Aus- und Weiterbildungsfunktion haben. Vor allem aber sollen sie der Unterrichtsanregung dienen, wobei mitberücksichtigt wird, daß die Unterrichtsplanung und -gestaltung nicht bis ins einzelne festgeschrieben sein soll, sondern durch die Ziel- und Inhaltsvorgaben hinreichend Spielraum für Lehrer und Schüler, für die Unterrichtssituation bleibt. (Dieser Stufe entspricht in etwa der Zielfelderplan, insofern er mehr die Zusammenhänge aufweist als einen stringenten Stoffkatalog vorlegt.)

2.3 Lehr-Lern-Materialien bilden die dritte Stufe des künftigen Curriculum. Sie haben vornehmlich Entlastungsfunktion, insofern Unterrichtsmaterialien bereits stark auf konkrete Gestaltungsweisen des Unterrichts hin zubereitet sind und den Unterrichtsinhalt, mitunter auch die Ziele bzw. die Unterrichtsorganisation mitbestimmen.

Für dieses Genus der Lehr-Lern-Planung gilt insbesondere, daß die Produktion von Lehrer- und Schülerbüchern einerseits unentbehrlich und unvermeidlich ist; daß aber damit auch - je perfekter die Bücher desto mehr - der notwendige Entfaltungsraum didaktischer und pädagogischer Eigeninitiative von Schülern und Lehrern eingeengt werden kann, so daß "das vorne so wütend hinausgeworfene geschlossene Curriculum zur Hintertür wieder hereinspaziert" (D. KNAB, s.o.). Damit wird zusätzlich die Gefahr signalisiert, daß durch Schulbücher die Ziele und Inhalte von Lehrplänen unterlaufen und durchkreuzt und ersetzt werden können. Anders gesagt:

Schulbücher müssen als "Lehrplan in Praxis" verstanden werden, als seine konkreteste Ebene.

3. Zur didaktischen Problematik

3.1 Theologie

Die entscheidende Bezugswissenschaft für die Bestimmung von Inhalten und Zielen des Religionsunterrichts ist die Theologie als die wissenschaftliche Instanz der Glaubensreflexion. Zweifellos ist dazu je nach Themenkreis eine Vielzahl von Wissenschaften, wie die Religionswissenschaft, Religionssoziologie, Religionspsychologie u.a., für die Lehrplanung des Religionsunterrichts zu konsultieren.

Von entscheidender Bedeutung für die Realisierung dieser Bezüge ist die Frage: Wie lassen sich die wesentlichen Inhalte des christlichen Glaubens ermitteln? Welchen Stellenwert haben herkömmliche Kurzformeln des Glaubens auf dem Weg der Suche nach einer Reduktivformel des Christlichen? Die Komplexitätsreduktion (K.E. NIPKOW) kann die Brücke zwischen Fachwissenschaft (Theologie) und Fachdidaktik bilden.

Welche Hilfe bietet dem Lehrplaner die Einsicht, daß Glaubenssprache in zweierlei Bedeutungsstruktur gelesen und verstanden werden kann: als doxologische wie als hermeneutische Aussage, was den Glaubens- und/oder theologischen Zugang ermöglicht? Muß diese gegenseitige Verwiesenheit von begrifflicher und existentieller Erfassung im religiösen Lernen derselben Inhalte, wie sie J.H. NEWMAN einst klassisch herausgearbeitet hat (1870), nicht ein Hauptkriterium für die Ziel- und Inhaltsauswahl von Lehrplänen des Religionsunterrichts sein? Im Nichtbeachten dieser Verwiesenheit liegt der Grund für die Vergeblichkeit des Streites um Informations- und/oder Verkündigungsgehalt des Religionsunterrichts.

Wenn "Jesus Christus" das Zentrum der Reduktivsequenz von Theologie sowohl wie des Glaubens ist (G. LANGEMEYER), wie lassen sich logisch-konsequente Zusammenhänge zu allen weiteren für die Lehrplanung unerläßlichen Inhalten des Glaubens bzw. der Theologie auf der "mittleren Abstraktionsebene" herstellen?

Von besonderer Bedeutung ist der Vorschlag der Elementarisierung (K.E. NIPKOW u.a.)[1], ein Verfahren, das sowohl die grundlegenden als auch zentrale Aussagen des Glaubens bzw. der Theologie in Beziehung sehen und setzen will zu dem, was lebensweltlich von elementarer Bedeutung ist. - Dabei wird eine zweifache Bezugsebene aufweisbar: die der Curriculumkonstruktion, welche unter dem Interesse der Systematisierung in die Richtung der Abstraktion denkt, und die der Unterrichtsebene, die im Interesse der Individualisierung in Richtung auf Konkretion aus ist. - Auch aufgrund dieser legitimen, sachbegründeten Spannung erscheint ein mehrschichtiger

Lehrplan geboten.

Die Inbezugsetzung von Fachrepräsentanz im Sinne der theologischen Legitimation mit der Lebensrelevanz im Sinne der lebensweltlichen Legitimation erhält in den didaktischen Strukturebenen ihren überschaubaren und transparenten Niederschlag. Womit nicht gesagt werden kann, daß Strukturebenen auch gleichzeitig dem Erfordernis einer strikten und eindeutigen Formulierung von Zielen und Inhalten zur Steuerungsfunktion entsprechen (s.o. 2.1).

Von besonderer Bedeutung ist das Postulat, didaktische Strukturebenen um eine dritte Dimension zu bereichern: die der Kategorien der entwicklungspsychologischen Transformation, so daß aus den didaktischen Strukturbereichen mit ablesbar wird, welche der Bestimmungen aus Theologie und Lebenswelt welcher Entwicklungsstufe der Schüler besonders affin und damit zuordenbar sind.

3.2 Anthropologie

Über das bereits im Zusammenhang zur theologischen Grundlegung Gesagte hinaus ist für die Curriculumdiskussion in der Religionspädagogik heute deutlich geworden, daß jede anthropologische Grundlegung zu kurz greift, die sich als (nur) theologisch eruierte Anthropologie erweist. Die einer didaktischen Theorie entsprechende Auslegung des Glaubens bzw. der Theologie in die Lebenswelt (der Schüler bzw. der Gesellschaft) bedarf einer Anthropologie, die sich selbst (vor dem Forum der Philosophie bzw. der Wissenschaft) zu legitimieren vermag. Besonders hilfreich erweist sich dazu eine phänomenologisch gewonnene Anthropologie, wie beispielsweise die Entwürfe der Praxeologie und der elementaren Anthropologie im Schnittpunkt von Pädagogik und Philosophie zeigen.

3.3 Zur Didaktik

3.3.1 Das curriculare Prinzip des Bezugs zur Gesellschaftssituation erhält aus dem Ansatz einer elementaren Anthropologie bzw. einer Praxeologie deutliche Legitimation. Statt den Situationsbezug von Lehrplänen allein auf eine gesellschaftliche Analyse zu beschränken (so noch S. ROBINSOHN u.a.), läßt sich die Situativität auch durch eine Verbindung der Kategorien der Koexistentialität (Arbeit, Herrschaft, Liebe, Spiel, Tod) mit der konkretisierbaren Erlebniszeugenschaft (E. SCHÜTZ nach E. FINK) von Schülern und Lehrern erreichen und sowohl die Planungsebene des Curriculum als auch die Prozeßplanungsebene des Unterrichts methodisieren. Um die Probe aufs Exempel zu machen: Die theologische Thematik der "Bundesschlüsse" kann im anthropologischen Koexistential "Liebe" als Zuneigung Gottes zu den Menschen und der Menschen untereinander für die Lehrplanung ausgelegt werden und zugleich auf die Erlebnisebene der Erfahrungswelt der Schüler hin konkretisiert werden.

3.3.2 Das Prinzip der <u>Vermittlung</u> widerspricht einer linearen Elementarisierung als der Direktübertragung biblischer bzw. theologischer Inhalte in den Unterricht ("Abbild-Didaktik"). Vermittlung will besagen, daß zwischen rein wissensmäßig-informatorischer Ebene, die nur theoretische Evidenz erzeugt, und rein pragmatisch technologischer Konditionierung kirchlicher Verhaltensweisen eine Brücke geschlagen wird. Die Grundbefindlichkeiten menschlicher Existenz zeigen die Bedeutsamkeit theologischer Elementaria auf der Ebene biographisch-konkreter Erfahrung (vgl. o. 3.1).

Den Plural der Vermittlungskonzepte im Bereich der Religionsdidaktik zeigt die Korrelationsdiskussion an. Deren Grundanliegen sind für die Lehr-Lern-Planung des Religionsunterrichts von fundamentaler Bedeutung[2].

<u>Anmerkungen:</u>

1) Ob die neuen Bestrebungen einer "Elementarisierung" zu konkret handhabbaren Selektionskriterien führen, ist am Beitrag von K.E. NIPKOW (u.a.) noch nicht erkennbar.
2) Vgl. dazu u.a. meinen Gliederungsversuch in: E. FEIFEL (Hrsg.), Welterfahrung und christliche Hoffnung, Donauwörth 1977, 61-65; dazu G. BITTER, Was ist Korrelation? Versuch einer Bestimmung, in: KatBl 106 (1981) 343-345; M. RASKE, Glaubenserfahrung - Gesellschaftskritik - schöpferische Aneignung. Drei Fragen zur Didaktik der Korrelation: ebd. 346-350.

Die Autoren

WILHELM ALBRECHT, geb. 1940, Dr. Päd.; Studium der Philosophie, Theologie, Germanistik in Freising, München, Bochum; 1971-1973 Schuldienst in Essen; bis 1977 Assistent der Religionspädagogik an der Gesamthochschule Duisburg; seit 1977 wissenschaftlicher Referent am Religionspädagogischen Zentrum in Bayern (München).

GÜNTER BIEMER, geb. 1929, Dr. theol. 1959; Seminardozent am Priesterseminar St. Peter/Schwarzwald 1959-1966; Gastprofessor an der Duquesne University, Pittsburgh Pa USA 1964; Professor für Pastoraltheologie an der Universität Tübingen 1966-1970; Professor für Pädagogik und Katechetik an der Theologischen Fakultät der Universität Freiburg i.Br. seit 1970.

Veröffentlichungen (in Auswahl):
Grundfragen der Praktischen Theologie, Mainz 1971 (mit P. Siller). - Weltreligionen im Religionsunterricht. Sekundarstufe II, München 1975 (mit P. Antes u.a.). - Theologie im Religionsunterricht, München 1976 (mit A. Biesinger). - Unterwegs zu Dir. Religionsfibel, Freiburg ^{15}1980, neubearb. Aufl. 1981 (mit I. Kern). - Was deinem Leben Tiefe gibt. Eine Schule des Glaubens, Freiburg 1980. - Newman-Studien. Elfte Folge (mit H. Fries u. W. Becker, Hrsg.). - Menschenbild und Gottesbild in der Bibel, Stuttgart 1981 (mit H. Kochanek u.a.). - Religionsuhterricht im ersten Schuljahr, Freiburg 1982 (mit A. Assel u.a.). - Anstiftungen. Ein Hoffnungsbuch für junge Menschen, Freiburg 1982 (mit A. Biesinger, W. Tzscheetzsch u.a.).

PETER FIEDLER, geb. 1940; Dr. theol. 1968; habil. 1975; Forschungsstipendium der DFG im Zusammenhang mit dem Projekt "Das Judentum im katholischen Religionsunterricht"; seit 1979 Professor an der PH Lörrach.

Veröffentlichungen (in Auswahl):
Herausgabe (mit D. Zeller) der "Schülergabe" für A. Vögtle: Gegenwart und kommendes Reich (= Stuttgarter Biblische Beiträge), Stuttgart 1975. - Die Formel 'und siehe' im Neuen Testament, München 1969 (= StANT 20). - Jesus und die Sünder, Frankfurt/Bern 1976 (= B E T 3). - Das Judentum im katholischen Religionsunterricht (= Band 1 der Reihe Lernprozeß Christen Juden), Düsseldorf 1980.

DORIS KNAB, geb. 1928; Dr. phil.; Studium: Deutsch, Geschichte, Französich und Pädagogik; Gymnasial-Lehrerin; 1959-64 wissenschaftliche Referentin beim Deutschen Ausschuß für das Erziehungs- und Bildungswesen; 1964-71 Mitarbeiterin am Max-Planck-Institut für Bildungsforschung in Berlin; ab 1971 Direktor am Deutschen Institut für wissenschaftliche Pädagogik in Münster; Honorarprofessor an der Universität Münster; Berater der Bischöflichen Kommission für Erziehung und Schule; Mitglied der Senatskommission Erziehungswissenschaft der Deutschen Forschungsgemeinschaft.

Veröffentlichungen (in Auswahl):
Schwerpunkte kirchlicher Verantwortung im Bildungsbereich. In: Emeis, D. - Sauermost, B. (Hrsg.): Synode - Ende oder Anfang. Düsseldorf 1976, 293-302. - Curriculumreform zwischen theoretischem Anspruch und Realisierungsproblemen. Versuch einer Zwischenbilanz für die Bundesrepublik Deutschland. In: Hörner, Wolfgang - Waterkamp, Dietmar (Hrsg.): Curriculumentwicklung im internationalen Vergleich. Weinheim, 1981, 177-217 (IPN, Institut f.d. Pädagogik d. Naturwissenschaften an d. Universität Kiel). - Regionale Religionspädagogische Zentren, Stützpunkte kontinuierlicher Curriculumreform. Münster 1973 (D.I.P.-Diskussion Nr. 2) (mit R. Baumann und G. Stapel). - Tradition und Gegenwart. Profil von Schulen in katholischer Trägerschaft. In: Goldschmidt, Dietrich - Roeder Peter Martin (Hrsg.): Alternative Schulen? Gestalt und Funktion nichtstaatlicher Schulen im Rahmen öffentlicher Bildungssysteme. Stuttgart 1979, 363-389 (mit Felix Messerschmid). - Bildung. In: Böckle, Franz u.a. (Hrsg.): Christlicher Glaube in moderner Gesellschaft, Bd. 8, Freiburg 1980, 5-38 (mit Georg Langemeyer). - Themenheft Lehrerfortbildung, Unterrichtswissenschaft 9 (1981) 1 (Hrsg. und Mitverfasser). - Empfehlungen und Gutachten des Deutschen Ausschusses für das Erziehungs- und Bildungswesen, 1953-1965. Gesamtausgabe. Im Auftrag des Ausschusses besorgt von Hans Bohnenkamp, Walter Dirks, Doris Knab. Stuttgart 1966 (Mitherausgeber). - Zeitschrift für Pädagogik (seit 1981 Mitherausgeber).

GEORG BERNHARD LANGEMEYER, geb. 1929; Dr. theol.; seit 1963 Dozent für Dogmatik und Dogmengeschichte an der Ordenshochschule der Franziskaner Paderborn/Münster; 1970-1975 Leiter der Arbeitsstelle "Katholische Religionspädagogik" des Deutschen Instituts für Fernstudien an der Universität Tübingen (DIFF) in Münster; von 1975 bis 1980 Abteilungsdirektor am Deutschen Institut für Wissenschaftliche Pädagogik in Münster; 1980 Professor für Katholische Dogmatik an der Ruhr-Universität Bochum.

Veröffentlichungen zu Fragen der Systematischen Theologie und ihrer Vermittlung.

GABRIELE MILLER, geb. 1923; Dr. theol.h.c.; Studium der Altphilologie und Germanistik, sowie der Theologie; Religionsunterricht an verschiedenen Schularten (einschließlich Sonderschulen und Berufsschulen); seit 1968 Leitung der religionspädagogischen Abteilung im Schulreferat der Diözese Rottenburg-Stuttgart (Studiendirektor i.K.); 1978 Ehrenpromotion (Kath. Theol. Fakultät, Tübingen).

Veröffentlichungen (in Auswahl):
Reich-Gottes-Schulbibel, München 1960. - Biblische Unterweisung 3 Bde, München 1964-1973. - Neufassung der NT-Übersetzung von Allioli, Kevelaer und Stuttgart 1965 (zusammen mit Eleonore Beck). - Kommentierung der "Familienbibel" AT und NT (Kath. Bibelwerk und Borromäus-Verein) Stuttgart u.a. 1966 (mit Eleonore Beck). - Mitarbeit am "Rahmenplan für die Glaubensunterweisung" 1967 (DKV). Teilweise Erarbeitung und Redaktion der zugehörigen Beihefte (1967/68). - Mitarbeit bei der Revision des sog. "Grünen Katechismus" glauben - leben - handeln, Freiburg 1969. - Mitarbeit am Zielfelderplan für die Sekundarstufe I und für die Primarstufe und Leitung der Erarbeitung der zugehörigen Unterrichtsplanungen 1977. Zielfelderplan im Dialog mit den Wissenschaften, München 1976 (Hrsg. mit Rudi Ott). - Mitarbeit an Schulbüchern und Lehrerkommentaren für den Religionsunterricht (Exodus und Zielfelder). - Mitarbeit in einer Reihe von Kommissionen des Deutschen Katecheten-Vereins (u.a. Erarbeitung von Material für Sonderschulen; Mitarbeit an der Modellentwicklung). - Grundriß des Glaubens. Katholischer Katechismus, München 1980 (Mitarbeit und Redaktion).

KARL-HEINZ MINZ, geb. 1949; Dr. theol. 1981; 1979-1981 Assistent für das Forschungsprojekt "Judentum im katholischen Religionsunterricht" am Pädagogisch-Katechetischen Seminar der Universität Freiburg; 1981 Lektor des Verlags Kath. Bibelwerk Stuttgart.

Veröffentlichungen:
Ein gewichtiger Baustein zum Dialog. Zur Erklärung der Deutschen Bischöfe "Über das Verhältnis der Kirche zum Judentum" vom 28. April 1980, in: KatBl 105 (1980) 859-862. - Die Lebensdynamik der göttlichen Dreieinigkeit. Der Beitrag Scheebens für eine heutige Neuorientierung, in: rhs 24 (1981) 49-51. - Pleroma trinitatis. Die Trinitätstheologie bei Matthias Joseph Scheeben, Frankfurt u.a. 1981 (= Disputationes Theologicae 10).

FRANZ W. NIEHL, geb. 1942; Studium der Germanistik und Theologie; seit 1967 Gymnasiallehrer; Abteilungsleiter in der Schulabteilung des Generalvikariats Trier.

Veröffentlichungen (in Auswahl):
Herausgeber und Autor religionspädagogischer Arbeitshilfen und Unterrichtsmodelle (Konzepte. Materialien für den Religionsunterricht in der Sekundarstufe II. Kösel/Diesterweg 1978ff.).

KARL ERNST NIPKOW, geb. 1928; Studium der ev. Theologie, Germanistik, Anglistik und Pädagogik in Heidelberg und Marburg; 1954-1961 Gymnasiallehrer; 1961-1965 Lehrauftrag für Gymnasialpädagogik am Pädagogischen Seminar der Universität Marburg; 1965-1968 Professor für Allgemeine Pädagogik an der Pädagogischen Hochschule Hannover; seit 1968 Professor für Praktische Theologie (Religionspädagogik) an der Ev. Theol. Fakultät und für Erziehungswissenschaft an der Fakultät für Sozial- und Verhaltenswissenschaften der Universität Tübingen; Vorstandsvorsitzender des Comenius-Instituts, Münster; Moderator der Erziehungskommission beim Ökumenischen Rat der Kirchen und Mitglied der Kammer der EKD für Bildung und Erziehung.

Veröffentlichungen (in Auswahl):
Schule und Religionsunterricht im Wandel. Ausgewählte Studien zur Pädagogik und Religionspädagogik, Heidelberg und Düsseldorf 1971. - Grundfragen der Religionspädagogik, 2 Bde, Gütersloh 1975, ^{2}1978 (GTB 105/106). - Der Religionsunterricht in der Leistungsschule, Gutachten und Dokumente, Gütersloh 1979 (GTB 752). - Moralerziehung. Pädagogische und theologische Beiträge, Gütersloh 1981 (GTB 755). - Zur Elementarisierungsproblematik vgl. auch: Elementarisierung biblischer Inhalte. Zum Zusammenspiel theologischer, anthropologischer und entwicklungspsychologischer Perspektiven in der Religionspädagogik, in: I.Baldermann/K.E.Nipkow/H.Stock, Bibel und Elementarisierung, Frankfurt/M. 1979, 35-73.

ALWIN RENKER, geb. 1931; Dr. theol.; Gymnasialprofessor in Freiburg i. Br.; Leiter des Curriculum-Projekts Kathol. RU in der Sekundarstufe II, Keplergymnasium Freiburg (1971ff.); Vorsitzender der Lehrplankommission für kath. Religionsunterricht Sekundarstufe II (Baden-Württemberg).

Veröffentlichungen (in Auswahl):
Die Tora bei Maleachi. Ein Beitrag zur Bedeutungsgeschichte von tōrā im Alten Testament.

EGON SCHÜTZ, geb. 1931; Studium der Germanistik und Anglistik; Schüler und langjähriger Assistent des Freiburger Philosophen und Pädagogen Eugen Fink; 1972-1981 Professor für Allgemeine Pädagogik und Erwachsenenbildung an der Pädagogischen Hochschule und an der Universität Freiburg; seit 1981 Professor für Pädagogik an der Universität Köln.

Veröffentlichungen (in Auswahl):
Autorität. Ein Traktat, Heidelberg 1971. - Freiheit und Bestimmung, Düsseldorf 1975. - Nahtstellen. Band 1, Kippenheim 1980. - Mitherausgeber der Werke von Eugen Fink.

GÜNTER STACHEL, geb. 1922; Studium der Philosophie und Theologie in Leipzig, Paderborn und München; Lic.theol.; Dr.phil.; Lektor im Echter-Verlag 1952-1961; Professor an der Pädagogischen Hochschule Weingarten 1961-1970; Professor für Religionspädagogik und Katechetik an der Universität Frankfurt 1970-1972; seit 1972 an der Universität Mainz. - Vorstandsmitglied des Deutschen Katecheten-Vereins; Vorsitzender der Arbeitsgemeinschaft Katholischer Katechetikdozenten; Mitglied der Kommission "Curricula in Theologie" und "Revision des Zielfelderplans Sek I"; Mitglied der "Europäischen Arbeitsgemeinschaft für Katechese".

Veröffentlichungen (in Auswahl):
Unterricht über Lebensfragen, Zürich - Köln, 3. Aufl. 1973. - Curriculum und Religionsunterricht, Zürich - Köln 1971. - Aufruf zur Meditation, Graz, 2. Aufl. 1973. - Erzählen und Sprechzeichnen im Bibelunterricht, Zürich u.a. 1975 (mit A. Riedl). - Ethisch handeln lernen, Zürich - Köln 1978 (mit D. Mieth). - Herausgeber zahlreicher Publikationen: u.a. Munen musô. Ungegenständliche Meditation. Festschrift für Enomiya Lassalle, Mainz, 2. Aufl. 1980. - Die Sprache des Papstes, München 1981. - Mitherausgeber der Reihe Studien zur Praktischen Theologie, 22 Bde., Zürich - Köln 1972-1981.

Veröffentlichungen von Günter Biemer im Verlag Herder

Die Berufung des Katecheten

Die Gestalt des christlichen Erziehers
und Lehrers nach Kardinal Newman

126 Seiten, kartoniert.
ISBN 3-451-14134-S

Edilbert Menne (1750–1828) und sein Beitrag zur Pastoraltheologie

Eine pastoralgeschichtliche Untersuchung insbesondere
zur Dorfkatechese der Aufklärungszeit

238 Seiten, kartoniert.
ISBN 3-451-14750-5

Religionsunterricht im 1. Schuljahr

Didaktische Hilfen zur Religionsfibel „Unterwegs zu Dir"

1. Lieferung: 8. Aufl. 1979. 216 Seiten, kartoniert.
ISBN 3-451-16361-6
2. Lieferung: vergriffen

Unterwegs zu Dir

Neubearbeitung – Religionsfibel

68 Seiten mit zahlreichen Abbildungen, Pappband.
ISBN 3-451-19379-5

Was deinem Leben Tiefe gibt

Eine Schule des Glaubens

2. Aufl. 1981. 126 Seiten, gebunden
ISBN 3-451-19129-6

Verlag Herder Freiburg · Basel · Wien

Kirche und Kunst

Anlaß zur schöpferischen Auseinandersetzung

Menschenbild und Gottesbild in der Bibel

Schauen, Lernen und Meditieren mit Bildern von Roland Peter Litzenburger

Herausgegeben von Günter Biemer und Hermann Kochanek

Format 13,5 x 21 cm; 148 Seiten; mit 8 Vierfarbabbildungen und 7 Schwarzweißabbildungen; Paperback; DM 26,80

ISBN 3-460-31991-7

Die verschiedenen Beiträge dieses Bandes verfolgen auf verschiedenen Wegen das eine Ziel: mit der Hilfe des religiösen Kunstwerks neue Zugänge zum Glauben hin zu fördern und anzuregen; das Christsein heute erfahrbar zu machen und gerade jungen Menschen in Schule, Beruf und Alltag Chance und Sinn eines aktiven, engagierten Glaubens aufzuzeigen. Und das weniger in der Weise der Belehrung, als vielmehr mit der Einladung, bei der Betrachtung und Umsetzung der Bilder nachdenklich mitzugehen.

Inhalt:
Kirchliche Kunst im Dienste des Glaubens und des religiösen Lernens – das ist eine weit zurückreichende Tradition des Christentums, gerade auch in pädagogischer Hinsicht. Bis zum heutigen Tage ist das Thema „Kirche und Kunst" Anlaß zu schöpferischer Auseinandersetzung geblieben. Das Bild erzählt auf seine Weise und läßt die Heilswahrheit sehen und meditativ erleben.

Angesichts einer vorwiegend bildlosen Lernmethodik und Lernweise, die ausschließlich auf das Denken abzielt, kommt dem pädagogischen Umgang mit dem religiösen Kunstwerk und dem Einsatz des Kunstwerkes in der Pädagogik eine glaubens- und persönlichkeitsbildende Bedeutung zu.

Heutige Verkündigung drückt sich in der Sprache unserer Zeit aus. Viele religiös orientierte Künstler von heute gebrauchen, um sich auszudrücken, stilistische Mittel gegenwärtiger Strömungen, um die Glaubenswahrheit zu zeigen. Durch das Sehen und Betrachten erfahren wir ein intensives Erfassen der Dinge. Diesem Ziel dient auch das Werk R. P. Litzenburgers.

Wir empfehlen dieses Buch für:
Religionspädagogen, Kunsterzieher, Schüler der Oberstufe; Jugend- und Exerzitienleiter; Pfarrer und Katecheten sowie Diakone; Erwachsenenbildner; Gemeindegesprächs- und Seminarleiter an den verschiedenen kirchlichen Einrichtungen; alle am inneren Zusammenhang von Glaube und Kunst Interessierten.

Autoren:
Dr. Günter Biemer, geb. 1929, Professor für Religionspädagogik und Katechetik an der Universität Freiburg.
P. lic. theol. Hermann Kochanek SVD; R. P. Litzenburger; P. Dr. Heinrich L. Dumont SVD; P. Dr. J. Zapf SVD; Werner Greulich; Heribert Schiebener; Dr. Albert Biesinger und Hans-Jakob Weinz.

Verlag
Katholisches Bibelwerk
GmbH

7000 Stuttgart 1
Silberburgstraße 121A
Telefon (0711) 629003/04